NCS

한국시설
안전공단

직업기초능력평가

PREFACE

우리나라 기업들은 1960년대 이후 현재까지 비약적인 발전을 이루었다. 이렇게 급속한 성장을 이룰 수 있었던 배경에는 우리나라 국민들의 근면성 및 도전정신이 있었다. 그러나 빠르게 변화하는 세계 경제의 환경에 적응하기 위해서는 근면성과 도전정신 이외에 또 다른 성장 요인이 필요하다.

최근 많은 공사·공단에서는 기존의 직무 관련성에 대한 고려 없이 인·적성, 지식 중심으로 치러지던 필기전형을 탈피하고, 산업현장에서 직무를 수행하기 위해 요구되는 능력을 산업부문별·수준별로 체계화 및 표준화한 NCS를 기반으로 하여 채용공고 단계에서 제시되는 '직무 설명자료'상의 직업기초능력과 직무수행능력을 측정하기 위한 직업기초능력평가, 직무수행능력평가 등을 도입하고 있다.

한국시설안전공단에서도 업무에 필요한 역량 및 책임감과 적응력 등을 구비한 인재를 선발하기 위하여 고유의 직업기초능력평가를 치르고 있다. 본서는 한국시설안전공단 채용대비를 위한 필독서로 한국시설안전공단 직업기초능력평가의 출제경향을 철저히 분석하여 응시자들이 보다 쉽게 시험유형을 파악하고 효율적으로 대비할 수 있도록 구성하였습니다.

신념을 가지고 도전하는 사람은 반드시 그 꿈을 이룰 수 있습니다. 처음에 품은 신념과 열정이 취업 성공의 그 날까지 빛바래지 않도록 서원각이 수험생 여러분을 응원합니다.

STRUCTURE

CONTENTS

PART

I

한국시설안전공단 소개

01 공단소개

1 설립목적 및 주요 연혁

① **설립목적** … 국가 주요시설물의 안전진단 실시, 기술개발·보급, 시설물 관리이력의 정보화 및 자료제공, 기술인력 양성 등의 업무를 수행함으로써 시설물의 안전사고 예방을 통해 국민의 안전 확보와 국민 경제의 지속적 발전 도모

② 주요 연혁

년도	내용
1995년	• 01.05 「시설물의 안전관리에 관한 특별법」 공포 • 04.19 시설안전기술공단 설립
2002년	• 07.15 '한국시설안전기술공단'으로 명칭 변경
2008년	• 03.21 '한국시설안전공단'으로 명칭 변경
2010년	• 10.06 하자심사·분쟁조정위원회 사무국 설치
2011년	• 02.15 시설안전연구소 설립 • 08.18 녹색건축사업센터 설립
2012년	• 01.01 특수교 유지관리센터 설립
2014년	• 07.16 건설안전본부 신설
2016년	• 03.01 성능관리본부 신설

2 주요기능 및 역할

① 국가주요시설물 안전확보

② 시설안전 선진 기술개발 및 보급

③ 시설물 안전 및 유지관리 정보체계 구축·운영

④ 시설안전 및 전문기술인력 양성

⑤ 정밀점검 및 정밀안전진단 실시결과 평가

⑥ 소규모 취약시설 안전점검

⑦ 시설성능사업 수행

⑧ 시설물재난관리시스템 운영

⑨ 특수교 통합유지관리

⑩ 하자심사 · 분쟁조정위원회 사무국 운영

⑪ 건설사고조사위원회 사무국 운영

⑫ 건축분쟁전문위원회 사무국 운영

⑬ 건설공사 안전관리

⑭ 지하 안전관리

⑮ 안전분야 공적서비스 및 사회공헌활동

3 경영전략체계

① 비전…안전하고 편리한 삶의 터전 조성 선도기관

② 미션…예방적 시설관리와 안전한 건설환경 조성으로 국민의 행복을 책임진다.

③ 공유가치

　㉠ 핵심가치…전문성, 생명존중, 신뢰성

　㉡ 경영방침…안전최우선, 창의혁신, 상생협력

④ 5대 전략목표

　㉠ 사회기반시설 관리체계 강화 : 시설물 안전관리 부실 70% 저감

　㉡ 안전한 생활환경 조성 : 취약시설 안전 확보 150% 향상

　㉢ 건설현장 안전성 제고 : 건설공사 안전관리 부적정률 40% 저감

　㉣ 안전산업 역량 강화 : 안전기술 10,000명 달성

　㉤ 국민과 함께하는 경영혁신 : 재난관리, 청렴도, 고개만족도 등급 향상

⑤ 10대 전략과제

　㉠ 기반시설 안전 및 성능관리 강화

　㉡ 국민생활시설 안전체계 마련 및 관리 강화

　㉢ 건설현장 안전관리 강화

   ㄹ 안전·유지관리 기술개발 및 고도화

   ㅁ 지속가능한 경영체계 강화

   ㅂ 국가주요시설물 안전 확보

   ㅅ 국민 불편 해소

   ㅇ 지하안전관리 강화

   ㅈ 산업 역량 강화 및 동반성장 확대

   ㅊ KISTEC형 사회적 가치 구현

⑥ 실행과제…전략과제 추친을 위한 30개 실행 과제

4 공단사업

① 국가 주요시설물 안전·성능 확보 … 주요시설물 안전 확보를 통한 국민 행복기반 마련

② 시설물 안전 및 유지관리 정보 공유 … 시설물 안전 및 유지관리 정보 공유 제공

③ 점검 및 진단 실시결과 평가 … 사전예방을 위한 시설물 점검 및 진단실시결과평가 운영

④ 시설물 지진안전 확보 … 국가내진센터 설립으로 시설물 지진안전 확보

⑤ 건설공사 안전관리 … 건설공사와 참여자에 대한 철저한 안전관리 점검

⑥ 소규모취약시설 안전점검 … 소규모취약시설 안전점검을 통한 국민행복추구권 보장

⑦ 안전 및 유지관리 기술 선진화 … 안전 및 유지관리 기술 선진화를 통한 국민안전보장

⑧ 시설안전 전문 기술인력 양성 … 선진적 지식을 가진 시설안전 전문기술인력 양성

⑨ 국민분쟁해결 … 건축물공사관련 공정하고 신속한 국민분쟁해결

⑩ 건축물 성능관리 … 건축물의 장수명화와 안전성확보를 위한 성능관리

⑪ 하자심사·분쟁조정위원회 사무국 … 공정한 하자심사 분쟁조정을 통한 신속해결

⑫ 해외진출지원 … 안전관리분야 해외지원 및 국내기업 해외진출 지원

02 채용안내

1 채용분야 및 지원자격

① 분야별 지원 자격

구분	채용분야		채용인원	지원자격
행정	법	일반5급	1	• 「변호사법」 제4조에 의한 변호사 자격증 소지자
	법	청년인턴	2	• 공고일 기준 만 15세 이상 34세 이하
	회계	일반5급	1	• 「공인회계사법」 제3조에 의한 공인회계사 자격증 소지자
	통계	청년인턴	3	• 공고일 기준 만 15세 이상 34세 이하
	경영	청년인턴	3	• 공고일 기준 만 15세 이상 34세 이하
	경영	일반9급	2	• 제한없음
기술	토목	청년인턴	8	• 공고일 기준 공단에서 인정하는 해당분야 자격증 소지자 • 공고일 기준 만 15세 이상 34세 이하
	토목	일반9급	15	• 공고일 기준 공단에서 인정하는 해당분야 자격증 소지자
	건축	일반4급	2	• 건축구조기술사 자격증 소지자
	건축	청년인턴	14	• 공고일 기준 공단에서 인정하는 해당분야 자격증 소지자 • 공고일 기준 만 15세 이상 34세 이하
	건축	일반9급	16	• 공고일 기준 공단에서 인정하는 해당분야 자격증 소지자
사무운영	기능직		9	• 최종학력 고등학교 졸업자(고교 검정고시 합격자 포함 대학 졸업예정자 제외)
			76	

② 공통 필수 사항

- ㉠ 채용 및 입사통보 후 즉시 근무가 가능한 자
- ㉡ 공단 본사(경남 진주시), 지역본부(경기도 일산) 및 지역사무소(목포, 군산, 여수 등) 근무가 가능한 자
- ㉢ 공단 인사규정 제20조(결격사유)*에 해당되지 않는 자
- ㉣ 제출서류검증(공무원 채용 신체검사서 포함) 결과 결격사유에 해당되지 않는 자
- ㉤ 임용예정일 기준 정년(만61세)에 해당되지 않는 자
- ㉥ 병역필 또는 면제자(비대상자 포함)
- ㉦ 블라인드 채용기준을 준수하여 입사지원서 작성(학력·연령·성별 제한 없음)

◎ 지원자격 및 가점은 공고일 기준으로 요건 충족자에 한함

㉡ '직무기술서' 확인 후 지원분야 선택 및 입사지원서 작성(중복지원 불가)

㉣ 기타사항은 공단 채용관련 규정 우선 적용

※ 공단 인사규정 제20조 결격사유

- 「국가공무원법」 제33조(결격사유) 각 호의 어느 하나에 해당하는 자
  - 병역의무자로서 병역기피의 사실이 있는 자
  - 채용신체검사에 불합격 판정을 받은 자
  - 「부패방지 및 국민권익위원회의 설치와 운영에 관한 법률」 제82조에 따른 비위면직자 등의 취업제한 적용을 받는 비위면직자
  - 임용일 기준 5년 이내에 타 공공기관 채용절차에서 부정한 방법으로 채용된 사실이 적발되어 채용이 취소된 자

2 공단에서 인정하는 자격증 기준

분야	자격증 종류	
법	변호사	
회계	회계사	
토목	건설안전기술사 도로및공항기술사 상하수도기술사 토목시공기술사 지질및지반기술사 토목구조기술사 토목품질시험기술사 수자원개발기술사 토질및기초기술사 항만및해안기술사 농어업토목기술사	건설안전기사 콘크리트기사 건설재료시험기사 토목기사 응용지질기사
건축	건축구조기술사 건축시공기술사 건설안전기술사 건축품질시험기술사 건축기계설비기술사 건축사	건축사 건설안전기사 콘크리트기사 건축설비기사 건설재료시험기사 건축물에너지평가사

3 채용절차

① 채용절차

구분		서류전형	필기전형	면접전형	결격사유 조회	최종임용
평가		입사지원서	필기시험	면접 · 제출서류	공무원 채용 신체검사 등	
합격자 선정	일반4급 일반5급	적부판정, 비계량	–	임원진 실무진	적격유무	임용
	채용형 청년인턴 일반9급	적부판정	직업기초능력 직무수행능력			
	기능직		직업기초능력	실무진		
배수	일반4급 일반5급	10배수	–	1배수	–	
	채용형 청년인턴 일반9급 기능직	적격자 전원	채용예정인원 2인 이하:5배수 3인 이상:3배수			

② 채용방법

㉠ 입사지원서 접수

ⓐ 접수방법 : 채용사이트 접속 후 입사지원서를 작성하여, 접수 마감 이전 최종입사지원을 완료(별도의 원서교부는 없으며, 우편접수 및 단체접수 불가)

ⓑ 유의사항

• 입사지원서는 공고일 기준으로 작성.

• 입사지원서는 블라인드 채용 기준을 준수하여 작성하여야 하며, 직 · 간접적으로 평가에 불필요한 개인 인적사항(학교명, 가족관계 등) 기재 시 불이익을 받을 수 있음.

• 입사지원서 허위작성, 제출서류 위 · 변조 및 전형단계별 제출서류 미제출 시 합격(또는 임용)취소는 물론 추후 응시(입사지원)가 제한될 수 있음.

• 입사지원서 작성 시 지역인재 해당여부, 자격증, 특별우대 관련 증명서 등은 철저히 확인 해야하며, 입력 누락, 오기입, 기재착오, 연락불능 등으로 인한 불이익에 대한 모든 책임은 지원자 본인에게 있음.

• 입사지원서를 작성하기 전에 작성요령을 숙지하고, 지원서 제출완료 전에 모든 기재사항의 작성 여부를 확인 바람.

ⓛ 서류전형

ⓐ 평가방법 및 평정요소

구분	지원자격 적부판정	비계량평가	합격배수
일반4급	지원자격 충족 여부 및 입사지원서 성실 작성 여부 (입사지원서, 자기소개서, 경력 및 경험 기술서, 직무수행계획서 등)	① 입사지원서 기반 역량 평가 ② 경력 및 경험기술서 평가 ③ 직무수행 계획서 평가 ④ 자기소개서 평가	10배수
일반5급			
채용형 청년인턴			적격자 전원
일반9급			
기능직			

※ 입사지원서에 기재한 모든 사항은 서류제출 시 증빙이 가능하여야 함.

ⓑ 합격자 선정

- 일반4 · 5급
- 지원자격 적격여부판정 : 지원자격 충족자 및 입사지원서 성실 기재자
- 비계량 평가 : 서류전형 환산점수(가점 포함)가 고득점인 순
- 채용형 청년인턴, 일반9급, 기능직
- 지원자격 적부판정 : 지원자격 충족자 및 입사지원서 성실 기재자

ⓒ 가점

적용대상	구분			부과 점수
일반4 · 5급	법정	「국가유공자 등 예우 및 지원에 관한 법률」 등 관계 법령에 따른 취업지원대상자		각 과목 만점의 각 10% 또는 각 5%
	특별	「장애인고용촉진 및 직업재활법」상의 장애인		각 과목 만점의 각 3%
		우리공단에 1년 이상 재직한 자		각 과목 만점의 각 2%
		한국사검정능력시험 자격증 소지자	1급	각 과목 만점의 각 2%
			2급	각 과목 만점의 각 1%

※ 특별가점 중 중복 해당사항은 합산하되, 최대 5% 이하 부여

※ 가점은 공고일 기준으로 요건 충족자에 한함

ⓒ 필기전형

ⓐ 대상 : 서류전형 합격자

ⓑ 장소 : 진주(인근지역 포함) 및 서울 두 개 지역 선착순 선택

　※ 세부 일정 및 장소는 개별 통보

ⓒ 시험과목 : 직업기초능력평가 및 직무수행능력평가

• 직업기초능력평가 : 50문항/60분(100점 만점)

시험과목	직렬	출제분야	문항수
채용형 청년인턴	전 직렬 공통	의사소통능력	10
		수리능력	10
		문제해결능력	10
		정보능력	10
		조직이해능력	10
일반9급	전 직렬 공통	의사소통능력	15
		수리능력	15
		문제해결능력	10
		정보능력	10
기능직	전 직렬 공통	의사소통능력	20
		수리능력	15
		문제해결능력	15

• 직무수행능력평가

시험과목	직렬		출제분야	문항수
채용형 청년인턴	행정	법	헌법	20
			민법(가족법 제외)	20
			행정법	10
		통계	통계학	20
			데이터분석	20
			빅데이터	10
		경영	경영학원론	20
			인사조직관리	20
			회계원리	10
	기술	토목	토질 및 기초	20
			응용역학	20
			수리학 및 수문학	10
		건축	건축구조	20
			건축시공	20
			건축설비	10
일반9급	행정	경영	경영학원론	25
			인사조직관리	25
	기술	토목	토질 및 기초	25
			응용역학	25
		건축	건축구조	25
			건축시공	25

ⓓ 합격자 선정

• 채용형 청년인턴, 일반9급
  - 최소요건 : 직업기초능력평가·직무수행능력평가 점수(가점제외)가 각 40점 이상이
    며, 필기전형 환산점수 결과(가점제외) 60점 이상
  - 선정기준 : 필기전형 평가점수(가점포함)가 고득점인 순
• 기능직
  - 최소요건 : 직업기초능력평가 점수(가점제외)가 60점 이상
  - 선정기준 : 필기전형 평가점수(가점포함)가 고득점인 순

ⓔ 가점

적용대상	구분		부과 점수	
채용형 청년인턴, 일반 9급, 기능직	법정	「국가유공자 등 예우 및 지원에 관한 법률」 등 관계 법령에 따른 취업지원대상자	각 과목 만점의 각 10% 또는 각 5%	
	특별	「장애인고용촉진 및 직업재활법」상의 장애인	각 과목 만점의 각 3%	
		우리공단에 1년 이상 재직한 자	각 과목 만점의 각 2%	
		한국사검정능력시험 자격증 소지자	1급	각 과목 만점의 각 2%
			2급	각 과목 만점의 각 1%

※ 특별가점 중 중복 해당사항은 합산하되, 최대 5% 이하 부여

※ 가점은 공고일 기준으로 요건 충족자에 한함

ⓡ 면접전형

• 대상 : 서류전형(일반4 · 5급) 및 필기전형(채용형 청년인턴, 일반9급, 기능직) 합격자
• 장소 : 한국시설안전공단 일산청사 예정

※ 세부 일정 및 장소는 개별 통보

• 준비물 : 신분증 및 제출서류

구분	제출서류
신분증	• 유효기간이 만료되지 않은 신분증 (주민등록증, 운전면허증, 여권, 주민등록증발급신청확인서(사진부착 必))
자격 증명	• 국가공인자격증 및 입사지원서에 기재된 자격증 사본 (한국사검정능력시험 자격증 포함)
지역인재/비수도권인재 증명	• 졸업(예정) 증명서
경력 증명	• 건강보험자격득실확인서 • 입사지원서에 기재된 경력증명서 등(해당 공고기간 내에 발행된 것만 인정) － 건설기술자경력증명서, 기타 경력증명서(회사명, 근무기간, 부서명, 담당업무 등 세부정보가 기재 必) － 제출처 및 용도가 우리공단 신규채용 지원에 부합 되어야 하며, 증명서발급 담당자 성명 및 연락처 등이 기재되어 진위여부 확인이 가능해야 함
교육 증명	• 입사지원서에 기재된 교육증빙자료
취업지원대상자/장애인 증명	• 취업보호(지원)대상자 증명서 • 장애인 증명서

※ 면접당일 준비물을 지참하지 않을 시, 면접전형 응시 불가.

※ 입사지원서 등의 진위여부 확인을 위하여 증빙서류 제출을 받고 있으며, 평가위원에게 제출서류 및 개인정보를 제공하지 않음.

※ 면접당일 제출서류 확인 결과 증빙서류가 미흡(또는 누락)한 경우 면접일을 포함한 3일 이내(방문 제출 또는 등기도착일 기준) 증빙서류를 제출하여야 하며, 기간 내 증빙서류를 보완하여 제출하지 않을 시 불이익을 받을 수 있음.

• 평가방법 및 평정요소
 – 인성 · 직무역량구술 및 발표 면접

구분	유형	평가방법	평정요소
일반4 · 5급	임원진	발표면접 (경력역량 및 직무수행계획 PPT발표, 발표자료 사전제출)	의사소통능력 문제해결능력 대인관계능력 직업윤리 기술능력
	실무진	인성 · 직무역량구술면접	
채용형 청년인턴 일반9급	임원진	인성 · 직무역량구술면접	
	실무진	인성 · 직무역량구술면접	
기능직	실무진	인성 · 직무역량구술면접	

※ 면접당일 임원진면접 · 실무진면접 모두 진행
 – 제출서류 검증 : 입사지원서와 제출증빙서류 진위여부 확인

• 합격자 선정
 – 제출서류 검증결과 결격사유(오기입, 허위기재 등)가 없고, 면접전형 평가점수(가감점 포함)가 고득점인 순

• 가점

구분		부가점수
법정	국가유공자 등 예우 및 지원에 관한 법률 등 관계 법령에 따른 취업지원대상자	각 과목 만점의 각 10% 또는 각 5%

• 감점

대상항목	블라인드 위반 사항	감점
입사지원서 및 면접답변내용	성별, 신체조건, 용모, 학력, 연령, 출신지(주소), 가족사항	블라인드 위반 사항이 1개 이상일 경우 면접평가점수 만점의 2%

- 면접전형결과 동점자의 합격결정
  - 면접 평가위원 전원 평균점수 고득점자, 면접전형 이전 전형의 고득점자, 「국가유공자 등 예우 및 지원에 관한 법률」에 따른 취업지원대상자, 「장애인고용촉진 및 직업재활법」에 따른 장애인, 「청년고용촉진특별법」에 따른 청년, 「혁신도시 조성 및 발전에 관한 특별법」에 따른 지역인재, 비수도권 인재 순으로 결정
- ㉤ 서류제출
  - 제출방법 : 등기우편 제출
  - 제출서류

구분	제출서류
기본서류	• 기본증명서(상세) 2통 • 주민등록등본 • 가족관계증명서(상세) • 병적증명서(남성지원자에 한함) • 건강보험자격득실확인서(기제출자 제외) • 후견등기사항부존재증명서(전자후견등기시스템에서 인터넷 무료발급) ※ 모든 증빙서류는 주민번호 13자리 식별이 가능하도록 제출

학력 관련 서류
(기제출
증빙서류 제외)
	• 학위별 졸업(재학)증명서 및 성적증명서
	가. 고교 졸업자
	  – 고교 졸업증명서 · 성적증명서
	나. 대학 재학 중인자
	  – 고교 졸업증명서 · 성적증명서
	  – 대학 재학관련 증명서 · 성적증명서 (재학/휴학/재적/제적 증명서 등)
	다. 대학(학사 · 석사 · 박사) 졸업자
	  – 대학(학사 · 석사 · 박사) 졸업증명서 · 성적증명서

공무원 채용
신체검사서
	• 국 · 공 · 사립종합병원 및 적십자병원, 근로복지공단병원, 지방공사병원 등에서 공무원채용신체검사규정에 의하여 발행한 것에 한함
	  – 발급까지 2~3일 정도 소요되므로 서류준비 시 우선적으로 신체검사 요함
	  – 신체검사비 환급을 위해 반드시 "검사비" 등의 항목으로 기재된 병원의 정식 영수증으로 제출

기타	• 신원진술서 및 개인정보 제공 동의서 • 본인 명의 (급여)통장 사본 • 본인 증명사진 이미지 파일 및 혈액형 채용사이트 업로드 • 기타 제출서류 추가 요청 가능

03 관련기사

한국시설안전공단 창립 25주년 맞아

– 국가 주요시설물 안전확보 위해 출범
– 건설 – 운영관리 – 해체까지 '시설물의 전 생애주기 안전관리'로 업무영역 확대

성수대교 붕괴사고를 계기로 국가 주요시설물 안전 확보를 위해 1995년 4월19일 출범한 한국시설안전공단(이사장 박영수, 이하 공단)이 창립 25주년을 맞이했다. 공단은 코로나19로 인한 사회적 거리두기에 동참하고자 창립 기념행사를 진행하지 않고 창립 기념사를 온라인상에서 임직원과 공유했다.

박영수 이사장은 기념사를 통해 "공단이 안전관리 분야의 최고 전문기관으로 성장할 수 있도록 노력해 준 임직원에게 감사의 뜻을 전한다"며 새롭게 맞이할 25년을 준비하기 위해 대국민 신뢰 제고, 기관의 공공성 강화, 업무의 전문성과 효율성 제고 등에 임직원 모두의 끊임없는 노력을 당부했다.

공단은 출범 이후 현재까지 국가가 특별히 관리해야 하는 시설물에 대한 무사고를 기반으로 업무영역을 건설 – 운영관리 – 해체까지 시설물의 전 생애주기에 대한 안전관리로 확대·발전시키며 안전관리 분야의 최고 전문기관으로서 위상을 확고히 한다는 계획이다.

공단은 국토교통부 산하 정부출연기관으로 시설안전(국가 주요시설물 정밀안전진단 등), 건설안전(건설공사 안전관리계획서 및 설계안전성 검토 등), 지하안전(지하안전영향성 평가 검토 및 현지조사 등), 내진안전(국가내진센터 운영 등), 시설성능관리(시설물의 안전 및 유지관리지원센터 운영 등) 등의 업무를 수행하며 국가의 지속 가능한 발전에 기여하고 있다.

– 2020. 4. 16

면접질문
- 우리 공단이 가장 우선으로 생각하는 핵심가치에 대해 말해보시오.
- 우리 공단의 국가 주요시설물 안정·성능 확보 사업에 대해 말해보시오.

한국시설안전공단 녹색건축물 전환 인증

– 인천항 연안여객터미널, 대구 수성구청 서측별관 등에 '녹색건축물 전환 인정서' 발급

국토교통부 한국시설안전공단(이사장 박영수)은 8일 국토교통부 녹색건축과와 함께 인천항 연안여객터미널, 대구 수성구청 서측별관, 동두천시 시민회관 등에 대해 '녹색건축물 전환 인정서'를 발급했다. 이는 지난 2016년 최초로 녹색건축물 전환인정을 받은 한국과학기술원 기계공학동에 이은 두 번째 인증이다.

「녹색건축물 조성 지원법」에 따라 기존 건축물의 에너지 효율을 높이기 위하여 추진되는 '녹색건축물 전환'은, 일정한 기준을 만족하는 성능개선 공사를 마친 건축물을 대상으로 한다. 이번 인정서 발급은 한국시설안전공단이 2015년도부터 수행하고 있는 공공건축물 성능개선 사업의 일환으로 추진되었으며, 녹색건축물 확산의 범위를 기존 건축물까지 넓히는 데 의미가 있다.

인천연안여객터미널은 에너지 시뮬레이션 검토를 통한 리모델링 후 연간 냉난방 에너지요구량을 25% 절감하는 효과를 인정받았다. 대구 수성구청 별관은 연간 냉난방 에너지요구량 26.2%의 절감효과를 인정받았다. 고효율인증 냉난방설비를 사용하여 에너지소비를 절감하고 외부 전동 블라인드 설치로 실내 쾌적성 및 편의성도 개선했다.

함께 전환 대상으로 인정받은 동두천시 시민회관은 외벽, 지붕, 바닥 등에 단열을 보강하고 창호를 Low-E 복층유리로 교체하여 단열성과 기밀성을 확보한 것으로 평가받았다.

한국시설안전공단 녹색건축실 안충원 실장은 "공공 부문에서 활성화 되고 있는 녹색건축물 전환 인정을 민간부문으로 확대해나갈 계획"이라고 말했다.

– 2020. 4. 10

면접질문
• 녹색건축물에 대해 아는 대로 말해보시오.
• 녹색건축물 전환 인정이 민간부문으로 확대될 시 기대되는 효과에 대해 말해보시오.

PART

II

NCS 직업기초능력평가

01 의사소통능력

1 의사소통과 의사소통능력

(1) 의사소통

① 개념 ··· 사람들 간에 생각이나 감정, 정보, 의견 등을 교환하는 총체적인 행위로, 직장생활에서의 의사소통은 조직과 팀의 효율성과 효과성을 성취할 목적으로 이루어지는 구성원 간의 정보와 지식 전달 과정이라고 할 수 있다.

② 기능 ··· 공동의 목표를 추구해 나가는 집단 내의 기본적 존재 기반이며 성과를 결정하는 핵심 기능이다.

③ 의사소통의 종류
　　㉠ 언어적인 것 : 대화, 전화통화, 토론 등
　　㉡ 문서적인 것 : 메모, 편지, 기획안 등
　　㉢ 비언어적인 것 : 몸짓, 표정 등

④ 의사소통을 저해하는 요인 ··· 정보의 과다, 메시지의 복잡성 및 메시지 간의 경쟁, 상이한 직위와 과업지향형, 신뢰의 부족, 의사소통을 위한 구조상의 권한, 잘못된 매체의 선택, 폐쇄적인 의사소통 분위기 등

(2) 의사소통능력

① 개념 ··· 직장생활에서 문서나 상대방이 하는 말의 의미를 파악하는 능력, 자신의 의사를 정확하게 표현하는 능력, 간단한 외국어 자료를 읽거나 외국인의 의사표시를 이해하는 능력을 포함한다.

② 의사소통능력 개발을 위한 방법
　　㉠ 사후검토와 피드백을 활용한다.
　　㉡ 명확한 의미를 가진 이해하기 쉬운 단어를 선택하여 이해도를 높인다.
　　㉢ 적극적으로 경청한다.
　　㉣ 메시지를 감정적으로 곡해하지 않는다.

2 의사소통능력을 구성하는 하위능력

(1) 문서이해능력

① 문서와 문서이해능력
- ㉠ 문서 : 제안서, 보고서, 기획서, 이메일, 팩스 등 문자로 구성된 것으로 상대방에게 의사를 전달하여 설득하는 것을 목적으로 한다.
- ㉡ 문서이해능력 : 직업현장에서 자신의 업무와 관련된 문서를 읽고, 내용을 이해하고 요점을 파악할 수 있는 능력을 말한다.

예제 1

다음은 신용카드 약관의 주요내용이다. 규정 약관을 제대로 이해하지 못한 사람은?

> [부가서비스]
> 카드사는 법령에서 정한 경우를 제외하고 상품을 새로 출시한 후 1년 이내에 부가서비스를 줄이거나 없앨 수가 없다. 또한 부가서비스를 줄이거나 없앨 경우에는 그 세부내용을 변경일 6개월 이전에 회원에게 알려주어야 한다.
>
> [중도 해지 시 연회비 반환]
> 연회비 부과기간이 끝나기 이전에 카드를 중도해지하는 경우 남은 기간에 해당하는 연회비를 계산하여 10 영업일 이내에 돌려줘야 한다. 다만, 카드 발급 및 부가서비스 제공에 이미 지출된 비용은 제외된다.
>
> [카드 이용한도]
> 카드 이용한도는 카드 발급을 신청할 때에 회원이 신청한 금액과 카드사의 심사 기준을 종합적으로 반영하여 회원이 신청한 금액 범위 이내에서 책정되며 회원의 신용도가 변동되었을 때에는 카드사는 회원의 이용한도를 조정할 수 있다.
>
> [부정사용 책임]
> 카드 위조 및 변조로 인하여 발생된 부정사용 금액에 대해서는 카드사가 책임을 진다. 다만, 회원이 비밀번호를 다른 사람에게 알려주거나 카드를 다른 사람에게 빌려주는 등의 중대한 과실로 인해 부정사용이 발생하는 경우에는 회원이 그 책임의 전부 또는 일부를 부담할 수 있다.

① 혜수 : 카드사는 법령에서 정한 경우를 제외하고는 1년 이내에 부가서비스를 줄일 수 없어.

② 진성 : 카드 위조 및 변조로 인하여 발생된 부정사용 금액은 일괄 카드사가 책임을 지게 돼.

③ 영훈 : 회원의 신용도가 변경되었을 때 카드사가 이용한도를 조정할 수 있어.

④ 영호 : 연회비 부과기간이 끝나기 이전에 카드를 중도 해지하는 경우에는 남은 기간에 해당하는 연회비를 카드사는 돌려줘야 해.

[출제의도]
주어진 약관의 내용을 읽고 그에 대한 상세 내용의 정보를 이해하는 능력을 측정하는 문항이다.

[해설]
② 부정사용에 대해 고객의 과실이 있으면 회원이 그 책임의 전부 또는 일부를 부담할 수 있다.

답 ②

---

② 문서의 종류

    ㉠ **공문서** : 정부기관에서 공무를 집행하기 위해 작성하는 문서로, 단체 또는 일반회사에서 정부기관을 상대로 사업을 진행할 때 작성하는 문서도 포함된다. 엄격한 규격과 양식이 특징이다.

    ㉡ **기획서** : 아이디어를 바탕으로 기획한 프로젝트에 대해 상대방에게 전달하여 시행하도록 설득하는 문서이다.

    ㉢ **기안서** : 업무에 대한 협조를 구하거나 의견을 전달할 때 작성하는 사내 공문서이다.

    ㉣ **보고서** : 특정한 업무에 관한 현황이나 진행 상황, 연구·검토 결과 등을 보고하고자 할 때 작성하는 문서이다.

    ㉤ **설명서** : 상품의 특성이나 작동 방법 등을 소비자에게 설명하기 위해 작성하는 문서이다.

    ㉥ **보도자료** : 정부기관이나 기업체 등이 언론을 상대로 자신들의 정보를 기사화 되도록 하기 위해 보내는 자료이다.

    ㉦ **자기소개서** : 개인이 자신의 성장과정이나, 입사 동기, 포부 등에 대해 구체적으로 기술하여 자신을 소개하는 문서이다.

    ㉧ **비즈니스 레터(E-mail)** : 사업상의 이유로 고객에게 보내는 편지다.

    ㉨ **비즈니스 메모** : 업무상 확인해야 할 일을 메모형식으로 작성하여 전달하는 글이다.

③ **문서이해의 절차** … 문서의 목적 이해→문서 작성 배경·주제 파악→정보 확인 및 현안문제 파악→문서 작성자의 의도 파악 및 자신에게 요구되는 행동 분석→목적 달성을 위해 취해야 할 행동 고려→문서 작성자의 의도를 도표나 그림 등으로 요약·정리

(2) 문서작성능력

① 작성되는 문서에는 대상과 목적, 시기, 기대효과 등이 포함되어야 한다.

② 문서작성의 구성요소

    ㉠ 짜임새 있는 골격, 이해하기 쉬운 구조

    ㉡ 객관적이고 논리적인 내용

    ㉢ 명료하고 설득력 있는 문장

    ㉣ 세련되고 인상적인 레이아웃

다음은 들은 내용을 구조적으로 정리하는 방법이다. 순서에 맞게 배열하면?

> ㉠ 관련 있는 내용끼리 묶는다.
> ㉡ 묶은 내용에 적절한 이름을 붙인다.
> ㉢ 전체 내용을 이해하기 쉽게 구조화한다.
> ㉣ 중복된 내용이나 덜 중요한 내용을 삭제한다.

① ㉠㉡㉢㉣

② ㉠㉡㉣㉢

③ ㉡㉠㉢㉣

④ ㉡㉠㉣㉢

[출제의도]
음성정보는 문자정보와는 달리 쉽게 잊혀 지기 때문에 음성정보를 구조화 시키는 방법을 묻는 문항이다.
[해설]
내용을 구조적으로 정리하는 방법은 '㉠ 관련 있는 내용끼리 묶는다. → ㉡ 묶은 내용에 적절한 이름을 붙인다. → ㉣ 중복된 내용이나 덜 중요한 내용을 삭제한다. → ㉢ 전체 내용을 이해하기 쉽게 구조화한다.'가 적절하다.

답 ②

③ 문서의 종류에 따른 작성방법

　㉠ 공문서

　　• 육하원칙이 드러나도록 써야 한다.

　　• 날짜는 반드시 연도와 월, 일을 함께 언급하며, 날짜 다음에 괄호를 사용할 때는 마침표를 찍지 않는다.

　　• 대외문서이며, 장기간 보관되기 때문에 정확하게 기술해야 한다.

　　• 내용이 복잡할 경우 '-다음-', '-아래-'와 같은 항목을 만들어 구분한다.

　　• 한 장에 담아내는 것을 원칙으로 하며, 마지막엔 반드시 '끝'자로 마무리 한다.

　㉡ 설명서

　　• 정확하고 간결하게 작성한다.

　　• 이해하기 어려운 전문용어의 사용은 삼가고, 복잡한 내용은 도표화 한다.

　　• 명령문보다는 평서문을 사용하고, 동어 반복보다는 다양한 표현을 구사하는 것이 바람직하다.

　㉢ 기획서

　　• 상대를 설득하여 기획서가 채택되는 것이 목적이므로 상대가 요구하는 것이 무엇인지 고려하여 작성하며, 기획의 핵심을 잘 전달하였는지 확인한다.

　　• 분량이 많을 경우 전체 내용을 한눈에 파악할 수 있도록 목차구성을 신중히 한다.

　　• 효과적인 내용 전달을 위한 표나 그래프를 적절히 활용하고 산뜻한 느낌을 줄 수 있도록 한다.

　　• 인용한 자료의 출처 및 내용이 정확해야 하며 제출 전 충분히 검토한다.

　㉣ 보고서

　　• 도출하고자 한 핵심내용을 구체적이고 간결하게 작성한다.

　　• 내용이 복잡할 경우 도표나 그림을 활용하고, 참고자료는 정확하게 제시한다.

　　• 제출하기 전에 최종점검을 하며 질의를 받을 것에 대비한다.

예제 3

다음 중 공문서 작성에 대한 설명으로 가장 적절하지 못한 것은?

① 공문서나 유가증권 등에 금액을 표시할 때에는 한글로 기재하고 그 옆에 괄호를 넣어 숫자로 표기한다.
② 날짜는 숫자로 표기하되 년, 월, 일의 글자는 생략하고 그 자리에 온점(.)을 찍어 표시한다.
③ 첨부물이 있는 경우에는 붙임 표시문 끝에 1자 띄우고 "끝."이라고 표시한다.
④ 공문서의 본문이 끝났을 경우에는 1자를 띄우고 "끝."이라고 표시한다.

④ 문서작성의 원칙
  ㉠ 문장은 짧고 간결하게 작성한다(간결체 사용).
  ㉡ 상대방이 이해하기 쉽게 쓴다.
  ㉢ 불필요한 한자의 사용을 자제한다.
  ㉣ 문장은 긍정문의 형식을 사용한다.
  ㉤ 간단한 표제를 붙인다.
  ㉥ 문서의 핵심내용을 먼저 쓰도록 한다(두괄식 구성).

⑤ 문서작성 시 주의사항
  ㉠ 육하원칙에 의해 작성한다.
  ㉡ 문서 작성시기가 중요하다.
  ㉢ 한 사안은 한 장의 용지에 작성한다.
  ㉣ 반드시 필요한 자료만 첨부한다.
  ㉤ 금액, 수량, 일자 등은 기재에 정확성을 기한다.
  ㉥ 경어나 단어사용 등 표현에 신경 쓴다.
  ㉦ 문서작성 후 반드시 최종적으로 검토한다.

⑥ 효과적인 문서작성 요령
  ㉠ **내용이해** : 전달하고자 하는 내용과 핵심을 정확하게 이해해야 한다.
  ㉡ **목표설정** : 전달하고자 하는 목표를 분명하게 설정한다.
  ㉢ **구성** : 내용 전달 및 설득에 효과적인 구성과 형식을 고려한다.
  ㉣ **자료수집** : 목표를 뒷받침할 자료를 수집한다.
  ㉤ **핵심전달** : 단락별 핵심을 하위목차로 요약한다.
  ㉥ **대상파악** : 대상에 대한 이해와 분석을 통해 철저히 파악한다.
  ㉦ **보충설명** : 예상되는 질문을 정리하여 구체적인 답변을 준비한다.
  ㉧ **문서표현의 시각화** : 그래프, 그림, 사진 등을 적절히 사용하여 이해를 돕는다.

(3) 경청능력

① 경청의 중요성 … 경청은 다른 사람의 말을 주의 깊게 들으며 공감하는 능력으로 경청을 통해 상대방을 한 개인으로 존중하고 성실한 마음으로 대하게 되며, 상대방의 입장에 공감하고 이해하게 된다.

② 경청을 방해하는 습관 … 짐작하기, 대답할 말 준비하기, 걸러내기, 판단하기, 다른 생각하기, 조언하기, 언쟁하기, 옳아야만 하기, 슬쩍 넘어가기, 비위 맞추기 등

③ 효과적인 경청방법

　　㉠ 준비하기 : 강연이나 프레젠테이션 이전에 나누어주는 자료를 읽어 미리 주제를 파악하고 등장하는 용어를 익혀둔다.

　　㉡ 주의 집중 : 말하는 사람의 모든 것에 집중해서 적극적으로 듣는다.

　　㉢ 예측하기 : 다음에 무엇을 말할 것인가를 추측하려고 노력한다.

　　㉣ 나와 관련짓기 : 상대방이 전달하고자 하는 메시지를 나의 경험과 관련지어 생각해 본다.

　　㉤ 질문하기 : 질문은 듣는 행위를 적극적으로 하게 만들고 집중력을 높인다.

　　㉥ 요약하기 : 주기적으로 상대방이 전달하려는 내용을 요약한다.

　　㉦ 반응하기 : 피드백을 통해 의사소통을 점검한다.

예제 4

다음은 면접스터디 중 일어난 대화이다. 민아의 고민을 해소하기 위한 조언으로 가장 적절한 것은?

> 지섭 : 민아씨, 어디 아파요? 표정이 안 좋아 보여요.
> 민아 : 제가 원서 넣은 공단이 내일 면접이어서요. 그동안 스터디를 통해서 면접 연습을 많이 했는데도 벌써부터 긴장이 되네요.
> 지섭 : 민아씨는 자기 의견도 명확히 피력할 줄 알고 조리 있게 설명을 잘 하시니 걱정 안하셔도 될 것 같아요. 아, 손에 꽉 쥐고 계신 건 뭔가요?
> 민아 : 아, 제가 예상 답변을 정리해서 모아둔거에요. 내용은 거의 외웠는데 이렇게 쥐고 있지 않으면 불안해서
> 지섭 : 그 정도로 준비를 철저히 하셨으면 걱정할 이유 없을 것 같아요.
> 민아 : 그래도 압박면접이거나 예상치 못한 질문이 들어오면 어떻게 하죠?
> 지섭 : ＿＿＿＿＿＿＿＿＿＿＿＿＿＿＿＿＿＿＿

① 시선을 적절히 처리하면서 부드러운 어투로 말하는 연습을 해보는 건 어때요?
② 공식적인 자리인 만큼 옷차림을 신경 쓰는 게 좋을 것 같아요.
③ 당황하지 말고 질문자의 의도를 잘 파악해서 침착하게 대답하면 되지 않을까요?
④ 예상 질문에 대한 답변을 좀 더 정확하게 외워보는 건 어떨까요?

[출제의도]
상대방이 하는 말을 듣고 질문 의도에 따라 올바르게 답하는 능력을 측정하는 문항이다.
[해설]
민아는 압박질문이나 예상치 못한 질문에 대해 걱정을 하고 있으므로 침착하게 대응하라고 조언을 해주는 것이 좋다.

답 ③

(4) 의사표현능력

① 의사표현의 개념과 종류

  ㉠ 개념 : 화자가 자신의 생각과 감정을 청자에게 음성언어나 신체언어로 표현하는 행위이다.

  ㉡ 종류

  • 공식적 말하기 : 사전에 준비된 내용을 대중을 대상으로 말하는 것으로 연설, 토의, 토론 등이 있다.

  • 의례적 말하기 : 사회 · 문화적 행사에서와 같이 절차에 따라 하는 말하기로 식사, 주례, 회의 등이 있다.

  • 친교적 말하기 : 친근한 사람들 사이에서 자연스럽게 주고받는 대화 등을 말한다.

② 의사표현의 방해요인

  ㉠ 연단공포증 : 연단에 섰을 때 가슴이 두근거리거나 땀이 나고 얼굴이 달아오르는 등의 현상으로 충분한 분석과 준비, 더 많은 말하기 기회 등을 통해 극복할 수 있다.

  ㉡ 말 : 말의 장단, 고저, 발음, 속도, 쉼 등을 포함한다.

  ㉢ 음성 : 목소리와 관련된 것으로 음색, 고저, 명료도, 완급 등을 의미한다.

  ㉣ 몸짓 : 비언어적 요소로 화자의 외모, 표정, 동작 등이다.

  ㉤ 유머 : 말하기 상황에 따른 적절한 유머를 구사할 수 있어야 한다.

③ 상황과 대상에 따른 의사표현법

  ㉠ 잘못을 지적할 때 : 모호한 표현을 삼가고 확실하게 지적하며, 당장 꾸짖고 있는 내용에만 한정한다.

  ㉡ 칭찬할 때 : 자칫 아부로 여겨질 수 있으므로 센스 있는 칭찬이 필요하다.

  ㉢ 부탁할 때 : 먼저 상대방의 사정을 듣고 응하기 쉽게 구체적으로 부탁하며 거절을 당해도 싫은 내색을 하지 않는다.

  ㉣ 요구를 거절할 때 : 먼저 사과하고 응해줄 수 없는 이유를 설명한다.

  ㉤ 명령할 때 : 강압적인 말투보다는 '○○을 이렇게 해주는 것이 어떻겠습니까?'와 같은 식으로 부드럽게 표현하는 것이 효과적이다.

  ㉥ 설득할 때 : 일방적으로 강요하기보다는 먼저 양보해서 이익을 공유하겠다는 의지를 보여주는 것이 좋다.

  ㉦ 충고할 때 : 충고는 가장 최후의 방법이다. 반드시 충고가 필요한 상황이라면 예화를 들어 비유적으로 깨우쳐주는 것이 바람직하다.

  ㉧ 질책할 때 : 샌드위치 화법(칭찬의 말 + 질책의 말 + 격려의 말)을 사용하여 청자의 반발을 최소화 한다.

당신은 팀장님께 업무 지시내용을 수행하고 결과물을 보고 드렸다. 하지만 팀장님께서는 "최대리 업무를 이렇게 처리하면 어떡하나? 누락된 부분이 있지 않은가."라고 말하였다. 이에 대해 당신이 행할 수 있는 가장 부적절한 대처 자세는?

① "죄송합니다. 제가 잘 모르는 부분이라 이수혁 과장님께 부탁을 했는데 과장님께서 실수를 하신 것 같습니다."
② "주의를 기울이지 못해 죄송합니다. 어느 부분을 수정보완하면 될까요?"
③ "지시하신 내용을 제가 충분히 이해하지 못하였습니다. 내용을 다시 한 번 여쭤보아도 되겠습니까?"
④ "부족한 내용을 보완하는 자료를 취합하기 위해서 하루정도가 더 소요될 것 같습니다. 언제까지 재작성하여 드리면 될까요?"

[출제의도]
상사가 잘못을 지적하는 상황에서 어떻게 대처해야 하는지를 묻는 문항이다.

[해설]
상사가 부탁한 지시사항을 다른 사람에게 부탁하는 것은 옳지 못하며 설사 그렇다고 해도 그 일의 과오에 대해 책임을 전가하는 것은 지양해야 할 자세이다.

답 ①

④ 원활한 의사표현을 위한 지침
  ㉠ 올바른 화법을 위해 독서를 하라.
  ㉡ 좋은 청중이 되라.
  ㉢ 칭찬을 아끼지 마라.
  ㉣ 공감하고, 긍정적으로 보이게 하라.
  ㉤ 겸손은 최고의 미덕임을 잊지 마라.
  ㉥ 과감하게 공개하라.
  ㉦ 뒷말을 숨기지 마라.
  ㉧ 첫마디 말을 준비하라.
  ㉨ 이성과 감성의 조화를 꾀하라.
  ㉩ 대화의 룰을 지켜라.
  ㉪ 문장을 완전하게 말하라.

⑤ 설득력 있는 의사표현을 위한 지침
  ㉠ 'Yes'를 유도하여 미리 설득 분위기를 조성하라.
  ㉡ 대비 효과로 분발심을 불러 일으켜라.
  ㉢ 침묵을 지키는 사람의 참여도를 높여라.
  ㉣ 여운을 남기는 말로 상대방의 감정을 누그러뜨려라.
  ㉤ 하던 말을 갑자기 멈춤으로써 상대방의 주의를 끌어라.
  ㉥ 호칭을 바꿔서 심리적 간격을 좁혀라.
  ㉦ 끄집어 말하여 자존심을 건드려라.

ⓞ 정보전달 공식을 이용하여 설득하라.
ⓩ 상대방의 불평이 가져올 결과를 강조하라.
ⓒ 권위 있는 사람의 말이나 작품을 인용하라.
ⓚ 약점을 보여 주어 심리적 거리를 좁혀라.
ⓣ 이상과 현실의 구체적 차이를 확인시켜라.
ⓟ 자신의 잘못도 솔직하게 인정하라.
ⓗ 집단의 요구를 거절하려면 개개인의 의견을 물어라.
ⓐ 동조 심리를 이용하여 설득하라.
ⓑ 지금까지의 노고를 치하한 뒤 새로운 요구를 하라.
ⓒ 담당자가 대변자 역할을 하도록 하여 윗사람을 설득하게 하라.
ⓓ 겉치레 양보로 기선을 제압하라.
ⓔ 변명의 여지를 만들어 주고 설득하라.
ⓕ 혼자 말하는 척하면서 상대의 잘못을 지적하라.

(5) 기초외국어능력

① 기초외국어능력의 개념과 필요성
  ㉠ 개념 : 기초외국어능력은 외국어로 된 간단한 자료를 이해하거나, 외국인과의 전화응대
    와 간단한 대화 등 외국인의 의사표현을 이해하고, 자신의 의사를 기초외국어로 표현
    할 수 있는 능력이다.
  ㉡ 필요성 : 국제화·세계화 시대에 다른 나라와의 무역을 위해 우리의 언어가 아닌 국제적
    인 통용어를 사용하거나 그들의 언어로 의사소통을 해야 하는 경우가 생길 수 있다.

② 외국인과의 의사소통에서 피해야 할 행동
  ㉠ 상대를 볼 때 흘겨보거나, 노려보거나, 아예 보지 않는 행동
  ㉡ 팔이나 다리를 꼬는 행동
  ㉢ 표정이 없는 것
  ㉣ 다리를 흔들거나 펜을 돌리는 행동
  ㉤ 맞장구를 치지 않거나 고개를 끄덕이지 않는 행동
  ㉥ 생각 없이 메모하는 행동
  ㉦ 자료만 들여다보는 행동
  ㉧ 바르지 못한 자세로 앉는 행동
  ㉨ 한숨, 하품, 신음소리를 내는 행동
  ㉩ 다른 일을 하며 듣는 행동
  ㉪ 상대방에게 이름이나 호칭을 어떻게 부를지 묻지 않고 마음대로 부르는 행동

③ 기초외국어능력 향상을 위한 공부법

 ㉠ 외국어공부의 목적부터 정하라.

 ㉡ 매일 30분씩 눈과 손과 입에 밸 정도로 반복하라.

 ㉢ 실수를 두려워하지 말고 기회가 있을 때마다 외국어로 말하라.

 ㉣ 외국어 잡지나 원서와 친해져라.

 ㉤ 소홀해지지 않도록 라이벌을 정하고 공부하라.

 ㉥ 업무와 관련된 주요 용어의 외국어는 꼭 알아두자.

 ㉦ 출퇴근 시간에 외국어 방송을 보거나, 듣는 것만으로도 귀가 트인다.

 ㉧ 어린이가 단어를 배우듯 외국어 단어를 암기할 때 그림카드를 사용해 보라.

 ㉨ 가능하면 외국인 친구를 사귀고 대화를 자주 나눠 보라.

01 출제예상문제

1   다음 글의 중심 내용으로 가장 적절한 것은?

> 침체된 재래시장이 본래의 역할을 회복하려면 무엇이 필요한가? 현재 시행되고 있는 재래시장 활성화를 위한 대표 방안은 시설 현대화 사업과 상품권 사업이다. 시설 현대화 사업은 시장의 지붕을 만드는 공사가 중심이었으나 단순하고 획일적인 사업으로 효과를 내지 못하고 있다. 상품권 사업도 명절 때마다 재래시장 살리기를 호소하는 차원에서 이루어지기 때문에 아직까지 정착되지 못했다. 그렇다면 재래시장을 활성화할 수 있는 근본 방안은 무엇일까? 기존의 재래시장은 장년층과 노년층이 주 고객이었다. 재래시장이 발전하려면 젊은이들이 찾는 시장이어야 한다. 따라서 젊은이들의 기호를 파악하기 위한 상인들의 노력이 있어야 하고, 경쟁자인 대형 유통 업체와의 차별화도 필요하다. 다시 말해 주변 환경만 탓하거나 관련 기관의 지원만 바라지 말고 스스로 생존할 수 있는 힘을 길러야 한다. 당장 배가 고프다고 해도 물고기를 바라기보다 물고기 잡는 방법을 터득해야 한다. 이런 조건들이 갖추어질 때 대형 유통 업체와 경쟁할 수 있는 힘을 가지게 된다. 여기에 정부나 지방자치단체의 행정적 · 재정적 지원이 더해진다면 재래시장은 다시 살아날 수 있을 것이다.

① 재래시장 활성화 방안
② 재래시장의 주된 고객층
③ 재래시장의 침체 원인
④ 지방자치단체의 행정적 지원

 주어진 글은 침체된 재래시장 활성화를 위한 다양한 방법을 모색하고 있으므로 ①이 가장 적절하다.

2 다음은 정보공개 업무처리 절차에 관한 자료이다. 다음에 대한 설명으로 옳지 않은 것은?

> 정보공개 업무처리 절차
> □ 정보공개 제도란
>
> 정보공개 제도란 공공기관이 직무상 작성 또는 취득하여 관리하고 있는 정보를 수요자인 국민의 청구에 의하여 열람·사본·복제 등의 형태로 청구인에게 공개하거나 공공기관이 자발적으로 또는 법령 등의 규정에 의하여 의무적으로 보유하고 있는 정보를 배포 또는 공표 등의 형태로 제공하는 제도를 말합니다. 전자를「청구 공개」라 한다면, 후자는「정보제공」이라 할 수 있습니다.
>
> □ 청구 및 접수
> • 청구인은 청구하고자 하는 정보를 보유관리하고 있는 공공기관에「정보공개 청구서」를 제출하거나 구술로써 정보의 공개를 청구할 수 있습니다.
> • 정보공개청구서는 공공기관에「직접출석」하여 제출하거나「우편·모사전송」또는「정보통신망」에 의하여 제출할 수 있습니다.
> • 「2인 이상 다수인」이 공동으로 정보공개를 청구하는 때에는「1인」의 대표자를 선정하여 청구하여야 합니다.
>
> □ 공개여부 결정
> 공공기관(담당부서 : 처리과)은 청구를 받은 날부터 "10일" 이내 (부득이한 경우 10일 연장 가능)에 공개여부를 결정합니다.
>
> □ 공개여부 결정의 통지
> 공공기관이 공개청구 된 정보에 대한 공개여부를 결정한 때에는 청구인에게 지체없이 서면으로 통지합니다.
> [공개결정시의 통지] 공개일시·공개장소, 공개방법, 수수료의 금액 및 납부방법 등을 명시하여 공개를 결정한 날부터 "10일" 이내에 공개되도록 통지하여야 합니다.
> [비공개결정시의 통지] 공공기관은 정보의 비공개결정을 한 때에는 그 내용을 청구인에게 지체없이 서면으로 통지합니다. 이 경우 비공개사유·불복방법 및 불복절차를 명시하여야 합니다.

① 청구인은 청구하고자 할 때 말로써 정보공개를 청구할 수도 있다.

② 여러 사람이 공동으로 정보공개를 청구하는 때에는 대표자를 선정해야 한다.

③ 정보공개제도는 청구인이 요청하는 정보를 원본의 형태로 제공하는 제도이다.

④ 공공기관은 청구 받은 정보의 비공개결정을 한 때에는 청구인에게 서면으로 통지한다.

 Tip ③ 정보공개 제도란 공공기관이 직무상 작성 또는 취득하여 관리하고 있는 정보를 수요자인 국민의 청구에 의하여 열람·사본·복제 등의 형태로 청구인에게 공개하거나 공공기관이 자발적으로 또는 법령 등의 규정에 의하여 의무적으로 보유하고 있는 정보를 배포 또는 공표 등의 형태로 제공하는 제도를 말한다.

Answer 1.① 2.③

3 다음 기사문을 참고할 때, 2016년의 과징금 수납액은 얼마인가? (금액은 반올림하여 억 원 단위로 표시함)

> 공정거래위원회가 지난해 기업에 부과한 과징금을 직권 취소한 금액이 1500억 원을 넘어서며 2년 연속 기업에 대한 환급금액이 3000억 원대를 기록한 것으로 나타났다.
>
> 19일 국회예산정책처에 따르면 지난해 공정위가 환급해준 과징금 규모는 3303억9500만 원으로 2015년에 이어 2년 연속 3000억 원대를 기록했다. 2016년 과징금 예산액의 52.5%에 달하는 규모다. 예산 규모의 절반이 넘는 과징금을 기업들에게 돌려준 것이다. 공정위가 기업에 돌려준 과징금 규모는 2012년에는 130억 원 정도였으나 2013년에는 그 두 배인 302억 원으로 뛰었고, 2014년에는 2518억 원으로 껑충 뛰었다. 2015년에는 3572억 원으로 사상 최대 수준을 기록했다.
>
> 공정위는 불공정거래 행위를 저지른 기업들에게 과징금을 부과하지만, 기업들이 소송을 제기해 공정위가 패소할 경우에는 과징금을 이자까지 쳐서 돌려줘야만 한다. 환급해준 3303억 원 중 1775억 원은 패소로 인해 돌려준 환급금이다.
>
> 나머지 1528억 원은 직권취소로 인해 돌려준 환급금이다. 직권취소는 법원의 최종 판결이 나오기 전에 공정위가 과징금 부과 결정을 취소하는 것으로, 패소로 인한 소송비용 부담을 줄이기 위한 고육지책이다. 사실상 패소나 마찬가지다.
>
> 지난 2010년부터 2015년까지 공정위에 제기된 공정거래법상 과징금 부과 관련 불복 소송 제기 현황에 대해 분석한 결과, 불복사건은 총 220건으로 6년간 평균 43%의 불복률이 나타났다. 이는 2005~2009년의 연평균 불복률(26%)의 1.6배에 달한다.
>
> 환급액이 늘어날 경우 과징금 예산액 대비 수납률이 낮아지는 부작용이 나타난다. 2016년도에는 과징금 수납률이 59.9%에 그쳤다.

① 3,120억 원 　　　　② 3,340억 원
③ 3,500억 원 　　　　④ 3,770억 원

 주어진 글의 마지막 문장에서 과징금 수납률은 '과징금 예산액 대비 실제 수납액'으로 계산됨을 알 수 있다. 과징금 수납률은 59.9%이며, 과징금 예산액은 앞부분 내용에서 알아낼 수 있다.
3,303억9500만 원의 환급금이 과징금 예산액의 52.5%라고 언급하고 있으므로 과징금 예산액은 3,303억9,500만 원÷0.525=약 6,293억 원이 된다.
따라서 6,293억 원의 59.9%인 6,293×0.599=약 3,770억 원이 과징금 수납액이 된다.

4 다음 제시된 글을 어법에 맞게 수정한 것으로 적절하지 않은 것은?

사회적 기업의 개념

    ⊙ <u>사회적 기업은 취약계층이 사회서비스 또는 일자리 등을 제공하여 지역주민의 삶의 질을 높이는 등의 사회적 목적을 추구한다.</u> 동시에 재화 및 서비스의 생산·판매 등 영업활동을 수행하는 기업을 말한다.

    ⓒ <u>영리 기업이 이윤 추구를 목적으로 하는데 반해,</u> 사회적 기업은 사회서비스의 제공 및 취약계층의 일자리 창출을 목적으로 하는 점에서 영리기업과 큰 차이가 있다. ⓒ <u>그러나 흔히 "빵을 팔기 위해 고용하는 것이 아니라, 고용하기 위해 빵을 파는 기업"이라고도 일컬어진다.</u> ⓔ <u>빵에 함유되어 있는 탄수화물은 당을 급격하게 높여준다.</u> 주요 특징으로는 취약계층에 일자리 및 사회서비스 제공 등의 사회적 목적 추구, 영업활동 수행 및 수익의 사회적 목적 재투자, 민주적인 의사결정구조 구비 등을 들 수 있다.

---

① ⊙ : 사회적 기업이 취약계층에게 서비스 또는 일자리 등을 제공하는 것이므로 '취약계층'의 조사를 '이 → 에게'로 변경한다.

② ⓒ : 영리 기업은 이윤 추구를 목적으로 하면서 취약계층의 일자리를 창출한다로 변경해야 한다.

③ ⓒ : 앞의 문장과 이어지는 내용이므로 '그러나'를 '그래서'로 바꾼다.

④ ⓔ : 제시된 글의 내용과 상관없는 문장으로 삭제한다.

> **Tip** ② ⓒ의 문장은 영리 기업과 사회적 기업을 비교하는 문장으로 주어진 문장을 변경하지 않는 것이 적절하다.

Answer ↱ 3.④ 4.②

5 다음은 시설물의 안전점검 및 정밀안전진단 실시 등에 관한 지침이다. 이에 대한 설명으로 옳지 않은 것은?

> ○ 정밀점검 또는 정밀안전진단실시결과에 대한 평가(시특법 제 11조의3)
> • 정밀안전진단의 기술수준 향상, 부실진단 방지
> • 국토교통부장관이 정밀점검 또는 정밀안전진단실시결과에 대한 평가 수행
> • 관리주체 등 공단·안전진단전문기관 및 유지관리업자에게 필요한 자료 제출요구
> ○ 권한의 위임·위탁(시특법 제38조)
> • 정밀점검 또는 정밀안전진단실시결과의 평가 및 그 평가에 필요한 관련자료 제출요구
> • 평가의 공정성 및 전문성 확보를 위해 정밀점검·정밀안전진단 평가위원회를 설치하고 심의를 수행
> ○ 시특법 제44조(과태료)
> • 평가에 필요한 관련 자료를 제출하지 아니한 자에게 300만 원 이하의 과태료 부과
> ○ 평가대상(시행령 제12조의4)
> • 정밀점검 또는 정밀안전진단을 성실하게 실시하지 아니함으로써 시설물에 중대한 파손이나 공중의 안전에 위험을 발생시킬 우려가 있다고 인정되는 경우
>   − 정밀점검 또는 정밀안전진단을 성실하게 실시하지 아니하여 시설물에 중대한 결함 또는 손괴가 발생되었거나 발생될 우려가 있다고 인정되는 경우
>   − 정밀점검 또는 정밀안전진단을 실시한 결과가 사회적으로 물의를 야기할 우려가 있다고 인정되는 경우
>   − 정밀점검 또는 정밀안전진단을 실시한 결과 안전등급이 2단계 이상 상향되거나 하향된 경우
>   − 정밀점검 또는 정밀안전진단을 실시한 결과 안전등급이 D, E등급에서 상향된 경우
>   − 정밀점검 또는 정밀안전진단결과에 대한 평가결과 부실로 통보 받은 점검·진단실시자가 실시한 정밀점검 및 정밀안전진단 결과 (부실로 통보받은 날로부터 향후 1년간에 한 하며, 실시시기는 용역 준공일 기준)
> • 시설물의 주요부재에 대한 결함·손상이 발생되었거나 노후 또는 관리 소홀로 시설물에 중대한 파손이나 공중의 안전에 위험을 발생시킬 우려가 있다고 인정되는 경우
>   − 정밀점검 또는 정밀안전진단결과 안전등급이 D등급 이하인 경우
>   − 완공 후 30년 이상 경과된 시설물로서 정밀점검 또는 정밀안전진단을 실시한 결과 안전등급이 C등급인 경우
> • 민간관리주체를 지도·감독하는 특별자치도·시장·군수·구청장이 정밀점검 또는 정밀안전진단의 실시결과에 대하여 부실 점검·진단의 우려가 있다고 인정하여 평가를 의뢰하는 경우
> • 영 제8조에 따른 안전점검 및 정밀안전진단 대가(비용산정) 기준의 100분의 70미만인 경우
> • 그 밖에 법 또는 이 법에 따른 명령을 위반하여 정밀점검 또는 정밀안전진단을 실시함으로써 부실 점검·진단의 우려가 있다고 인정되는 경우

① 시설물의 안전점검은 정밀안전진단의 기술수준 향상, 부실진단 방지를 목적으로 이루어진다.

② 정밀안전진단결과 안전등급이 D등급 이하인 경우 정밀안전진단실시결과에 대한 평가가 이루어진다.

③ 평가에 필요한 관련 자료를 제출하지 않을 시 행정상 벌과금을 내야할 수도 있다.

④ 완공 후 30년 이상 경과된 시설물은 정밀안전진단실시결과에 대한 평가가 이루어진다.

> (Tip) ④ 완공 후 30년 이상 경과된 시설물로서 정밀점검 또는 정밀안전진단을 실시한 결과 안전등급이 C등급인 경우 정밀점검 또는 정밀안전진단실시결과에 대한 평가가 이루어진다.

Answer ↪ 5.④

6   다음의 빈칸에 들어갈 내용으로 가장 적절한 것은?

- 연구주제 : 중 · 고등학생의 게임 몰입이 주변 사람과의 대화에 미치는 영향
- 연구가설
  〈가설 1〉 게임을 적게 할수록 부모와의 대화는 많을 것이다.
  〈가설 2〉 _____ (가) _____
- 자료 수집
  – 조사방법 : 중 · 고등학생 1,000명을 무작위 선정하여 설문 조사
  – 조사내용 : 게임 시간 정도, 부모와의 대화 정도, 친구와 대화 정도
- 자료 분석 결과
  – 자료 분석 결과 아래 표와 같고, 부모와의 대화 정도 및 친구와의 대화 정도는 게임 시간 정도에 따라 통계적으로 유의미한 차이가 있는 것으로 나타났다.

대화정도	게임시간정도	많음	중간	적음
부모와 대화 많음	친구와 대화 많음	78	100	120
	친구와 대화 적음	52	70	80
부모와 대화 적음	친구와 대화 많음	172	100	60
	친구와 대화 적음	48	120	180

① 게임을 많이 할수록 친구와 게임에 관련한 내용의 대화를 나눌 것이다.
② 게임을 적게 할수록 부모와의 대화 빈도가 줄어들 것이다.
③ 게임을 적게 할수록 친구와의 대화는 많을 것이다.
④ 게임을 많이 할수록 일상 대화량이 많을 것이다.

 ③ 주어진 자료의 분석 결과를 보면 친구와의 대화 정도와 게임 시간 정도를 비교하는 것으로 보아 게임 시간과 친구와의 대화정도를 비교하는 가설이 적절하다.

7 다음은 건축분쟁전문위원회 사무국의 주요업무에 관한 자료이다. 밑줄 친 단어를 한자로 바꾸어 쓴 것으로 적절하지 않은 것은?

〈건축분쟁전문위원회 사무국의 주요업무〉

○ 위원회
  • 건축분쟁전문위원회는 건축법 제88조 제1항에 의거하여 다음과 같은 분쟁의 조정 및 <u>재정</u> 업무를 수행
  • <u>건축</u> 관계자와 해당 건축물의 건축 등으로 피해를 입은 인근주민(이하 "인근주민"이라 한다) 간의 분쟁
  • 관계전문기술자와 인근주민 간의 분쟁
  • 건축 관계자와 관계전문기술자 간의 분쟁
  • 건축 관계자 간의 분쟁
  • 인근주민 간의 분쟁
  • 관계전문기술자 간의 분쟁
  • 그 밖에 대통령령으로 정하는 사항
  ※ 단, 건설산업기본법 제69조에 따른 조정의 대상이 되는 분쟁은 제외
○ 사무국
  • 건축분쟁 조정 · 재정 절차에 따른 행정업무
  • <u>조정</u> 및 재정위원회 관련 업무
  • 종합관리시스템 운영 및 관리
  • 건축분쟁민원 <u>업무</u>
  • 사무행정 및 일반서무
  ※ "조정"이란 건축 등과 관련된 민사에 관한 분쟁을 재판에 비해 간단한 절차에 따라 당사자 간에 상호 양해를 통하여 조리를 바탕으로 실정에 맞게 해결하는 것을 말하는 것으로 해당 사건 당사자 중 1명 이상이 신청 가능함.
  ※ "재정"이란 건축 등과 관련된 분쟁에 대하여 사실을 조사하고, 심문하여 법률적으로 판단으로 해결하는 것을 말하는 것으로 해당 사건 당사자 간 합의로 신청 가능함.

---

① 재정 – 裁定
② 건축 – 建築
③ 조정 – 朝廷
④ 업무 – 業務

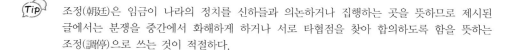 조정(朝廷)은 임금이 나라의 정치를 신하들과 의논하거나 집행하는 곳을 뜻하므로 제시된 글에서는 분쟁을 중간에서 화해하게 하거나 서로 타협점을 찾아 합의하도록 함을 뜻하는 조정(調停)으로 쓰는 것이 적절하다.

Answer ↦ 6.③ 7.③

8 다음 빈칸에 들어갈 대화로 적절한 것은?

> A : How are you doing thesedays? Everything is Okay?
>
> B : I'm good. by the way I often go on a business trip recently.
>
> A : Really? Where? Domestic or Abroad?
>
> B : I usually go on a business trip abroad. I'm planing to go to Japan for 3 days nextweek.
>
> A : Wow. good for you! I want to go abroad for a business trip like you.
>
> B : It's very challenging for me to go on a business trip. anyways, How about you thesedays?
>
> A : _____ I have a business meeting all day long on Monday. I have to conduct Market search on Tue and Wed. and meet my client on Thu. also, I have to submit the report to my boss by Fri.

① I'm very busy.

② I work at BBC company.

③ I'm going to party.

④ I'm a professor at Seoul national university.

 ① 저는 요즘 매우 바빠요.

② 저는 BBC에서 일해요.

③ 파티에 가요.

④ 서울대학교 강사에요.

「A : 요즘 어떻게 지내세요? 잘 돼가요?

B : 저는 좋아요. 그런데 요즘은 출장이 잦아요.

A : 그래요? 어디로요? 국내, 아니면 해외로?

B : 저는 보통 해외로 출장을 가요. 다음주에 3일 정도 일본에 출장을 가야 해요.

A : 와, 잘 됐네요. 저도 당신처럼 해외로 출장을 가고 싶어요.

B : 출장가는 건 많이 힘들어요. 그런데, 당신은 어떻게 지내세요?

A : 요즘 일이 바쁘네요. 월요일에는 하루 종일 회의가 있어요. 화요일 수요일에는 시장조사를 해야 하고 목요일에는 고객들을 만나야 하고 금요일에는 상사에게 보고서를 제출해야 해요.」

9 다음을 읽고 질문과 답변이 어울리지 않는 대화를 고르면?

① A : How will you be paying for that?

　B : With Visa.

② A : Do you need your mini－bar restocked?

　B : Yes, I need a wake－up call for 6:00 a.m.

③ A : What is your destination?

　B : Toronto, Canada.

④ A : Have you flown with us before?

　B : Yes, here is my frequent flyer number.

 ① A : 어떻게 지불하실 건가요?

　　B : Visa카드로요.

② A : mini－bar를 채워드릴까요?

　　B : 네, 오전 6시에 모닝콜을 해주세요.

③ A : 목적지가 어디세요?

　　B : 캐나다 토론토입니다.

④ A : 전에 비행기를 이용한 적이 있습니까?

　　B : 네, 자주 탑니다.

Answer ⤷ 8.① 9.②

10 신재생 에너지의 보급과 관련된 다음 글을 참고할 때, 밑줄 친 '솔루션'이 갖추어야 할 특성으로 가장 거리가 먼 것은?

> 신재생 에너지란 태양, 바람, 해수와 같이 자연을 이용한 신에너지와 폐열, 열병합, 폐열 재활용과 같은 재생에너지가 합쳐진 말이다. 현재 신재생 에너지는 미래 인류의 에너지로서 다양한 연구가 이루어지고 있다. 특히 과거에는 이들의 발전 효율을 높이는 연구가 주로 이루어졌으나 현재는 이들을 관리하고 사용자가 쉽게 사용하도록 하는 연구와 개발이 많이 진행되고 있다. 신재생 에너지는 화석 연료의 에너지 생산 비용에 근접하고 있으며 향후에 유가가 상승되고 신재생 에너지 시스템의 효율이 높아짐에 따라 신재생 에너지의 생산 비용이 오히려 더 저렴해질 것으로 보인다.
>
> 따라서 미래의 신재생 에너지의 보급은 지금 보다 훨씬 광범위하게 다양한 곳에서 이루어 질 것이며 현재의 전력 공급 체계를 변화시킬 것이다. 현재 중앙 집중식으로 되어 있는 전력공급의 체계가 미래에는 다양한 곳에서 발전이 이루어지는 분산형으로 변할 것으로 보인다. 분산형 전원 시스템 체계에서 가장 중요한 기술인 스마트 그리드는 전력과 IT가 융합한 형태로서 많은 연구가 이루어지고 있다.
>
> 스마트 그리드 기반의 분산형 전원 보급이 활발해질 미래에는 곳곳에 중소규모의 신재생 에너지 시스템이 설치될 것으로 예상하며, 따라서 이들을 통합적으로 관리하고 정보 교환 기술을 갖춘 다양한 솔루션이 등장할 것으로 보인다.
>
> 신재생 에너지 시스템의 보급은 인류의 에너지 문제를 해결하는 유일한 방안이지만 화석 에너지와 달리 발전량을 쉽게 제어할 수 없는 문제점을 가지고 있다. 또한 같은 시스템일지라도 지역의 환경에 따라 발전량이 서로 다르게 될 것이기 때문에 스마트 그리드를 기반으로 한 마이크로 그리드 시스템이 구축될 때 정보 처리 기술은 신재생 에너지 시스템 관리 측면에서 중요한 인자가 될 것이다.
>
> 신재생 에너지 시스템을 관리하기 위해선 에너지 데이터 처리가 중요할 것으로 보인다. 특히 미래 신재생 에너지 관리 시스템은 관리가 체계적으로 되어 있을 발전단지보다는 비교적 관리 체계가 확립되기 힘든 주택, 빌딩 등에서 필요할 것으로 보인다. 다시 말해 주택, 빌딩에 신재생 에너지 시스템이 설치가 되면 이들을 관리할 수 있는 <u>솔루션</u>이 함께 설치해야 하며 이들을 운용하기 위한 애플리케이션도 함께 등장해야 한다.

① 소비자가 에너지의 생산과 소비를 모두 고려할 수 있는 지능형 에너지 서비스
② 잉여 에너지가 발생되지 않도록 수요와 공급에 맞는 발전량 자동 조절 기능
③ 다양한 OS로 기능을 구현할 수 있는 웹 서비스 기반의 범호환적인 플랫폼 기술
④ 생성된 에너지 데이터를 종합·분석하여 맞춤형 서비스를 제공

 네 번째 문단에 따르면 신재생 에너지 시스템은 화석 에너지와 달리 발전량을 쉽게 제어할 수 없고, 지역의 환경에 따라 발전량이 서로 다르다는 특징이 있다. 따라서 ②에서 언급한 발전량 자동 조절보다는 잉여 에너지 저장 기술을 갖추어야 한다고 볼 수 있다.

① 중앙 집중식으로 이루어진 에너지 공급 상황에서 거주자는 에너지 생산을 고려할 필요가 없었으나, 분산형 전원 형태의 신재생 에너지 공급 상황에서는 거주자 스스로 생산과 소비를 통제하여 에너지 절감을 할 수 있어야 할 것이다.
③ 기존의 제한된 서비스를 넘어서는 다양한 에너지 서비스가 탄생될 수 있도록 하는 플랫폼 기술은 스마트 그리드를 기반으로 한 마이크로 그리드 시스템 구축에 필요한 요소라고 판단할 수 있다.
④ 과거의 경험으로 축적된 에너지 사용에 대한 데이터를 분석하여 필요한 상황에 적절한 맞춤형 에너지를 서비스하는 기능은 효과적인 관리 솔루션이 될 수 있다.

11 다음 글을 참고할 때, '깨진 유리창의 법칙'이 시사하는 바로 가장 적절한 설명은 무엇인가?

> 1969년 미국 스탠포드 대학의 심리학자인 필립 짐바르도 교수는 아주 흥미로운 심리실험을 진행했다. 범죄가 자주 발생하는 골목을 골라 새 승용차 한 대를 보닛을 열어놓은 상태로 방치시켰다. 일주일이 지난 뒤 확인해보니 그 차는 아무런 이상이 없었다. 원상태대로 보존된 것이다. 이번에는 똑같은 새 승용차를 보닛을 열어놓고, 한쪽 유리창을 깬 상태로 방치시켜 두었다. 놀라운 일이 벌어졌다. 불과 10분이 지나자 배터리가 없어지고 차 안에 쓰레기가 버려져 있었다. 시간이 지나면서 낙서, 도난, 파괴가 연이어 일어났다. 1주일이 지나자 그 차는 거의 고철상태가 되어 폐차장으로 실려 갈 정도가 되었던 것이다. 훗날 이 실험결과는 '깨진 유리창의 법칙'이라는 이름으로 불리게 된다.
>
> 1980년대의 뉴욕 시는 연간 60만 건 이상의 중범죄가 발생하는 범죄도시로 악명이 높았다. 당시 여행객들 사이에서 '뉴욕의 지하철은 절대 타지 마라'는 소문이 돌 정도였다. 미국 라토가스 대학의 겔링 교수는 '깨진 유리창의 법칙'에 근거하여, 뉴욕 시의 지하철 흉악 범죄를 줄이기 위한 대책으로 낙서를 철저하게 지울 것을 제안했다. 낙서가 방치되어 있는 상태는 창문이 깨져있는 자동차와 같은 상태라고 생각했기 때문이다.

① 범죄는 대중교통 이용 공간에서 발생확률이 가장 높다.
② 문제는 확인되기 전에 사전 단속이 중요하다.
③ 작은 일을 철저히 관리하면 큰 사고를 막을 수 있다.
④ 낙서는 가장 핵심적인 범죄의 원인이 된다.

 '깨진 유리창의 법칙'은 깨진 유리창처럼 사소한 것들을 수리하지 않고 방치해두면, 나중에는 큰 범죄로 이어진다는 범죄 심리학 이론으로, 작은 일을 소홀히 관리하면 나중에는 큰 일로 이어질 수 있음을 의미한다.

12 ○○연구재단은 지난 2000년부터 인문사회연구역량의 세부사업으로 12개의 사업을 추진하고 있는데, 그 중 하나로 '학제 간 융합연구사업'을 추진하고 있다. 다음을 근거로 옳지 않은 것을 고르면?

> 학제 간 융합연구사업은 연구와 교육을 연계한 융합연구의 전문인력 양성을 주요 목적으로 하며, 인문사회분야와 이공계분야 간의 학제 간 융합연구를 지원대상으로 하고 있다. 연구지원 신청자격은 연구책임자를 포함한 6인 이상의 연구팀이나 사업단(센터)에 부여되며, 그 연구팀이나 사업단에는 동일 연구분야의 전공자 비율이 70%를 넘지 않아야 하는 동시에 2개 이상 연구분야의 전공자가 참여하는 것이 기본요건이다.
>
> 이와 같은 학제 간 융합연구 지원사업은 씨앗형 사업과 새싹형 사업으로 이원화되어 추진되고 있으나, 연구의 저변 확대를 위해 씨앗형 사업에 중점을 두고 있다. 씨앗형 사업과 새싹형 사업은 기본적으로 연구자의 창의성을 장려한다는 목적으로 지원자들이 자유주제를 선정하여 신청하는 상향식 지원방식을 채택하고 있다. 그러나 새싹형 사업은 국가차원의 전략적 과제의 원활한 수행을 위해 지정과제 공모식의 하향식 연구지원방식도 포함하고 있다.
>
> 연구지원기간은 씨앗형 사업의 경우 1년으로 완료되며, 사업완료 후 평가를 거쳐 새싹형 사업으로 진입할 수 있도록 하고 있다. 새싹형 사업은 최대 5년(기본 3년+추가 2년)간 연구지원을 하고 있다. 지난 2009년까지는 기본 3년의 연구수행결과에 대한 1단계 평가를 통해 강제탈락제도를 시행하여 왔으나, 2010년부터는 매년 연차평가를 실시하여 계속지원 여부를 결정하고 있다. 새싹형 사업의 연구지원방식은 씨앗형 사업완료 후 평가를 거쳐 새싹형 사업을 추진하는 방법과 씨앗형 사업을 거치지 않고 새싹형 사업을 바로 지원할 수 있는 방식을 취하고 있다. 학제 간 융합연구사업의 선정평가는 씨앗형 사업과 새싹형 사업 모두 1단계 요건심사, 2단계 전공심사, 3단계 종합심사의 동일한 과정으로 구성되어 있다.

① 철학 전공자 2명과 물리학 전공자 4명으로 구성된 연구팀은 학제 간 융합연구사업을 신청할 수 있다.

② 씨앗형 사업과 새싹형 사업의 선정평가는 모두 3단계로 이루어져 있다.

③ 2008년에 실시된 1단계 평가에서 탈락한 새싹형 사업과제의 연구지원기간은 최소 5년이다.

④ 2011년에 실시된 연차평가에서 탈락한 새싹형 사업과제의 연구지원기간은 1년일 수 있다.

 Tip ③ 지난 2009년까지는 기본 3년의 연구수행결과에 대한 1단계 평가를 통해 강제탈락제도를 시행하여 왔으므로 2008년에 실시된 1단계 평가에서 탈락한 새싹형 사업과제의 연구지원기간은 최소 3년이다.

　 ① 6인 이상으로 동일 연구분야의 전공자 비율이 70%를 넘지 않아야 하는 동시에 2개 이상 연구분야의 전공자가 참여해야 하는 기본요건을 만족한다.

　 ② 씨앗형 사업과 새싹형 사업 모두 1단계 요건심사, 2단계 전공심사, 3단계 종합심사의 동일한 과정으로 구성되어 있다.

　 ④ 2010년부터는 매년 연차평가를 실시하여 계속지원 여부를 결정하고 있으므로 2011년에 실시된 연차평가에서 탈락한 새싹형 사업과제의 연구지원기간은 1년일 수 있다.

13 다음 내용을 근거로 할 때 A~D의 4가지 사례 중 옳은 것을 고르면? (단, 사례에 제시된 업종의 사업자는 모두 현금영수증 발급 의무자이다)

- 사업자는 30만 원 이상 거래금액에 대하여 그 대금을 현금(대금 일부를 현금으로 지급한 경우도 포함)으로 받은 경우, 세금계산서를 발급하는 경우를 제외하고는 소비자가 요청하지 않아도 현금영수증을 발급하여야 한다. 물론 30만 원 미만의 거래금액도 소비자의 요청이 있으면 현금영수증을 발급하여야 한다.
- 사업자가 현금영수증 발급 의무를 위반하였을 경우에는 미발급금액의 50%를 과태료로 부과한다. 사업자가 현금영수증을 발급하지 않은 경우, 소비자가 거래사실과 거래금액이 확인되는 계약서 등 증빙서류를 첨부하여 현금 지급일로부터 1개월 이내에 신고하면, 미발급금액에 대한 과태료의 20%를 포상금으로 지급한다.
- 소비자가 현금영수증 발급을 원하지 않는 경우에 사업자는 국세청에서 지정한 코드로 발급할 수 있으며, 이 경우 현금영수증 발급으로 인정한다.

① 법무서비스를 받은 A는 대금 30만 원에 대해 20만 원은 신용카드로, 10만 원은 현금으로 결제하였다. 현금 10만 원에 대해서는 A의 요청이 있는 경우에 한하여 현금영수증이 발급된다.

② 부동산중개인을 통해 2011년 4월 1일 집을 산 B는 중개료 70만 원에 대해 30만 원은 신용카드로, 40만 원은 현금으로 결제하였으나 부동산중개인은 현금영수증을 발급하지 않았다. B는 같은 해 4월 29일 부동산중개인이 현금영수증 발급 의무를 위반했다며 신고하였다. 부동산중개인에게 과태료가 부과되었고, B는 포상금으로 8만 원을 받았다.

③ C는 2011년 6월 5일 장례비용 대금 100만 원을 현금으로 지불하면서 현금영수증 발급을 원하지 않는다고 말하자 업주는 국세청의 지정코드로 자진 발급하였다. 마음이 변한 C는 업주가 현금영수증 당연 발급 의무를 위반했다며 2011년 6월 12일 관련 증빙서류를 첨부하여 신고했지만 신고 포상금 10만 원은 받을 수 없었다.

④ D는 2011년 7월 12일 사업자에게 전답 측량 대금으로 현금 50만 원을 지불하였고, 이에 대해 사업자는 현금영수증 대신 세금계산서를 발행하였다. D는 같은 해 8월 19일 현금영수증이 발급되지 않았다고 신고하여 사업자에게 과태료 25만 원이 부과되었다.

 Tip
③ 소비자가 현금영수증 발급을 원하지 않는 경우에 사업자는 국세청에서 지정한 코드로 발급할 수 있으며, 이 경우 현금영수증 발급으로 인정하므로 C의 사례는 옳다.
① 사업자는 30만 원 이상 거래금액에 대하여 그 대금을 현금(대금 일부를 현금으로 지급한 경우도 포함)으로 받은 경우, 세금계산서를 발급하는 경우를 제외하고는 소비자가 요청하지 않아도 현금영수증을 발급하여야 한다. 따라서 A의 요청이 없어도 현금영수증을 발급하여야 한다.
② 미발급금액의 50%를 과태료로 부과하고, 미발급금액에 대한 과태료의 20%를 포상금으로 지급하므로 부동산중개인은 20만 원의 과태료를 내야 하고, B는 포상금으로 4만 원을 받을 수 있다.
④ 현금영수증 대신 세금계산서를 발행하였으므로 사업자에게 과태료가 부과되지 않는다.

Answer ↪ 12.③ 13.③

14 다음 규정을 근거로 판단할 때 기간의 정함이 있는 근로계약을 체결한 근로자인 기간제 근로자로 볼 수 있는 경우가 아닌 것은? (단, 아래의 모든 사업장은 5인 이상의 근로자를 고용하고 있다)

> 제○○조
> ① 이 법은 상시 5인 이상의 근로자를 사용하는 모든 사업 또는 사업장에 적용한다. 다만 동거의 친족만을 사용하는 사업 또는 사업장과 가사사용인에 대하여는 적용하지 아니한다.
> ② 국가 및 지방자치단체의 기관에 대하여는 상시 사용하는 근로자의 수에 관계없이 이 법을 적용한다.
>
> 제○○조
> ① 사용자는 2년을 초과하지 아니하는 범위 안에서(기간제 근로계약의 반복갱신 등의 경우에는 계속 근로한 총 기간이 2년을 초과하지 아니하는 범위 안에서) 기간제 근로자를 사용할 수 있다. 다만 다음 각 호의 어느 하나에 해당하는 경우에는 2년을 초과하여 기간제 근로자로 사용할 수 있다.
>   1. 사업의 완료 또는 특정한 업무의 완성에 필요한 기간을 정한 경우
>   2. 휴직·파견 등으로 결원이 발생하여 당해 근로자가 복귀할 때까지 그 업무를 대신할 필요가 있는 경우
>   3. 전문적 지식·기술의 활용이 필요한 경우와 박사 학위를 소지하고 해당 분야에 종사하는 경우
> ② 사용자가 제1항 단서의 사유가 없거나 소멸되었음에도 불구하고 2년을 초과하여 기간제 근로자로 사용하는 경우에는 그 기간제 근로자는 기간의 정함이 없는 근로계약을 체결한 근로자로 본다.

① 甲회사가 수습기간 3개월을 포함하여 1년 6개월간 A를 고용하기로 근로계약을 체결한 경우

② 乙회사는 근로자 E의 휴직으로 결원이 발생하여 2년간 B를 계약직으로 고용하였는데, E의 복직 후에도 B가 계속해서 현재 3년 이상 근무하고 있는 경우

③ 丙국책연구소는 관련 분야 박사학위를 취득한 C를 계약직(기간제) 연구원으로 고용하여 C가 현재 丙국책연구소에서 3년간 근무하고 있는 경우

④ 국가로부터 도급받은 3년간의 건설공사를 완성하기 위해 丁건설회사가 D를 그 기간 동안 고용하기로 근로계약을 체결한 경우

② 기간제 근로자를 고용하는 사유가 소멸된 후에도 2년을 초과하여 사용하였으므로 기간의 정함이 없는 근로계약을 체결한 근로자로 봐야 한다.
① 2년을 초과하지 아니하는 범위 안에서 근로계약을 체결하였으므로 기간제 근로자로 볼 수 있다.
③ 전문적 지식·기술의 활용이 필요한 경우와 박사 학위를 소지하고 해당 분야에 종사하는 경우 2년을 초과하여 기간제 근로자로 사용할 수 있다.
④ 사업의 완료 또는 특정한 업무의 완성에 필요한 기간을 정한 경우 2년을 초과하여 기간제 근로자로 사용할 수 있다.

15 광고회사에 다니는 김 대리는 신입사원 甲~丁이 제출한 광고 문구를 보고 한 직원에게 수정하라고 지시하였다. 다음의 내용을 참고로 할 때, 김 대리가 수정을 지시한 직원은?

제○○조
① 식품에 대한 허위표시 및 과대광고의 범위는 다음 각 호의 어느 하나에 해당하는 것으로 한다.
    1. 질병의 치료와 예방에 효능이 있다는 내용의 표시·광고
    2. 각종 감사장·상장 또는 체험기 등을 이용하거나 '인증'·'보증' 또는 '추천'을 받았다는 내용을 사용하거나 이와 유사한 내용을 표현하는 광고. 다만 중앙행정기관·특별지방행정기관 및 그 부속기관 또는 지방자치단체에서 '인증'·'보증'을 받았다는 내용의 광고는 제외한다.
    3. 다른 업소의 제품을 비방하거나 비방하는 것으로 의심되는 광고나, 제품의 제조방법·품질·영양가·원재료·성분 또는 효과와 직접적인 관련이 적은 내용 또는 사용하지 않은 성분을 강조함으로써 다른 업소의 제품을 간접적으로 다르게 인식하게 하는 광고
② 제1항에도 불구하고 다음 각 호에 해당하는 경우에는 허위표시나 과대광고로 보지 않는다.
    1. 일반음식점과 제과점에서 조리·제조·판매하는 식품에 대한 표시·광고
    2. 신체조직과 기능의 일반적인 증진, 인체의 건전한 성장 및 발달과 건강한 활동을 유지하는데 도움을 준다는 표시·광고
    3. 제품에 함유된 영양성분의 기능 및 작용에 관하여 식품영양학적으로 공인된 사실

① 甲 : (△△삼계탕 식당 광고) "고단백 식품인 닭고기와 스트레스 해소에 효과가 있는 인삼을 넣은 삼계탕은 인삼, 찹쌀, 밤, 대추 등의 유효성분이 어우러져 영양의 균형을 이룬 아주 훌륭한 보양식입니다."

② 乙 : (△△라면의 표시·광고) "우리 회사의 라면은 폐식용유를 사용하지 않습니다."

③ 丙 : (△△두부의 표시·광고) "건강유지 및 영양보급에 만점인 단백질을 많이 함유한 △△두부"

④ 丁 : (△△소시지의 표시·광고) "위해요소중점관리기준을 충족하는 업소에서 만든 식품의약품안전청 인증 △△소시지"

(Tip) ② "우리 회사의 라면은 폐식용유를 사용하지 않습니다."라는 문구는 다른 업소의 제품은 폐식용유를 사용하였다는 비방으로 의심될 수 있어 제1항 제3호에 해당한다. 따라서 乙에게 문구 수정을 지시해야 한다.

▌16~17 ▌ 해외에서 진행하는 프로젝트를 위해 출장 예정인 사원 L은 출장에 앞서 유의사항을 정리하여 팀원들에게 알리라는 지시를 받았다. 다음의 내용을 바탕으로 물음에 답하시오.

〈여권 분실〉
• 여권 분실 시, 분실 발견 즉시 가까운 현지 경찰서를 찾아가 여권 분실 증명서를 만듭니다. 재외공관에 분실 증명서, 사진 2장(여권용 컬러사진), 여권번호, 여권발행일 등을 기재한 서류를 제출합니다. 급히 귀국해야 할 경우 여행증명서를 발급받습니다.
※ 여권 분실의 경우를 대비해 여행 전 여권을 복사해 두거나, 여권번호, 발행연월일, 여행지 우리 공관 주소 및 연락처 등을 메모해 둡니다. 단, 여권을 분실했을 경우 해당 여권이 위ㆍ변조되어 범죄에 악용될 수 있다는 점에 유의바랍니다.

〈현금 및 수표 분실〉
• 여행경비를 분실하거나 도난당한 경우, 신속해외송금지원제도를 이용합니다.(재외공관 혹은 영사콜센터 문의)
• 여행자 수표를 분실한 경우, 경찰서에 바로 신고한 후 분실 증명서를 발급 받습니다. 여권과 여행자 수표 구입 영수증을 가지고 수표 발행은행의 지점에 가서 분실 신고서를 작성하면, 여행자 수표를 재발행 받을 수 있습니다. 이 때 여행자 수표의 고유번호, 종류, 구입일, 은행점명을 알려줘야 합니다.
※ 수표의 상, 하단 모두에 사인한 경우, 둘 중 어디에도 사인하지 않은 경우, 수표의 번호를 모르는 경우, 분실 후 즉시 신고하지 않은 경우에는 재발급이 되지 않으므로 주의해야 합니다.

〈항공권 분실〉
• 항공권을 분실한 경우, 해당 항공사의 현지 사무실에 신고하고, 항공권 번호를 알려줍니다.
※ 분실에 대비해 항공권 번호가 찍혀 있는 부분을 미리 복사해두고, 구입한 여행사의 연락처도 메모해 둡니다.

〈수하물 분실〉
• 수하물을 분실한 경우, 화물인수증을 해당 항공사 직원에게 제시하고 분실 신고서를 작성합니다. 공항에서 짐을 찾을 수 없게 되면, 항공사에서 책임을 지고 배상합니다.
※ 현지에서 여행 중 물품을 분실한 경우, 현지 경찰서에 잃어버린 물건에 대해 신고를 하고 해외여행자 보험에 가입한 경우, 현지 경찰서로부터 도난 신고서를 발급받은 뒤, 귀국 후 해당 보험회사에 청구합니다.

16 L이 팀원들에게 출장 전 공지할 사항으로 적절하지 않은 내용은?

> 출장 전 안내할 사항은 다음과 같습니다. 먼저, ① 여권 분실을 대비하여 여권용 컬러 사진 2장과 여권 복사본을 준비하고, 출장지 우리 공관 주소 및 연락처를 알아두는 것이 좋습니다.
>
> 혹시 여행자수표를 가져가실 분은 ② 수표의 상단 혹은 하단 중 한 군데에만 사인을 하고, 여행자수표 구입 영수증을 반드시 챙겨주십시오.
>
> 항공권 분실에 관해서는 단체로 E-TICKET을 발급할 예정입니다. ③ 제가 항공권 번호를 따로 정리해가고 구입한 여행사의 연락처 역시 제가 적어갈 테니 이 부분은 따로 준비하지 않으셔도 됩니다.
>
> 수하물에 관해서는 ④ 공항에서 받은 화물인수증을 짐을 찾을 때까지 꼭 소지하고 계셔야 하고, 해외여행자 보험에 가입을 한 상태여야 공항에서 수하물 분실 시 항공사에서 책임지고 배상하기 때문에 미리 가입을 해두시기 바랍니다.

 ④ 공항에서 짐을 찾을 수 없게 되면, 항공사에서 책임을 지고 배상한다. 해외여행자 보험의 경우 현지에서 여행 중 물품을 분실한 경우와 관련 있다.

17 L은 팀원들과 공유하기 위해 유의사항을 간단한 Q&A형식으로 만들었다. 다음 중 옳은 것은?

> Q) 여권을 분실했는데, 급하게 귀국해야 할 때는 어떻게 해야 하나요?
> A) ① 가까운 현지 경찰서에서 여행증명서를 발급받습니다. 이때, 여권 번호, 여권 발행일 등을 미리 알고 있어야 합니다.
> Q) 출장지에서 현금을 잃어버렸을 때 어떻게 해야 하나요?
> A) ② 분실한 액수를 정확히 파악한 후, 재외공관 혹은 영사콜센터를 통해 신속해외송금지원제도를 이용하여 분실 금액을 돌려받을 수 있습니다.
> Q) 항공권을 분실했을 때에 어떻게 해야 하나요?
> A) ③ 항공권은 구입한 여행사에 연락하여 분실 사항을 신고한 뒤 복사해놓은 항공권 번호가 찍혀 있는 부분을 여행사 현지 사무실로 보내야 합니다.
> Q) 출장지에서 물품을 분실했습니다. 어떻게 해야 하나요?
> A) ④ 현지 경찰서에 신고를 하여 도난 신고서를 발급받되, 해외여행자 보험에 가입되어 있는 경우에 한하여 한국에서 보험회사를 통해 비용 청구가 가능합니다.

 ① 여행증명서는 재외공관에서 발급받는다.
② 분실한 현금을 돌려받을 수 있다는 내용은 언급되지 않았다.
③ 항공권을 분실한 경우, 해당 항공사의 현지 사무실에 신고하고 항공권 번호를 알려준다.

Answer ⟶ 16.④ 17.④

18~20 다음은 금융 관련 긴급상황 발생 시 행동요령에 대한 내용이다. 이를 읽고 물음에 답하시오.

금융 관련 긴급상황 발생 행동요령

1. 신용카드 및 체크카드의 분실한 경우

    ㉠ 카드를 분실했을 경우 카드회사 고객센터에 분실신고를 하여야 한다.

    ㉡ 분실신고 접수일로부터 60일 전과 신고 이후에 발생한 부정 사용액에 대해서는 납부의무가 없다. 카드에 서명을 하지 않은 경우, 비밀번호를 남에게 알려준 경우, 카드를 남에게 빌려준 경우 등 카드 주인의 특별한 잘못이 있는 경우에는 보상을 하지 않는다.

    ㉢ 비밀번호가 필요한 거래(현금인출, 카드론, 전자상거래)의 경우 분실신고 전 발생한 제3자의 부정사용액에 대해서는 카드사가 책임을 지지 않는다. 그러나 저항할 수 없는 폭력이나 생명의 위협으로 비밀번호를 누설한 경우 등 카드회원의 과실이 없는 경우는 제외한다.

2. 다른 사람의 계좌에 잘못 송금한 경우

    ㉠ 본인의 거래은행에 잘못 송금한 사실을 먼저 알린다. 전화로 잘못 송금한 사실을 말하고 거래은행 영업점을 방문해 착오입금반환의뢰서를 작성하면 된다.

    ㉡ 수취인과 연락이 되지 않거나 돈을 되돌려 주길 거부하는 경우에는 부당이득반환소송 등 법적 조치를 취하면 된다.

3. 대출사기를 당한 경우

    대출사기를 당했거나 대출수수료를 요구할 땐 경찰서, 금융감독원에 전화로 신고를 하여야 한다. 아니면 금감원 홈페이지 참여마당→금융범죄/비리/기타신고→불법사금융 개인정보불법유통 및 불법대출중개수수료피해신고 코너를 통해 신고하면 된다.

4. 신분증을 잃어버린 경우

    가까운 은행영업점을 방문하여 개인정보 노출자 사고 예방 시스템에 등록을 한다. 신청인의 개인정보를 금융회사에 전파하여 신청인의 명의로 금융거래를 하면 금융회사가 본인확인을 거쳐 2차 피해를 예방한다.

18 만약 당신이 신용카드를 분실했을 경우 가장 먼저 취해야 할 행동으로 적절한 것은?

① 경찰서에 전화로 분실신고를 한다.

② 해당 카드회사에 전화로 분실신고를 한다.

③ 금융감독원에 분실신고를 한다.

④ 카드사에 전화를 걸어 카드를 해지한다.

> **Tip** 카드를 분실했을 경우 카드회사 고객센터에 분실신고를 하여야 한다.

19 매사 모든 일에 철두철미하기로 유명한 당신이 보이스피싱에 걸려 대출사기를 당했다고 느껴질 경우 당신이 취할 수 있는 가장 적절한 행동은?

① 가까운 은행을 방문하여 개인정보 노출자 사고 예방 시스템에 등록을 한다.

② 해당 거래 은행에 송금 사실을 전화로 알린다.

③ 경찰서나 금융감독원에 전화로 신고를 한다.

④ 법원에 부당이득반환소송을 청구한다.

> (Tip) 대출사기를 당했거나 대출수수료를 요구할 땐 경찰서, 금융감독원에 전화로 신고를 하거나 금감원 홈페이지를 통해 신고해야 한다.

20 실수로 다른 사람의 계좌에 잘못을 송금을 할 경우 가장 적절한 대처방법은?

① 거래 은행에 잘못 송금한 사실을 알린다.

② 금융감독원에 전화로 신고를 한다.

③ 잘못 송금한 은행에 송금사실을 전화로 알린다.

④ 부당이득반환청구소송을 준비한다.

> (Tip) 실수로 다른 사람의 계좌에 잘못을 송금을 한 경우 본인의 거래은행에 잘못 송금한 사실을 먼저 알린다. 전화로 잘못 송금한 사실을 말하고 거래은행 영업점을 방문해 착오입금반환의뢰서를 작성한다.

Answer → 18.② 19.③ 20.①

21 다음과 같은 상황에서 김 과장이 취할 행동으로 가장 바람직한 것은?

> 무역회사에 근무하는 김 과장은 아침부터 밀려드는 일에 정신이 없다. 오늘 독일의 고객사에서 보내온 주방용품 컨테이너 수취확인서를 보내야하고, 운송장을 작성해야 하는 일이 꼬여버려 국제전화로 걸려오는 수취확인 문의전화와 다른 고객사의 클레임을 받느라 전화도 불이 난다. 어제 오후 퇴근하기 전에 자리를 비운 박 대리에게 운송장을 영문으로 작성해서 오전 중에 메일로 보내줄 것을 지시한 메모를 잘 보이도록 책상 모니터에 붙여두고 갔는데 점심시간이 다 되도록 박 대리에게 메일을 받지 못했다.

① 박 대리가 점심 먹으러 나간 사이 다시 메모를 남겨놓는다.
② 바쁜 사람 여러 번 이야기하게 한다고 박 대리를 다그친다.
③ 바쁜 시간을 쪼개어 스스로 영문 운송장을 작성한다.
④ 메모를 못 본 것일 수 있으니 다시 한 번 업무를 지시한다.

 의사소통은 내가 상대방에게 메시지를 전달하는 과정이 아니라 상대방과의 상호작용을 통해 메시지를 다루는 과정이다. 우리가 남들에게 일방적으로 언어 혹은 문서를 통해 의사를 전달하는 것은 엄격한 의미에서 말하는 것이지 의사소통이라고 할 수 없다. 의사소통이란 다른 이해와 의미를 가지고 있는 사람들이 공통적으로 공유할 수 있는 의미와 이해를 만들어 내기 위해 서로 언어 또는 문서, 그리고 비언어적인 수단을 통해 상호 노력하는 과정이기 때문에 일방적인 말하기가 아니라 의사소통이 되기 위해서는 의사소통의 정확한 목적을 알고, 의견을 나누는 자세가 필요하다.

22 다음은 상사와 부하 직원 간의 대화이다. 다음 대화 후 김 대리가 가장 먼저 해야 하는 것으로 적절한 것은?

> 이 팀장 : 내일 있을 임원회의 준비를 우리 팀에서 맡아 진행하기로 했습니다. 박 대리는 내일 지방 공장에 다녀와야 할 일이 있으니 김 대리가 꼼꼼하게 체크 좀 해줘요.
> 김 대리 : 네 팀장님. 구체적으로 무엇을 준비하면 될까요?
> 이 팀장 : 일단 이번 회의에서 박 본부장님께서 발표하실 자료를 준비해야하니 비서실에 바로 연락해서 회의 자료 받고 참여하는 임원님들 수에 맞춰서 복사해두도록 하세요. 그리고 회의 때 마실 음료수도 준비해두고. 아, 당일 날 회의실에 프로젝터와 마이크설비가 제대로 작동하는지도 확인해보는 게 좋겠군. 난 오늘 좀 일찍 퇴근해야 하니 오늘 업무보고는 내일 오후에 듣도록 하겠습니다.

① 업무보고서를 쓴다.　　　　　　　② 회의실을 점검한다.
③ 비서실에 연락을 취한다.　　　　　④ 서류를 복사한다.

Tip   가장 먼저 해야 할 일은 비서실에 연락하여 회의 자료를 받는 일이다.

23 A와 B 두 사람이 강남 최고의 레스토랑에 가서 한 사람당 20만원 하는 최고급 바닷가재 요리를 주문하였다. 그런데 절반쯤 먹고 나자 느끼하고 배가 너무 불렀다. B는 이미 돈을 다 지불하였으니 다 먹자고 한다. 다음의 글을 읽고 온 A가 선택할 행동으로 가장 적절한 것은?

> 만약 영화관에서 영화가 재미없다면 중간에 나오는 것이 경제적일까, 아니면 끝까지 보는 것이 경제적일까? 아마 지불한 영화 관람료가 아깝다고 생각한 사람은 영화가 재미없어도 끝까지 보고 나올 것이다. 과연 그러한 행동이 합리적일까? 영화관에 남아서 영화를 계속 보는 것은 영화관에 남아 있으면서 기회비용을 포기하는 것이다. 이 기회비용은 영화관에서 나온다면 할 수 있는 일들의 가치와 동일하다. 영화관에서 나온다면 할 수 있는 유용하고 즐거운 일들은 얼마든지 있으므로, 영화를 계속 보면서 치르는 기회비용은 매우 크다고 할 수 있다. 결국 영화관에 남아서 재미없는 영화를 계속 보는 행위는 더 큰 기회와 잠재적인 이익을 포기하는 것이므로 합리적인 경제 행위라고 할 수 없다.
>
> 경제 행위의 의사 결정에서 중요한 것은 과거의 매몰비용이 아니라 현재와 미래의 선택기회를 반영하는 기회비용이다. 매몰비용이 발생하지 않도록 신중해야 한다는 교훈은 의미가 있지만 이미 발생한 매몰비용, 곧 돌이킬 수 없는 과거의 일에 얽매이는 것은 어리석은 짓이다. 과거는 과거일 뿐이다. 지금 얼마를 손해 보았는지가 중요한 것이 아니라, 지금 또는 앞으로 얼마나 이익을 또는 손해를 보게 될지가 중요한 것이다. 매몰비용은 과감하게 잊어버리고, 현재와 미래를 위한 삶을 살 필요가 있다. 경제적인 삶이란, 실패한 과거에 연연하지 않고 현재를 합리적으로 사는 것이기 때문이다.

① 손해를 막기 위하여 억지로라도 다 먹어야 한다.

② 기회비용 차원에서 돈을 지불했으므로 포장을 해서 집에 가져가도록 한다.

③ 이미 계산이 끝난 것이므로 그냥 나오도록 한다.

④ 소화제를 복용하면 되므로 억지로라도 다 먹는 것이 경제적으로 유리하다.

 바닷가재 요리를 이미 주문하였으므로 그 비용은 매몰된 상태이고 기회비용에 포함되지 않으므로 음식을 남기던지 억지로 다 먹는다고 하여 달라질 것은 없기 때문에 건강을 생각해서 남기고 그냥 나오는 것이 A의 선택이 된다.

Answer 21.④   22.③   23.③

24 다음 글을 바탕으로 볼 때 만족감이 가장 클 것으로 기대되는 사례는?

우리의 경제 활동을 들여다보면 가끔 이해하기 어려운 현상을 만날 때가 있다. 예컨대, 똑같이 백만 원을 벌었는데도 어떤 사람은 만족하고 어떤 사람은 만족하지 못한다. 또 한 번도 당첨된 적이 없는데도 복권을 사는 데 많은 돈을 쓰는 사람들이 있다. 왜 그럴까? 지금부터 '준거점'과 '손실회피성'이라는 개념을 통해 이러한 현상의 원인을 이해해 보자.

먼저 다음 예를 살펴보자. A의 용돈은 만 원, B의 용돈은 천 원이다. 그런데 용돈에 변화가 생겨서 A의 용돈은 만천 원이 되고, B의 용돈은 이천 원이 되었다. 이때 둘 중에 누가 더 만족할까? 객관적인 기준으로 본다면 A는 B보다 여전히 더 많은 용돈을 받으므로 A가 더 만족해야 한다. 그러나 용돈이 천 원 오른 것에 대해 A는 원래 용돈인 만 원을 기준으로, B는 천 원을 기준으로 그 가치를 느낄 것이므로 실제로는 B가 더 만족할 것이다. 이렇게 경제적인 이익이나 손실의 가치를 판단할 때 작동하는 내적인 기준을 경제 이론에서는 '준거점'이라고 한다. 사람들은 이러한 준거점에 의존하여 이익과 손실의 가치를 판단한다.

그런데 사람들은 똑같은 금액의 이익과 손실이 있을 때, 이익으로 인한 기쁨보다 손실로 인한 고통을 더 크게 느낀다. 즉, 백만 원이 생겼을 때 느끼는 기쁨보다 백만 원을 잃었을 때 느끼는 슬픔을 더 크게 느낀다는 것이다. 이러한 심리적 특성으로 인해 사람들은 경제 활동을 할 때 손실이 일어나는 것을 회피하려는 경향이 있다. 이것을 '손실회피성'이라고 한다.

손실회피성은 주식에 투자하는 사람들의 행동에서 쉽게 찾아 볼 수 있다. 주식에 십만 원을 투자했는데 오만 원을 잃은 사람이 있다고 가정하자. 그가 그 시점에서 주식 투자를 그만 두면 그는 확실히 오만 원의 손실을 입는다. 그러나 주식 투자를 계속하면 이미 잃은 오만 원은 확실한 손실이 아닐 수 있다. 왜냐하면 주식 투자를 계속 할 경우 잃은 돈을 다시 벌 수 있는 가능성이 있기 때문이다. 이러한 상황에서 사람들은 확실한 손실보다는 불확실한 손실을 선택하여 자신이 입을 손실을 회피하려고 한다.

① 인턴사원 A는 급여가 백만 원에서 백십만 원으로 인상되었다.
② 아르바이트생 B는 오십만 원의 급여를 받다가 이달부터 육십만 원을 받게 되었다.
③ 신입사원 C는 연봉 이천오백만 원을 받았는데 올해부터 삼천오백만 원을 받았다.
④ 인턴사원 D는 백만 원씩 받던 급여를 이달부터 이백만 원씩 받았다.

 준거점에 근거하여 만족감이 큰 순으로 나열하면 D > C > B > A이다.
④ 인턴사원 D의 준거점은 백만 원으로 준거점 대비 100% 인상되었다.
① 인턴사원 A의 준거점은 백만 원으로 준거점 대비 10% 인상되었다.
② 아르바이트생 B의 준거점은 오십만 원으로 준거점 대비 20% 인상되었다.
③ 신입사원 C의 준거점은 이천오백만 원으로 준거점 대비 40% 인상되었다.

25 다음은 H전자기기매장의 판매원과 고객 간의 대화이다. 빈칸에 들어갈 말로 가장 적절한 것은?

> 고객 : 이번에 H전자에서 새로 나온 노트북을 좀 보고 싶어서 왔는데요.
> 판매원 : A기종과 B기종이 있는데, 어떤 모델을 찾으시나요?
> 고객 : 국내 최경량으로 나온 거라고 하던데, 모델명은 잘 모르겠고요.
> 판매원 : 아, B기종을 찾으시는군요. 죄송하지만 지금 그 모델은 _____(가)_____.
> 고객 : 그렇습니까? 그럼 A기종과 B기종의 차이를 좀 설명해주시겠어요?
> 판매원 : A기종은 B기종보다 조금 무겁긴 하지만 디자인 업무를 하는 사람들을 위한 여러 가지 기능이 더 _____(나)_____.
> 고객 : 흠, 그럼 B기종은 언제쯤 매장에서 볼 수 있을까요?
> 판매원 : 어제 요청을 해두었으니 3일정도 후에 매장에 들어올 겁니다. 연락처를 남겨주시면 제품이 들어오는 대로 _____(다)_____.

	(가)	(나)	(다)
①	품절되었습니다	탑재되셨습니다	연락주시겠습니다
②	품절되었습니다	탑재되었습니다	연락드리겠습니다
③	품절되셨습니다	탑재되셨습니다	연락드리겠습니다
④	품절되셨습니다	탑재되었습니다	연락주시겠습니다

 (가)(나) 판매모델(물건)은 존대의 대상이 아니다.
(다) '주시다'와 '드리다'는 모두 존대의 표현이지만 문제의 상황에서 고객을 높이기 위해서는 '드리다'를 사용해야 한다.

Answer ↪ 24.④ 25.②

26 다음 글의 밑줄 친 부분을 고쳐 쓰기 위한 방안으로 적절하지 않은 것은?

> 세계기상기구(WMO)에서 발표한 자료에 따르면 지난 100년간 지구 온도가 뚜렷하게 상승하고 있다고 한다. ㉠그러나 지구가 점점 더워지고 있다는 말이다. 산업 혁명 이후 석탄과 석유 등의 화석연료를 지속적으로 사용한 결과로 다량의 온실 가스가 대기로 배출되었기 때문에 지구 온난화 현상이 심화된 것이다. ㉡비록 작은 것일지라도 실천할 수 있는 방법들을 찾아보아야 한다. 자전거를 타거나 걸어다니는 것을 실천해야겠다. ㉢나는 이번 여름에는 꼭 수영을 배울 것이다. 또, 과대 포장된 물건의 구입을 ㉣지향해야겠다.

① ㉠은 부적절하므로 '다시 말하면'으로 바꾼다.
② ㉡은 '일지라도'와 호응하지 않으므로 '만약'으로 바꾼다.
③ ㉢은 글의 통일성을 깨뜨리므로 삭제한다.
④ ㉣은 의미상 어울리지 않으므로 '지양'으로 바꾼다.

(Tip) ② '만약'은 '혹시 있을지도 모르는 뜻밖의 경우'를 뜻하므로 '~라면'과 호응한다.

27 다음은 A회사 내 장애인봉사회의 월례회 안내문 초안이다. 작성한 내용을 고쳐 쓰기 위한 방안으로 적절하지 않은 것은?

> 제10회 월례회 안내
>
> 회원님들의 무궁한 발전을 기원합니다.
>
> A회사 내 발전과 친목을 도모하기 위한 장애인봉사회가 그동안 여러 회원님들의 관심과 성원으로 나날이 발전하고 있습니다. 회원님들과 함께 월례회를 갖고자 합니다. 바쁘시더라도 부디 참석하시어 미비한 점이 있다면 보완해 나갈 수 있도록 좋은 의견 부탁드리겠습니다.
>
> - 아래 -
>
> 1. 일시 : 2015년 00월 00일 00시
> 2. 장소 : 별관 10F 제2회의실
>
> 장애인봉사회 회장 ○○○

① 회의의 주요 안건에 대해 제시한다.

② 담당자의 연락처를 추가한다.

③ 안내문 마지막에 '감사합니다'를 추가한다.

④ '회장 ○○○'을 작성자의 이름으로 대체한다.

 문서에는 기관을 대표하는 장의 직함이나 성명을 적어야 한다. 안내문을 작성한 사람의 이름을 밝힐 필요는 없다.

28 다음 대화의 빈칸에 들어갈 말로 적절하지 않은 것은?

> A : May I speak to Prof. Smith please?
>
> B : Sorry, _____. May I take a message?
>
> A : Yes, please tell him that Tom Andrews called and will drop by his office at two.
>
> B : I'll make sure he gets the message.

① he's not at his desk.

② he's on leave for the rest of the week.

③ he's on the other line.

④ he just stepped out.

 ② 그는 한 주간 휴가를 떠났습니다.

「A : Smith 교수님 좀 바꿔주시겠어요?

B : 죄송하지만, 지금 자리에 안 계십니다. 전하실 말씀 있으면 전해드릴까요?

A : 네, Tom Andrew가 전화했으며, 오늘 2시에 연구실에 잠깐 들른다고 전해 주시겠어요?

B : 말씀을 꼭 전해 드리겠습니다.」

29 다음 대화의 빈칸에 들어갈 말로 가장 적절한 것은?

> A : Hello. This is the long distance operator.
> B : Hello, operator. I'd like to make a person to person call to Mr. James at the
>   Royal hotel in Seoul.
> A : Do you know the number of the hotel?
> B : No, I don't. _____
> A : Just a moment, please. The number is 123−4567.

① Would you find out for me?

② Would you hold the line, please?

③ May I take a message?

④ Do you know?

 ② 잠시만 기다려주시겠어요?

③ 용건을 전해드릴까요?

④ 그래?

「A : 안녕하세요, 장거리 전화 교환원입니다.
B : 안녕하세요. 저는 서울 로얄 호텔에 있는 James씨와 통화를 하고 싶은데요.
A : 호텔 전화번호 알고 계신가요?
B : 아니요. 좀 알아봐 주시겠어요?
A : 잠시만요. 번호는 123−4567입니다.」

30 다음 대화의 빈칸에 들어갈 말로 적절한 것은?

A : Can I get a refund for this sweater, please?
B : Why? What's wrong with it?
A : Well, it's too small for me.
B : We have a big one now. ＿＿＿＿＿＿
A : Yes, I do. Here's my receipt.
B : Ok, I'll take care of it.

① Here you are.

② Do you still want a refund?

③ Do you find anything interesting?

④ Could you visit us again later?

 ① 여기 있습니다.
③ 흥미로운 것을 찾았습니까?
④ 다음번에 다시 방문해주시겠습니까?

「A : 이 스웨터를 환불받을 수 있을까요?
B : 왜 그러시죠? 혹시 무슨 문제가 있나요?
A : 음, 이건 저에게 너무 작아요.
B : 더 큰 사이즈가 있어요. 그래도 환불을 원하시나요?
A : 네, 그렇게 해주세요. 영수증 드릴게요.
B : 네, 처리해 드리겠습니다.」

Answer ⌐→ 29.① 30.②

❚31~32 ❚ 다음은 '천 원의 기적'이라는 공익운동에 대한 광고문구이다. 글을 읽고 물음에 답하시오.

지금 지구 반대편에는 단돈 천 원이 없어 굶주리는 아이들이 많습니다. 이 상황이 지속된다면 분명 그 아이들 중 상당수는 굶어 죽게 될 것입니다. 이것은 <u>강 건너 불을 보는 듯한</u> 일입니다. 즉 결과를 직접 보지 않아도 명백히 알 수 있는 것입니다.

그런데 천 원이면 한 명, 만 원이면 열 명의 아이들이 굶주림을 면할 수 있습니다. 나의 작은 정성이 수많은 아이들의 생명을 지킬 수 있습니다. '천 원의 기적'. 지구촌 가족 모두가 함께 행복해집니다.

31 밑줄 친 부분은 문맥상 어색한 관용구이다. '불'이 들어간 관용구로 고칠 때 가장 적절한 것은?

① 불난 집에 부채질 하는 듯한

② 불집을 건드리는 듯한

③ 작은 불이 온 산을 태우는

④ 불 보듯 뻔한

Tip 관용구 바로 뒤 문장에 '결과를 직접 보지 않아도 명백히 알 수 있는 것'과 연결되는 관용구가 들어가야 한다.
※ 불(을) 보듯 뻔하다[훤하다] … 앞으로 일어날 일이 의심할 여지가 없이 아주 명백하다.

32 광고문구의 상단에 눈에 잘 띄는 청유형 제목을 붙이려고 한다. 가장 적절한 것은?

① 천 원으로 할 수 있는 가장 가치 있는 일

② 굶주리는 아이들의 조력자가 되어주자.

③ 아이들의 행복, 우리 모두의 행복입니다.

④ 지구 마을 친구들에게 천 원이 있다면?

Tip 청유형 … 동사의 활용형의 하나로 화자가 청자에게 같이 행동할 것을 요청하는 뜻을 나타내는 종결어미 '-자', '-자꾸나', '-세', '-읍시다' 따위가 붙는 꼴이다.

33 다음은 홈페이지에 공지할 채용 안내이다. 잘못 쓰인 글자는 모두 몇 개인지 찾으면?

○○기업에서 인재를 모집합니다.
"창의와 융합으로 스마트그리드를 선도하는 ○○기업"
○○기업과 함께 할 최고의 기술과 열정을 지닌 인제를 모십니다.

• 채용분야
 – 일반직 : 사무, 전산, 통신/전기, 정보보호, 건축
 – 전문계약직 : 법률전문가
 – 기능직 인턴사원 : 전산싱OPERATOR, 보안관제, 배전지능화 등 9개 분야
• 입사원서 접수
 – 일반직 및 전문개약직 : 2015.00.00(월) ~ 2015.00.00(일) 18:00
 – 기능직 인턴사원 : 2015.00.00(월) ~ 2015.00.00(일) 20:00
• 홈페이지(www.○○corporation.com)에서 온라인 접수
※ 접수마감일은 접속자 증가로 임사지원이 어려울 수 있으므로, 지원자는 충분한 시간을 두고
  접수해주시기 바랍니다.
※ 문의(경영지원처 인사운영팀) : 000)000-0000, 0001

---

① 3개
② 4개
③ 5개
④ 6개

 인제 → 인재
전산싱 → 전산실
전문개약직 → 전문계약직
임사지원 → 입사지원

34~36 다음 글을 읽고 이어지는 질문에 답하시오.

오랫동안 인류는 동물들의 희생이 수반된 육식을 당연하게 여겨왔으며 이는 지금도 진행 중이다. ___㉠___ 이에 대해 윤리적 문제를 제기하며 채식을 선택하는 경향이 생겨났다. 이러한 경향을 취향이나 종교, 건강 등의 이유로 채식하는 입장과 구별하여 '윤리적 채식주의'라고 한다. 그렇다면 윤리적 채식주의의 관점에서 볼 때, 육식의 윤리적 문제점은 무엇인가?

육식의 윤리적 문제점은 크게 개체론적 관점과 생태론적 관점으로 나누어 살펴볼 수 있다. 개체론적 관점에서 볼 때, 인간과 동물은 모두 존중받아야 할 '독립적 개체'이다. 동물도 인간처럼 주체적인 생명을 영위해야 할 권리가 있는 존재이다. 또한 동물도 쾌락과 고통을 느끼는 개별 생명체이므로 그들에게 고통을 주어서도, 생명을 침해해서도 안 된다. 요컨대 동물도 고유한 권리를 가진 존재이기 때문에 동물을 단순히 음식 재료로 여기는 인간중심주의적인 시각은 윤리적으로 문제가 있다.

한편 ㉡생태론적 관점에서 볼 때, 지구의 모든 생명체들은 개별적으로 존재하는 것이 아니라 서로 유기적으로 연결되어 존재한다. 따라서 각 개체로서의 생명체가 아니라 유기체로서의 지구 생명체에 대한 유익성 여부가 인간 행위의 도덕성을 판단하는 기준이 되어야 한다. ___㉢___ 육식의 윤리성도 지구 생명체에 미치는 영향에 따라 재고되어야 한다. 예를 들어 대량 사육을 바탕으로 한 공장제 축산업은 인간에게 풍부한 음식 재료를 제공한다. 하지만 토양, 수질, 대기 등의 환경을 오염시켜 지구 생명체를 위협하므로 윤리적으로 문제가 있다.

결국 우리의 육식이 동물에게든 지구 생명체에든 위해를 가한다면 이는 윤리적이지 않기 때문에 문제가 있다. 인류의 생존을 위한 육식은 누군가에게는 필수 불가결한 면이 없지 않다. 그러나 인간이 세상의 중심이라는 시각에 젖어 그동안 우리는 인간이외의 생명에 대해서는 윤리적으로 무감각하게 살아 왔다. 육식의 윤리적 문제점은 인간을 둘러싼 환경과 생명을 새로운 시각으로 바라볼 것을 요구하고 있다.

34 다음 중 윗글에 나타난 저자의 견해로 가장 옳지 않은 것은?

① 공장제 축산을 통한 대량 사육은 윤리적으로 문제가 있다.

② 독립적 개체에게는 고통을 주어서도 생명을 침해해서도 안 된다.

③ 모든 생명체들이 서로 유기적으로 연결되어있다는 관점은 생태론적 관점에 해당한다.

④ 육식은 윤리적으로 옳지 않기 때문에 모두가 채식을 해야 한다.

 글 전반적으로 육식의 윤리적 문제에 대해서 다루고 있지만 글의 결론에서 "인류의 생존을 위한 육식은 누군가에게는 필수 불가결한 면이 없지 않다."라고 제시하며 모두 채식을 해야 한다는 결론이 아닌 육식의 윤리적 문제에 대해 다른 시각으로 바라볼 것을 주장하고 있다.

35 ⓒ을 가진 사람들이 다음 글에 대해 보일 반응으로 가장 적절한 것은?

> 옥수수, 사탕수수 등을 원료로 하는 바이오 연료는 화석 연료에 비해 에너지 효율은 낮지만 기존의 화석 연료를 대체하는 신재생 에너지로 주목받고 있다. 브라질에서는 넓은 면적의 열대 우림을 농경지로 개간하여 바이오 연료를 생산함으로 막대한 경제적 이익을 올리고 있다. 하지만 바이오 연료는 생산 과정에서 화학 비료나 농약 등을 과도하게 사용하여 여러 환경 문제를 발생시켰다. 또한 식량 자원을 연료로 사용함으로써 저개발국의 식량 보급에 문제를 발생시켰다.

① 바이오 연료의 생산은 지구의 농경지를 확대하여 인류 전체의 식량 문제를 해결할 수 있으므로 적극 권장되어야 한다.

② 바이오 연료 생산으로 열대 우림이 파괴되는 것도 인간에게 이익이 되는 일이라면 가치가 있다.

③ 바이오 연료는 친환경 에너지원으로 보이지만, 그 생산 과정을 고려하면 지구 생명체에 유해한 것으로 보아야 한다.

④ 바이오 연료가 식량 문제를 발생시켰지만, 신재생 에너지이므로 환경 문제를 해결하는 데에는 긍정적이다.

 생태론적 관점을 가진 사람들은 인간들만의 이익이 아니라 지구 생명체에 대한 유익성 여부가 기준이 되므로 열대 우림을 파괴하고 여러 환경 문제와 식량 보급에 문제를 발생시킨 바이오 연료는 유해한 것으로 볼 것이다.

36 윗글의 ㉠, ㉡에 들어갈 접속사로 가장 알맞은 것은?

① ㉠ : 그런데 ㉡ : 그러므로 　　② ㉠ : 그러나 ㉡ : 예를 들어

③ ㉠ : 따라서 ㉡ : 그런데 　　④ ㉠ : 그러면 ㉡ : 하지만

 ㉠ 육식을 당연하게 여기는 생각에 대해 문제를 제기하고 있으므로 화제를 앞의 내용과 관련시키면서 다른 방향으로 이끌어 나갈 때 쓰는 접속 부사인 '그런데'가 가장 적절하다.
㉡ 빈칸의 앞에는 생태론적 관점의 개념을 설명하고 이를 근거로 들어 육식이 재고되어야 함을 이야기하고 있으므로 앞의 내용이 뒤의 내용의 이유나 원인, 근거가 될 때 쓰는 접속 부사인 '그러므로'가 가장 적절하다.

Answer 34.④ 35.③ 36.①

37 다음은 사원들이 아래 신문 기사를 읽고 나눈 대화이다. 대화의 흐름상 빈칸에 들어갈 말로 가장 적절한 것은?

"김치는 살아 있다"

젖산균이 지배하는 신비한 미생물의 세계

처음에 생기는 일반 세균 새콤한 맛 젖산균이 물리쳐 "우와~ 김치 잘 익었네."

효모에 무너지는 '젖산균 왕국' "어유~ 군내, 팍 시었네."

점차 밝혀지는 김치의 과학 토종 젖산균 '김치 아이'

유전자 해독 계기로 맛 좌우하는 씨앗균 연구 개발

1990년대 중반 이후부터 실험실의 김치 연구가 거듭되면서, 배추김치, 무김치, 오이김치들의 작은 시공간에서 펼쳐지는 미생물들의 '작지만 큰 생태계'도 점차 밝혀지고 있다. 20여 년째 김치를 연구해 오며 지난해 토종 젖산균(유산균) '류코노스톡 김치 아이'를 발견해 세계 학계에서 새로운 종으로 인정받은 인하대 한홍의(61) 미생물학과 교수는 "일반 세균과 젖산균, 효모로 이어지는 김치 생태계의 순환은 우리 생태계의 축소판"이라고 말했다.

흔히 "김치 참 잘 익었다."라고 말한다. 그러나 김치 과학자라면 매콤새콤하고 시원한 김치 맛을 보면 이렇게 말할 법하다. "젖산균들이 한창 물이 올랐군." 하지만, 젖산균이 물이 오르기 전까지 갓 담근 김치에선 배추, 무, 고춧가루 등에 살던 일반 세균들이 한때나마 왕성하게 번식한다. 소금에 절인 배추, 무는 포도당 등 영양분을 주는 좋은 먹이 터전인 것이다.

"김치 초기에 일반 세균은 최대 10배까지 급속히 늘어나다가 다시 급속히 사멸해 버립니다. 제 입에 맞는 먹잇감이 줄어드는데다 자신이 만들어 내는 이산화탄소가 포화 상태에 이르러 더는 살아갈 수 없는 환경이 되는 거죠." 한 교수는 이즈음 산소를 싫어하는 '혐기성' 미생물인 젖산균이 활동을 개시한다고 설명했다. 젖산균은 시큼한 젖산을 만들며 배추, 무를 서서히 김치로 무르익게 만든다. 젖산균만이 살 수 있는 환경이 되는데, "다른 미생물이 출현하면 수십 종의 젖산균이 함께 '박테리오신'이라는 항생 물질을 뿜어내어 이를 물리친다."라고 한다.

그러나 '젖산 왕조'도 크게 두 번의 부흥과 몰락을 겪는다. 김치 중기엔 주로 둥근 모양의 젖산균(구균)이, 김치 말기엔 막대 모양의 젖산균(간균)이 세력을 떨친다. 한국 식품 개발연구원 박완수(46) 김치 연구단장은 "처음엔 젖산과 에탄올 등 여러 유기물을 생산하는 젖산균이 지배하지만, 나중엔 젖산만을 내는 젖산균이 우세종이 된다."며 "김치가 숙성할수록 시큼털털해지는 것은 이 때문"이라고 설명했다.

－○○일보－

사원 甲 : 김치가 신 맛을 내는 이유는 젖산균 때문이었군? 난 세균 때문인 줄 알았어.

사원 乙 : 나도 그래. 처음에 번식하던 일반 세균이 스스로 사멸하다니, 김치는 참 신기해.

사원 丙 : 맞아. 게다가 젖산균이 출현한 이후에는 젖산균이 뿜어내는 항생 물질 때문에 다른 미생물들이 살 수 없는 환경이 된다는데.

사원 丁 : 하지만 _____

① 일반세균이 모두 죽고 나면 단 한가지의 젖산균만이 활동하게 돼.

② 모든 젖산균이 김치를 맛있게 만드는 것은 아니더군.

③ 김치는 오래되면 오래될수록 맛이 깊어지지.

④ 김치가 오래될수록 시큼해지는 이유는 젖산균에서 나오는 유기물들 때문이야.

 ① 김치 중기엔 주로 둥근 모양의 젖산균(구균)이, 김치 말기엔 막대 모양의 젖산균(간균)이 세력을 떨친다.
③ 나중엔 젖산만을 내는 젖산균이 우세종이 되어 김치가 숙성될수록 시금털털해진다.
④ 김치가 오래될수록 시큼해지는 이유는 젖산균에서 나오는 젖산 때문이다.

38 다음은 정보공개 청구 및 접수에 대한 내용이다. 잘못 쓰인 글자는 모두 몇 개인지 찾으면?

> 청구 및 접수
> 청구인이 청구하고자 하는 정보를 보유, 관리하고 잇는 공공기관에 「정보공개 청구서」을 제출합니다.
> • 청구서 기재사항
> – 청구인의 이름, 주민등록번호, 주소 및 연락처
>   (법인의 경우 해당 법인명 및 대표자의 이름, 외국인의 경우 여권 · 외국인 등록번호)
> • 청구하는 정보의 내용, 사용목적 및 고개방법
> – 정부공개청구서는 고공기관에 「직접출석」하거나 「우편 · 팩스전송」 또는 「정보통신」에 의하여 제출할 수 있습니다.
> – 공공기관이 정보공개청구서를 접수한 때에는 정보공개처리대장에 기록하고 청구인에게 접수증을 교부합니다.
> – 정보공개청구서를 접수한 주관부서는 이를 담당부서 또는 소관기관에 이송합니다.

① 3개

② 4개

③ 5개

④ 6개

 관리하고 잇는 → 관리하고 있는
「정보공개 청구서」을 → 「정보공개 청구서」를
사용목적 및 고개방법 → 사용목적 및 공개방법
고공기관에 → 공공기관에
「정보통신」에 으하여 → 「정보통신」에 의하여

Answer ⟶ 37.② 38.③

39 다음 글의 밑줄 친 '공원에서 탈것 금지'라는 규범에 대한 해석으로 옳지 않은 것은?

> 분쟁이 있을 경우에는 '법의 적용'을 통해 판결을 이끌어 내는 재판이 진행된다. 여기서 '법의 적용'이란 구체적 사건이 발생하였을 경우 추상적인 법 규범이 그 구체적인 사건에 적용되는지를 판단하는 과정을 가리킨다. 그런데 법을 적용하기 위해서는 법 규범의 내용 또는 의미를 확정하는 것, 즉 '법의 해석'이 필요하다.
>
> 법 규범은 명료하게 해석되어 그것을 적용하는 데 어려움이 없을 수도 있다. 하지만 법 규범은 개별적 사건이나 행위들의 공통점을 묶어 범주화한 것이어서 명료하게 해석되지 않는 경우도 있다. 이런 경우에는 법 규범의 적용에 어려움이 발생한다. 이처럼 법 규범의 해석에 모호한 상황이 발생할 경우, 구체적 사실이 법 규범을 충족하는지에 대한 해석이 필요하다. 이러한 경우 법 규범을 해석하는 관점의 차이에 따라 문제 해결 양상은 달라진다.
>
> 법 규범 해석의 관점으로는 '문자주의적 접근'에 의한 것과 '목적주의적 접근'에 의한 것이 있다. 전자가 법 규범을 그 문자의 일반적 의미나 법률의 문구적 의미를 중심으로 해석하는 것이라면, 후자는 법 규범의 근본 취지, 목적, 상황 등을 고려하여 해석하는 것이다. 예를 들어 '공원에서 탈것 금지'라는 규정이 있다고 하자. 어린아이용 세발자전거에 대한 출입 여부는 어떻게 판단할 것인가? 문자주의적 접근에 따르면, '탈것'의 사전적 의미나 법률의 문구적 의미를 중심으로 규정의 내용을 해석하여 출입의 허용 여부를 판단할 것이다. 하지만 목적주의적 접근에 따르면, 구체적 상황과 맥락 등을 고려하여 출입의 허용 여부를 결정할 것이다.

① 문자주의적으로 접근하기 위해서는 '탈것'의 사전적 정의를 알아보아야 한다.

② 본 규정을 만든 목적이 안전사고를 예방하기 위한 것이라면, 목적주의적 차원에서 볼 때 어린아이용 세발자전거는 안전성에 대한 고려 후 공원에 출입할지의 여부를 결정할 것이다.

③ 문자주의적으로 접근한다면 본 규정상 유모차, 자전거 등 모든 '탈것'은 공원에 들어와서는 안 된다.

④ 문자주의적 접근에 의하면 공원 조성 목적에 따라 세발자전거의 출입을 허용할 것이다.

(Tip) 공원의 조성 목적을 고려한 법 해석은 목적주의적 접근에 의한 해석이다.

40 다음은 한 인터넷 쇼핑몰의 FAQ 게시판이다. 사원 甲씨는 순서 없이 배열되어있던 질문과 답을 고객들이 보기 쉽도록 분류하여 정리하려고 한다. ㉠~㉣에 들어갈 수 있는 질문으로 적절하게 연결된 것은?

FAQ SEARCH

먼저 확인하시면 더 빠른 답을 얻으실 수 있습니다.

	SEARCH

Q1. 아이핀(i-pin)인증이 무엇인가요?
Q2. 현금영수증 신청방법을 알려주세요.
Q3. 입금을 했는데 입금확인이 되지 않아요.
Q4. 아이디와 비밀번호가 생각 안나요.
Q5. 주문 취소는 어떻게 하는 건가요?
Q6. 주문 상품을 변경하고 싶어요.
Q7. 주문자와 입금자가 달라요.
Q8. 게시판으로 환불 접수는 어떻게 하나요?
Q9. 교환·환불이 불가능한 경우가 있나요?
Q10. 회원정보를 변경하고 싶어요.
Q11. 초과 입금한 경우에는 어떻게 해야 하나요?
Q12. 지정한 날짜에 제품을 받고 싶어요.
Q13. 비회원도 주문이 가능한가요?
Q14. 세금계산서를 발급받고 싶어요.
Q15. 주문완료 후 결제 방법을 바꿀 수 있나요?

▶ FAQ 자주 묻는 질문

회원정보	주문/배송	반품/취소/환불	입금/결제
㉠	㉡	㉢	㉣

① ㉠ : Q1, Q4, Q7
② ㉡ : Q6, Q8, Q12
③ ㉢ : Q5, Q9, Q14
④ ㉣ : Q2, Q3, Q11

 ㉠ 회원정보 : Q1, Q4, Q10
㉡ 주문/배송 : Q6, Q12, Q13
㉢ 반품/취소/환불 : Q5, Q8, Q9
㉣ 입금/결제 : Q2, Q3, Q7, Q11, Q14, Q15

02 수리능력

(1) 기초직업능력으로서의 수리능력

① 개념 … 직장생활에서 요구되는 사칙연산과 기초적인 통계를 이해하고 도표의 의미를 파악하거나 도표를 이용해서 결과를 효과적으로 제시하는 능력을 말한다.

② 수리능력은 크게 기초연산능력, 기초통계능력, 도표분석능력, 도표작성능력으로 구성된다.
　　㉠ 기초연산능력 : 직장생활에서 필요한 기초적인 사칙연산과 계산방법을 이해하고 활용할 수 있는 능력
　　㉡ 기초통계능력 : 평균, 합계, 빈도 등 직장생활에서 자주 사용되는 기초적인 통계기법을 활용하여 자료의 특성과 경향성을 파악하는 능력
　　㉢ 도표분석능력 : 그래프, 그림 등 도표의 의미를 파악하고 필요한 정보를 해석하는 능력
　　㉣ 도표작성능력 : 도표를 이용하여 결과를 효과적으로 제시하는 능력

(2) 업무수행에서 수리능력이 활용되는 경우

① 업무상 계산을 수행하고 결과를 정리하는 경우
② 업무비용을 측정하는 경우
③ 고객과 소비자의 정보를 조사하고 결과를 종합하는 경우
④ 조직의 예산안을 작성하는 경우
⑤ 업무수행 경비를 제시해야 하는 경우
⑥ 다른 상품과 가격비교를 하는 경우
⑦ 연간 상품 판매실적을 제시하는 경우
⑧ 업무비용을 다른 조직과 비교해야 하는 경우
⑨ 상품판매를 위한 지역조사를 실시해야 하는 경우
⑩ 업무수행과정에서 도표로 주어진 자료를 해석하는 경우
⑪ 도표로 제시된 업무비용을 측정하는 경우

예제 1

다음 자료를 보고 주어진 상황에 대한 물음에 답하시오.

〈근로소득에 대한 간이 세액표〉

월 급여액(천 원) [비과세 및 학자금 제외]		공제대상 가족 수				
이상	미만	1	2	3	4	5
2,500	2,520	38,960	29,280	16,940	13,570	10,190
2,520	2,540	40,670	29,960	17,360	13,990	10,610
2,540	2,560	42,380	30,640	17,790	14,410	11,040
2,560	2,580	44,090	31,330	18,210	14,840	11,460
2,580	2,600	45,800	32,680	18,640	15,260	11,890
2,600	2,620	47,520	34,390	19,240	15,680	12,310
2,620	2,640	49,230	36,100	19,900	16,110	12,730
2,640	2,660	50,940	37,810	20,560	16,530	13,160
2,660	2,680	52,650	39,530	21,220	16,960	13,580
2,680	2,700	54,360	41,240	21,880	17,380	14,010
2,700	2,720	56,070	42,950	22,540	17,800	14,430
2,720	2,740	57,780	44,660	23,200	18,230	14,850
2,740	2,760	59,500	46,370	23,860	18,650	15,280

※ 갑근세는 제시되어 있는 간이 세액표에 따름
※ 주민세＝갑근세의 10%
※ 국민연금＝급여액의 4.50%
※ 고용보험＝국민연금의 10%
※ 건강보험＝급여액의 2.90%
※ 교육지원금＝분기별 100,000원(매 분기별 첫 달에 지급)

박○○ 사원의 5월 급여내역이 다음과 같고 전월과 동일하게 근무하였으나 특별수당은 없고 차량지원금으로 100,000원을 받게 된다면, 6월에 받게 되는 급여는 얼마인가? (단, 원 단위 절삭)

(주) 서원플랜테크 5월 급여내역			
성명	박○○	지급일	5월 12일
기본급여	2,240,000	갑근세	39,530
직무수당	400,000	주민세	3,950
명절 상여금		고용보험	11,970
특별수당	20,000	국민연금	119,700
차량지원금		건강보험	77,140
교육지원		기타	
급여계	2,660,000	공제합계	252,290
		지급총액	2,407,710

① 2,443,910　　　　　　② 2,453,910
③ 2,463,910　　　　　　④ 2,473,910

[출제의도]
업무상 계산을 수행하거나 결과를 정리하고 업무비용을 측정하는 능력을 평가하기 위한 문제로서, 주어진 자료에서 문제를 해결하는 데에 필요한 부분을 빠르고 정확하게 찾아내는 것이 중요하다.

[해설]

기본 급여	2,240,000	갑근세	46,370
직무 수당	400,000	주민세	4,630
명절 상여금		고용 보험	12,330
특별 수당		국민 연금	123,300
차량 지원금	100,000	건강 보험	79,460
교육 지원		기타	
급여계	2,740,000	공제 합계	266,090
		지급 총액	2,473,910

答 ④

(3) 수리능력의 중요성

① 수학적 사고를 통한 문제해결

② 직업세계의 변화에의 적응

③ 실용적 가치의 구현

(4) 단위환산표

구분	단위환산
길이	$1cm = 10mm$, $1m = 100cm$, $1km = 1,000m$
넓이	$1cm^2 = 100mm^2$, $1m^2 = 10,000cm^2$, $1km^2 = 1,000,000m^2$
부피	$1cm^3 = 1,000mm^3$, $1m^3 = 1,000,000cm^3$, $1km^3 = 1,000,000,000m^3$
들이	$1m\ell = 1cm^3$, $1d\ell = 100cm^3$, $1L = 1,000cm^3 = 10d\ell$
무게	$1kg = 1,000g$, $1t = 1,000kg = 1,000,000g$
시간	1분 = 60초, 1시간 = 60분 = 3,600초
할푼리	1푼 = 0.1할, 1리 = 0.01할, 1모 = 0.001할

┃ 예제 2

둘레의 길이가 4.4km인 정사각형 모양의 공원이 있다. 이 공원의 넓이는 몇 a인가?

① 12,100a

② 1,210a

③ 121a

④ 12.1a

[출제의도]

길이, 넓이, 부피, 들이, 무게, 시간, 속도 등 단위에 대한 기본적인 환산 능력을 평가하는 문제로서, 소수점 계산이 필요하며, 자릿수를 읽고 구분할 줄 알아야 한다.

[해설]

공원의 한 변의 길이는

$4.4 \div 4 = 1.1(km)$이고

$1km^2 = 10,000a$이므로

공원의 넓이는

$1.1km \times 1.1km = 1.21km^2$

$= 12,100a$

답 ①

2 수리능력을 구성하는 하위능력

(1) 기초연산능력

① **사칙연산** … 수에 관한 덧셈, 뺄셈, 곱셈, 나눗셈의 네 종류의 계산법으로 업무를 원활하게 수행하기 위해서는 기본적인 사칙연산뿐만 아니라 다단계의 복잡한 사칙연산까지도 수행할 수 있어야 한다.

② **검산** … 연산의 결과를 확인하는 과정으로 대표적인 검산방법으로 역연산과 구거법이 있다.
- ㉠ **역연산** : 덧셈은 뺄셈으로, 뺄셈은 덧셈으로, 곱셈은 나눗셈으로, 나눗셈은 곱셈으로 확인하는 방법이다.
- ㉡ **구거법** : 원래의 수와 각 자리 수의 합이 9로 나눈 나머지가 같다는 원리를 이용한 것으로 9를 버리고 남은 수로 계산하는 것이다.

예제 3

다음 식을 바르게 계산한 것은?

$$1 + \frac{2}{3} + \frac{1}{2} - \frac{3}{4}$$

① $\frac{13}{12}$ 　　　　　② $\frac{15}{12}$

③ $\frac{17}{12}$ 　　　　　④ $\frac{19}{12}$

[출제의도]
직장생활에서 필요한 기초적인 사칙연산과 계산방법을 이해하고 활용할 수 있는 능력을 평가하는 문제로서, 분수의 계산과 통분에 대한 기본적인 이해가 필요하다.

[해설]
$$\frac{12}{12} + \frac{8}{12} + \frac{6}{12} - \frac{9}{12} = \frac{17}{12}$$

답 ③

---

(2) 기초통계능력

① **업무수행과 통계**
- ㉠ **통계의 의미** : 통계란 집단현상에 대한 구체적인 양적 기술을 반영하는 숫자이다.
- ㉡ **업무수행에 통계를 활용함으로써 얻을 수 있는 이점**
  - 많은 수량적 자료를 처리가능하고 쉽게 이해할 수 있는 형태로 축소
  - 표본을 통해 연구대상 집단의 특성을 유추
  - 의사결정의 보조수단
  - 관찰 가능한 자료를 통해 논리적으로 결론을 추출 · 검증

© 기본적인 통계치

- 빈도와 빈도분포 : 빈도란 어떤 사건이 일어나거나 증상이 나타나는 정도를 의미하며, 빈도분포란 빈도를 표나 그래프로 종합적으로 표시하는 것이다.
- 평균 : 모든 사례의 수치를 합한 후 총 사례 수로 나눈 값이다.
- 백분율 : 전체의 수량을 100으로 하여 생각하는 수량이 그 중 몇이 되는가를 퍼센트로 나타낸 것이다.

② 통계기법

㉠ 범위와 평균

- 범위 : 분포의 흩어진 정도를 가장 간단히 알아보는 방법으로 최곳값에서 최젓값을 뺀 값을 의미한다.
- 평균 : 집단의 특성을 요약하기 위해 가장 자주 활용하는 값으로 모든 사례의 수치를 합한 후 총 사례 수로 나눈 값이다.
- 관찰값이 1, 3, 5, 7, 9일 경우 범위는 $9 - 1 = 8$이 되고, 평균은 $\dfrac{1+3+5+7+9}{5} = 5$가 된다.

㉡ 분산과 표준편차

- 분산 : 관찰값의 흩어진 정도로, 각 관찰값과 평균값의 차의 제곱의 평균이다.
- 표준편차 : 평균으로부터 얼마나 떨어져 있는가를 나타내는 개념으로 분산값의 제곱근 값이다.
- 관찰값이 1, 2, 3이고 평균이 2인 집단의 분산은 $\dfrac{(1-2)^2+(2-2)^2+(3-2)^2}{3} = \dfrac{2}{3}$이고 표준편차는 분산값의 제곱근 값인 $\sqrt{\dfrac{2}{3}}$이다.

③ 통계자료의 해석

㉠ 다섯숫자요약

- 최솟값 : 원자료 중 값의 크기가 가장 작은 값
- 최댓값 : 원자료 중 값의 크기가 가장 큰 값
- 중앙값 : 최솟값부터 최댓값까지 크기에 의하여 배열했을 때 중앙에 위치하는 사례의 값
- 하위 25%값 · 상위 25%값 : 원자료를 크기 순으로 배열하여 4등분한 값

㉡ **평균값과 중앙값** : 평균값과 중앙값은 그 개념이 다르기 때문에 명확하게 제시해야 한다.

예제 4

인터넷 쇼핑몰에서 회원가입을 하고 디지털캠코더를 구매하려고 한다. 다음은 구입하고자 하는 모델에 대하여 인터넷 쇼핑몰 세 곳의 가격과 조건을 제시한 표이다. 표에 있는 모든 혜택을 적용하였을 때 디지털캠코더의 배송비를 포함한 실제 구매가격을 바르게 비교한 것은?

구분	A 쇼핑몰	B 쇼핑몰	C 쇼핑몰
정상가격	129,000원	131,000원	130,000원
회원혜택	7,000원 할인	3,500원 할인	7% 할인
할인쿠폰	5% 쿠폰	3% 쿠폰	5,000원
중복할인여부	불가	가능	불가
배송비	2,000원	무료	2,500원

① A<B<C
② B<C<A
③ C<A<B
④ C<B<A

(3) 도표분석능력

① 도표의 종류
   ㉠ 목적별 : 관리(계획 및 통제), 해설(분석), 보고
   ㉡ 용도별 : 경과 그래프, 내역 그래프, 비교 그래프, 분포 그래프, 상관 그래프, 계산 그래프
   ㉢ 형상별 : 선 그래프, 막대 그래프, 원 그래프, 점 그래프, 층별 그래프, 레이더 차트

② 도표의 활용
   ㉠ 선 그래프
   • 주로 시간의 경과에 따라 수량에 의한 변화 상황(시계열 변화)을 절선의 기울기로 나타내는 그래프이다.
   • 경과, 비교, 분포를 비롯하여 상관관계 등을 나타낼 때 쓰인다.

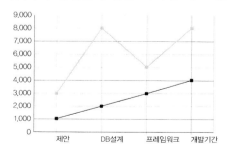

ⓛ 막대 그래프
* 비교하고자 하는 수량을 막대 길이로 표시하고 그 길이를 통해 수량 간의 대소관계를 나타내는 그래프이다.
* 내역, 비교, 경과, 도수 등을 표시하는 용도로 쓰인다.

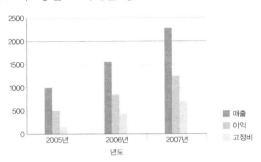

ⓒ 원 그래프
* 내역이나 내용의 구성비를 원을 분할하여 나타낸 그래프이다.
* 전체에 대해 부분이 차지하는 비율을 표시하는 용도로 쓰인다.

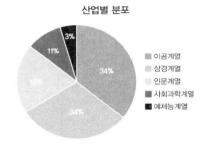

ⓔ 점 그래프
* 종축과 횡축에 2요소를 두고 보고자 하는 것이 어떤 위치에 있는가를 나타내는 그래프이다.
* 지역분포를 비롯하여 도시, 기방, 기업, 상품 등의 평가나 위치·성격을 표시하는데 쓰인다.

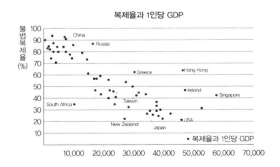

ⓜ 층별 그래프
- 선 그래프의 변형으로 연속내역 봉 그래프라고 할 수 있다. 선과 선 사이의 크기로 데이터 변화를 나타낸다.
- 합계와 부분의 크기를 백분율로 나타내고 시간적 변화를 보고자 할 때나 합계와 각 부분의 크기를 실수로 나타내고 시간적 변화를 보고자 할 때 쓰인다.

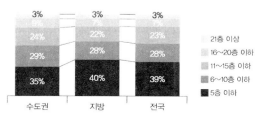

전국 아파트 층수별 거래 비중

ⓗ 레이더 차트(거미줄 그래프)
- 원 그래프의 일종으로 비교하는 수량을 직경, 또는 반경으로 나누어 원의 중심에서의 거리에 따라 각 수량의 관계를 나타내는 그래프이다.
- 비교하거나 경과를 나타내는 용도로 쓰인다.

③ 도표 해석상의 유의사항
ⓐ 요구되는 지식의 수준을 넓힌다.
ⓑ 도표에 제시된 자료의 의미를 정확히 숙지한다.
ⓒ 도표로부터 알 수 있는 것과 없는 것을 구별한다.
ⓓ 총량의 증가와 비율의 증가를 구분한다.
ⓔ 백분위수와 사분위수를 정확히 이해하고 있어야 한다.

다음 표는 2009 ～ 2010년 지역별 직장인들의 자기개발에 관해 조사한 내용을 정리한 것이다. 이에 대한 분석으로 옳은 것은?

(단위 : %)

연도 구분 지역	2009				2010			
	자기개발 하고 있음	자기개발 비용 부담 주체			자기개발 하고 있음	자기개발 비용 부담 주체		
		직장 100%	본인 100%	직장50% + 본인50%		직장 100%	본인 100%	직장50% + 본인50%
충청도	36.8	8.5	88.5	3.1	45.9	9.0	65.5	24.5
제주도	57.4	8.3	89.1	2.9	68.5	7.9	68.3	23.8
경기도	58.2	12	86.3	2.6	71.0	7.5	74.0	18.5
서울시	60.6	13.4	84.2	2.4	72.7	11.0	73.7	15.3
경상도	40.5	10.7	86.1	3.2	51.0	13.6	74.9	11.6

① 2009년과 2010년 모두 자기개발 비용을 본인이 100% 부담하는 사람의 수는 응답자의 절반 이상이다.

② 자기개발을 하고 있다고 응답한 사람의 수는 2009년과 2010년 모두 서울시가 가장 많다.

③ 자기개발 비용을 직장과 본인이 각각 절반씩 부담하는 사람의 비율은 2009년과 2010년 모두 서울시가 가장 높다.

④ 2009년과 2010년 모두 자기개발을 하고 있다고 응답한 비율이 가장 높은 지역에서 자기개발비용을 직장이 100% 부담한다고 응답한 사람의 비율이 가장 높다.

[출제의도]
그래프, 그림, 도표 등 주어진 자료를 이해하고 의미를 파악하여 필요한 정보를 해석하는 능력을 평가하는 문제이다.

[해설]
② 지역별 인원수가 제시되어 있지 않으므로, 각 지역별 응답자 수는 알 수 없다.
③ 2009년에는 경상도에서, 2010년에는 충청도에서 가장 높은 비율을 보인다.
④ 2009년과 2010년 모두 '자기 개발을 하고 있다'고 응답한 비율이 가장 높은 지역은 서울시이며, 2010년의 경우 자기개발 비용을 직장이 100% 부담한다고 응답한 사람의 비율이 가장 높은 지역은 경상도이다.

답 ①

(4) 도표작성능력

① 도표작성 절차

   ㉠ 어떠한 도표로 작성할 것인지를 결정

   ㉡ 가로축과 세로축에 나타낼 것을 결정

   ㉢ 한 눈금의 크기를 결정

   ㉣ 자료의 내용을 가로축과 세로축이 만나는 곳에 표현

   ㉤ 표현한 점들을 선분으로 연결

   ㉥ 도표의 제목을 표기

② 도표작성 시 유의사항
　㉠ 선 그래프 작성 시 유의점
　　• 세로축에 수량, 가로축에 명칭구분을 제시한다.
　　• 선의 높이에 따라 수치를 파악하는 경우가 많으므로 세로축의 눈금을 가로축보다 크게 하는 것이 효과적이다.
　　• 선이 두 종류 이상일 경우 반드시 그 명칭을 기입한다.
　㉡ 막대 그래프 작성 시 유의점
　　• 막대 수가 많을 경우에는 눈금선을 기입하는 것이 알아보기 쉽다.
　　• 막대의 폭은 모두 같게 하여야 한다.
　㉢ 원 그래프 작성 시 유의점
　　• 정각 12시의 선을 기점으로 오른쪽으로 그리는 것이 보통이다.
　　• 분할선은 구성비율이 큰 순서로 그린다.
　㉣ 층별 그래프 작성 시 유의점
　　• 눈금은 선 그래프나 막대 그래프보다 적게 하고 눈금선은 넣지 않는다.
　　• 층별로 색이나 모양이 완전히 다른 것이어야 한다.
　　• 같은 항목은 옆에 있는 층과 선으로 연결하여 보기 쉽도록 한다.

1~5 다음 숫자들의 배열 규칙을 찾아 빈칸 안에 들어갈 알맞은 숫자를 고르시오.

1

30	32	27	35	?

① 23

② 24

③ 25

④ 26

Tip +2, −5, +8로 변화하므로 다음 변화는 −11이다. 35−11 = 24

2

20	18	14	6	?

① −10

② −2

③ 2

④ 4

Tip 2^1, 2^2, 2^3씩 감소했으므로 $2^4 = 16$이 감소한 −10이 된다.

3

3 8 12 15 17 18 (   )

① 21

② 20

③ 19

④ 18

Tip 제시된 수열은 각 항에 5부터 1씩 작아지는 수가 더해지는 규칙을 가지고 있다.
3 (+5) 8 (+4) 12 (+3) 15 (+2) 17 (+1) 18 (+0) '18'
따라서 빈칸에 들어 갈 수는 18이다.

4

318   321   330   357   438   (   )

① 492

② 531

③ 602

④ 681

 제시된 수열은 첫 항에 3의 제곱수를 차례로 더한 수의 나열이다.
318 (+3) 321 (+9) 330 (+27) 357 (+81) 438 (+243) '681'

5

$\dfrac{1}{2}$ $\dfrac{1}{3}$ $\dfrac{5}{6}$ $\dfrac{7}{6}$ $\dfrac{12}{6}$ $\dfrac{19}{6}$ (   )

① $\dfrac{29}{6}$

② $\dfrac{31}{6}$

③ $\dfrac{33}{6}$

④ $\dfrac{35}{6}$

 제시된 수열은 세 번째 항부터 앞의 두 항을 더한 값이 다음 항의 값이 되는 수들의 나열
이다. 따라서 빈칸에는 $\dfrac{12}{6} + \dfrac{19}{6} = \dfrac{31}{6}$ 이 오는 것이 적절하다.

▌6~8▐ 다음 숫자들의 배열 규칙을 찾아 ?에 들어갈 알맞은 숫자를 고르시오.

6

2	4	⇨	3	7
11	15		21	?

① 27

② 28

③ 29

④ 30

제시된 왼쪽 상자에서 가로 혹은 세로로 이어지는 각 자리의 수의 차가 오른쪽 상자에서 2배가 된
다. 따라서 빈칸에 들어갈 수는 29이다.

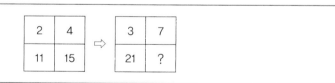

Answer ⤵ 1.② 2.① 3.④ 4.④ 5.② 6.③

7

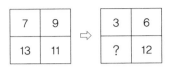

① 14

② 18

③ 20

④ 24

 왼쪽 상자는 시계방향으로 2씩 더해지며 배열되고, 오른쪽 상자는 시계방향으로 2씩 곱해지며 배열된다.

8

1	7
10	6

⇨

2	14
20	?

① 12

② 14

③ 16

④ 18

 왼쪽 상자의 수에 ×2가 되었다.

9 재현이가 농도가 20%인 소금물에서 물 60g을 증발시켜 농도가 25%인 소금물을 만든 후, 여기에 소금을 더 넣어 40%의 소금물을 만든다면 몇 g의 소금을 넣어야 하겠는가?

① 45g

② 50g

③ 55g

④ 60g

 20%의 소금물의 양을 Xg이라 하면, 증발시킨 후 소금의 양은 같으므로

$X \times \dfrac{20}{100} = (X - 60) \times \dfrac{25}{100}$, $X = 300$이다.

더 넣은 소금의 양을 xg이라 하면,

$300 \times \dfrac{20}{100} + x = (300 - 60 + x) \times \dfrac{40}{100}$

$x = 60$

10 원가가 100원인 물건이 있다. 이 물건을 정가의 20%를 할인해서 팔았을 때, 원가의 4%의 이익이 남게 하기 위해서는 원가에 몇 %이익을 붙여 정가를 정해야 하는가?

① 20%

② 30%

③ 40%

④ 50%

 정가를 x원이라 하면,

(판매가) $= x - x \times \dfrac{20}{100} = x(1 - \dfrac{20}{100}) = 0.8x$(원)

(이익) $= 100 \times \dfrac{4}{100} = 4$(원)

따라서 식을 세우면 $0.8x - 100 = 4$, $x = 130$(원)

정가는 130원이므로 원가에 y%의 이익을 붙인다고 하면 $100 + 100 \times \dfrac{y}{100} = 130$, $y = 30$

따라서 30%의 이익을 붙여 정가를 정해야 한다.

11 정원이가 등산을 하는 데 올라갈 때는 시속 3km로 내려 올 때는 올라갈 때 보다 5km 먼 다른 길을 시속 6km로 걸어서 4시간 50분이 걸렸다고 한다. 정원이가 걸은 거리는 모두 몇 km인가?

① 14km

② 16km

③ 18km

④ 21km

 올라간 거리를 x라고 하면 $\dfrac{x}{3} + \dfrac{x+5}{6} = 4\dfrac{5}{6}$, $x = 8km$

따라서 걸은 거리는 8+8+5=21(km)

12 커다란 탱크에 호스 A, B, C로 물을 가득 채우는데 하나씩만 사용했을 때 걸리는 시간은 각각 3시간, 4시간, 6시간이 걸린다고 한다. 처음에 A호스로 1시간을 하다가 중단하고, 이어서 B, C호스를 함께 사용하여 가득 채웠다. B, C호스를 함께 사용한 시간은?

① 1시간 24분

② 1시간 28분

③ 1시간 32분

④ 1시간 36분

 물탱크의 양을 1로 두고, 한 시간 동안 채워지는 물의 양은 $A = \dfrac{1}{3}$, $B = \dfrac{1}{4}$, $C = \dfrac{1}{6}$ 이다.

B, C호스를 함께 사용한 시간을 x시간이라 하면, (A 호스로 1시간) + (B, C 호스를 함께 사용한 시간 x시간) = 1

$\dfrac{1}{3} \times 1 + (\dfrac{1}{4} + \dfrac{1}{6}) \times x = 1$, $5x = 8$, $x = \dfrac{8}{5}$ 이므로 1시간 36분이 걸린다.

Answer ☞ 7.④ 8.① 9.④ 10.② 11.④ 12.④

13 A는 극장에서 친구를 만나기로 하였다. 집에서 극장까지 시속 4km로 거르면 약속시간보다 10분 늦게 도착하고, 시속 10km로 자전거를 타고 가면 약속시간보다 17분 일찍 도착할 때 집에서 극장까지의 거리는?

① 2km

② 3km

③ 4km

④ 5km

 집에서 극장까지의 거리를 $x km$라고 하면

$$\frac{x}{4} - \frac{10}{60} = \frac{x}{10} + \frac{17}{60}$$
$$9x = 27$$
$$x = 3$$

14 현재 시각이 2시 20분이라면 9,600초 전의 시각은?

① 10시 30분

② 11시 40분

③ 12시 10분

④ 1시 15분

 9,600초를 분으로 환산하면 $9600 \div 60 = 160(분)$
160분은 2시간 40분이므로 2시 20분에서 2시간 40분전을 계산해보면 11시 40분이 된다.

15 정가 5,000원의 시계를 할인하여 3,500원으로 판다면 할인율은 얼마인가?

① 1할

② 2할

③ 3할

④ 5할

 할인액은 $5,000 - 3,500 = 1,500(원)$
할인율은 $\frac{1,500}{5,000} = 0.3$
∴ 3할이다.

16 텐트 한 개에 5명씩 조를 짜면 3명이 남고, 6명씩 조를 짜면 모든 텐트에 사람들이 배치되지만 마지막 텐트에는 5명보다 적게 배치된다. 텐트는 적어도 몇 개인가?

① 4개   ② 5개

③ 6개   ④ 7개

 텐트의 수를 x개라 할 때, 총 인원수는 $(5x+3)$명이다.

6명씩 조를 짜면 마지막 텐트에는 5명보다 적게 배치되므로 마지막 텐트에 배치되는 사람의 수는 다음과 같다.

$1 \le (5x+3) - 6(x-1) < 5$

$4 < x \le 8$

∴ 텐트 개수에 최소값을 물어보고 있으므로 정답은 5개가 된다.

17 수족관의 수조를 가득 채우는데 A 수도는 16분, B 수도는 20분이 걸린다. A 수도를 10분 동안만 틀고 B 수도로 수조를 마저 채운다면 B 수도를 사용한 시간은?

① 6분 30초   ② 7분

③ 7분 30초   ④ 8분

 A 수도를 10분 사용하면 수조는 $\dfrac{10}{16}$ 만큼 채워진다. B 수도로 나머지 $\dfrac{6}{16}$ 을 채워야 하므로

B 수도를 사용한 시간은 $\dfrac{6}{16} \times 20 = 7.5$(분)이다.

18 가희와 미희는 가위바위보를 해서 계단을 오르내리는 게임을 하였다. 같은 칸에서 시작하여 이기면 3칸 올라가고, 지면 2칸 내려가기로 했을 때 총 열 번의 가위바위보가 끝난 시점에 가희가 미희보다 20칸 위에 있다면 가희는 미희보다 몇 번 더 이겼는가? (단, 두 사람은 한 번도 비기지 않았다.)

① 4회   ② 5회

③ 6회   ④ 7회

 가희가 이긴 횟수를 a, 미희가 이긴 횟수를 b라 할 때,

$a+b=10 \cdots$ ㉠ 이고,

가희의 움직임은 $(3a-2b)$, 미희의 움직임은 $(3b-2a)$이므로

$(3a-2b) - (3b-2a) = 20$

$a-b=4 \cdots$ ㉡의 식이 성립한다.

㉠+㉡하면 $a=7$, $b=3$이므로 가희는 미희보다 4회 더 많이 이겼다.

Answer → 13.② 14.② 15.③ 16.② 17.③ 18.①

19 ○○기업 공채에 응시한 남녀의 비는 5 : 4이고, 합격자 남녀의 비는 4 : 3, 불합격자 남녀의 비가 6 : 5이다. 총 합격자의 수가 140명일 때 ○○기업 공채에 응시한 인원수는 몇 명인가?

① 320명

② 340명

③ 360명

④ 380명

 합격자가 140명이고 남녀비가 4 : 3이므로 합격한 남자의 수는 80명, 여자의 수는 60명이다. 남자 응시인원을 $5a$, 여자 응시인원을 $4a$라 하고, 남자 불합격인원을 $6b$, 여자 불합격인원을 $5b$라 할 때 만들어지는 식은 다음과 같다.

$$\begin{cases} 5a - 6b = 80 \\ 4a - 5b = 60 \end{cases}$$ 두 식을 연립하여 풀면 $a = 40$, $b = 20$이므로 총 응시인원은 $9a = 360$(명)이다.

20 야산 한 쪽에 태양광 설비 설치를 위해 필요한 부품을 트럭에서 내려 설치 장소까지 리어카를 이용하여 시속 4km로 이동한 K씨는 설치 후 트럭이 있는 곳까지 시속 8km의 속도로 다시 돌아왔다. 처음 트럭을 출발하여 작업을 마치고 다시 트럭의 위치로 돌아오니 총 4시간이 걸렸다. 작업에 소요된 시간이 1시간 30분이라면, 트럭에서 태양광 설치 장소까지의 거리는 얼마인가? (거리는 반올림하여 소수 둘째 자리까지 표시함)

① 약 4.37km

② 약 4.95km

③ 약 5.33km

④ 약 6.67km

 '거리 = 시간 × 속력'을 이용하여 계산할 수 있다.

총 4시간의 소요 시간 중 작업 시간 1시간 30분을 빼면, 왕복 이동한 시간은 2시간 30분이 된다. 트럭에서 태양광 설치 장소까지의 거리를 $x$km라고 하면, 시속 4km로 이동한 거리와 시속 8km로 되돌아 온 거리 모두 $x$km가 된다.

따라서 거리=시간 × 속력→시간 = 거리 ÷ 속력 공식을 이용하여, 2시간 30분은 2.5시간이므로 2.5=(x ÷ 4) + (x ÷ 8)이 성립하게 된다.

이것을 풀면, $2.5 = x/4 + x/8 \rightarrow 2.5 = 3/8x \rightarrow x = 2.5 \times 8/3 = 6.666... \rightarrow$ 약 6.67km가 된다.

21 민경이는 $10 \times 10 \text{m}^2$의 동아리방에 매트를 깔려고 한다. 다음 중 가장 저렴하게 구매할 수 있는 매트는?

> ○ A 놀이매트($1 \times 1\text{m}^2$) : 1세트(20개) 10만 원
> ※ 5세트 구매 시 1세트 무료 증정
> ○ B 어린이매트($1 \times 1\text{m}^2$) : 1세트(25개) 15만 원
> ○ C 보호매트($1 \times 2\text{m}^2$) : 1세트(10개) 7만 원
> ○ D 환경매트($1 \times 2\text{m}^2$) : 1세트(10개) 10만 원
> ※ 2세트 구매 시 단품 5개 증정

① ○

② ○

③ ○

④ ○

 ○ 100개(5세트)가 필요하다. 10만 원×5세트＝50만 원
　　○ 100개(4세트)가 필요하다. 15만 원×4세트＝60만 원
　　○ 50개(5세트)가 필요하다. 7만 원×5세트＝35만 원
　　○ 50개(5세트)가 필요하지만 40개(4세트)를 사면 단품 10개를 증정 받을 수 있다.
　　　　10만 원×4세트＝40만 원
　　∴ C 보호매트가 가장 저렴하다.

22 다음은 한 기업에서 실시한 앙케이트 참가자의 직업을 조사한 자료이다. 총 참가율이 네 번째로 높은 직업과 2019년의 전년 대비 증가율이 가장 높은 직업은 순서대로 나열한 것은?

직업	2018		2019		합계	
	인원	비율	인원	비율	인원	비율
교수	34	4.2	183	12.5	217	9.6
연구원	73	9.1	118	8.1	191	8.4
대학생	17	2.1	74	5.1	91	4.0
대학원생	31	3.9	93	6.4	124	5.5
회사원	297	37.0	567	38.8	864	38.2
기타	350	43.6	425	29.1	775	34.3
계	802	100.0	1,460	100.0	2,262	100.0

① 연구원, 교수

② 연구원, 대학생

③ 교수, 교수

④ 교수, 대학생

 주어진 표의 합계란을 보면 참가비율은 회사원 → 기타 → 교수 → 연구원 순으로 네 번째로 높은 직업은 연구원이다.
2019년의 전년 대비 증가율은 교수가 약 438%로 가장 높다.

23 다음은 W센터에 신고 · 접수된 상담건의 분야별 처리결과를 나타낸 자료이다. 이에 대한 설명으로 옳지 않은 것은?

〈W센터에 신고 · 접수된 건의 분야별 처리결과〉

처리결과＼분야	보건복지	고용노동	여성가족	교육	보훈	산업	기타	합
이첩	58	18	2	3	0	1	123	205
송부	64	16	3	1	4	0	79	167
내부처리	117	27	2	2	1	1	207	357
전체	239	61	7	6	5	2	409	729

① 보건복지 분야의 상담건은 내부처리건이 이첩된 건 보다 2배 이상이다.

② '이첩' 건수가 가장 적은 분야가 처리결과 중 이첩의 비중이 가장 낮은 분야이다.

③ 고용노동 분야 상담건 중 '송부' 건의 비중은 30%에 미치지 못한다.

④ 상담 분야가 명확하게 분류되지 않은 상담건이 전체 상담건의 50% 이상이다.

 '이첩' 건수가 가장 적은 분야는 1건으로 '산업'이다. 산업은 전체 처리 건이 2개로 처리결과 중 이첩의 비중은 50%이므로 처리결과 중 이첩의 비중이 가장 낮은 분야라고 할 수는 없다.

24 다이어트 중인 수진이는 품목별 가격과 칼로리, 오늘의 행사 제품 여부에 따라 물건을 구입하려고 한다. 예산이 10,000원이라고 할 때, 칼로리의 합이 가장 높은 조합은?

〈품목별 가격과 칼로리〉

품목	피자	돈가스	도넛	콜라	아이스크림
가격(원/개)	2,500	4,000	1,000	500	2,000
칼로리(kcal/개)	600	650	250	150	350

〈오늘의 행사〉

> 행사 1 : 피자 두 개 한 묶음을 사면 콜라 한 캔이 덤으로!
> 행사 2 : 돈가스 두 개 한 묶음을 사면 돈가스 하나가 덤으로!
> 행사 3 : 아이스크림 두 개 한 묶음을 사면 아이스크림 하나가 덤으로!
> 단, 행사는 품목당 한 묶음까지만 적용됩니다.

① 피자 2개, 아이스크림 2개, 도넛 1개

② 돈가스 2개, 피자 1개, 콜라 1개

③ 아이스크림 2개, 도넛 6개

④ 돈가스 2개, 도넛 2개

① 피자 2개, 아이스크림 2개, 도넛 1개를 살 경우, 행사 적용에 의해 피자 2개, 아이스크림 3개, 도넛 1개, 콜라 1개를 사는 효과가 있다. 따라서 총 칼로리는 (600 × 2) + (350 × 3) + 250 + 150 = 2,650kcal이다.

② 돈가스 2개(8,000원), 피자 1개(2,500원), 콜라 1개(500원)의 조합은 예산 10,000원을 초과한다.

③ 아이스크림 2개, 도넛 6개를 살 경우, 행사 적용에 의해 아이스크림 3개, 도넛 6개를 구입하는 효과가 있다. 따라서 총 칼로리는 (350 × 3) + (250 × 6) = 2,550kcal이다.

④ 돈가스 2개, 도넛 2개를 살 경우, 행사 적용에 의해 돈가스 3개, 도넛 2개를 구입하는 효과가 있다. 따라서 총 칼로리는 (650 × 3) + (250 × 2) = 2,450kcal이다.

25 연중 가장 무더운 8월의 어느 날 우진이는 여자친구, 두 명의 조카들과 함께 서울고속버스터미널에서 출발하여 부산고속버스터미널까지 가는 왕복 프리미엄 고속버스로 휴가를 떠나려고 한다. 이 때 아래에 나타난 자료 및 조건을 토대로 우진이와 여자친구, 조카들의 프리미엄 고속버스의 비용을 구하면?

〈주어진 조건〉

• 조카 1(남 : 만 3세)
• 조카 2(여 : 만 6세)
• 서울에서 부산으로 가는 동안(하행선) 조카 1은 우진이의 무릎에 앉아서 가며, 반대로 부산에서 서울로 올라올 시(상행선)에는 좌석을 지정해서 간다.

〈자료〉

1. 서울-부산 간 프리미엄 고속버스 운임요금은 37,000원이다.
2. 만 4세 미만은 어른 요금의 75%를 할인 받는다.
3. 만 4~6세 사이는 어른 요금의 50%를 할인 받는다.
4. 만 4세 미만의 경우에는 승차권을 따로 구매하지 않고 해당 보호자와 함께 동승이 가능하다.

---

① 162,798원 ② 178,543원
③ 194,250원 ④ 205,840원

 위의 주어진 조건을 기반으로 각 비용을 구하면 다음과 같다.
• 우진이와 여자 친구의 프리미엄 고속버스 비용 = 37,000원×2(명)×2(왕복) = 148,000원
• 조카 2(여 : 50%를 할인 받음)의 운임 = 37,800원×50%×2(왕복) = 37,000원
• 조카 1은 하행인 경우 우진이의 무릎에 앉아가고, 상행인 경우에 좌석을 지정해서 가는 것이므로 이는 편도에 해당한다.
 조카 1(남 : 75% 할인 받음)의 운임 = 하행선 무료+37,000원×(100−75%) = 9,250원
 ∴ 148,000원+37,000원+9,250원 = 194,250원이 된다.

26 甲공단은 직원들의 창의력을 증진시키기 위하여 '창의 테마파크'를 운영하고자 한다. 다음의 프로그램들을 대상으로 전문가와 사원들이 평가를 실시하여 가장 높은 점수를 받은 프로그램을 최종 선정하여 운영한다고 할 때, '창의 테마파크'에서 운영할 프로그램은?

분야	프로그램명	전문가 점수	사원 점수
미술	내 손으로 만드는 우리집	26	32
인문	세상을 바꾼 생각들	31	18
무용	스스로 창작	37	25
인문	역사랑 놀자	36	28
음악	연주하는 사무실	34	34
연극	연출노트	32	30
미술	예술캠프	40	25

※ 전문가와 사원은 후보로 선정된 프로그램을 각각 40점 만점제로 우선 평가하였다.
※ 전문가 점수와 사원 점수의 반영 비율을 3 : 2로 적용하여 합산한 후, 하나밖에 없는 분야에 속한 프로그램에는 취득점수의 30%를 가산점으로 부여한다.

① 연주하는 사무실
② 스스로 창작
③ 연출노트
④ 예술캠프

 각각의 프로그램이 받을 점수를 계산하면 다음과 같다.

분야	프로그램명	점수
미술	내 손으로 만드는 우리집	$\{(26 \times 3) + (32 \times 2)\} = 142$
인문	세상을 바꾼 생각들	$\{(31 \times 3) + (18 \times 2)\} = 129$
무용	스스로 창작	$\{(37 \times 3) + (25 \times 2)\} +$ 가산점 30% = 209.3
인문	역사랑 놀자	$\{(36 \times 3) + (28 \times 2)\} = 164$
음악	연주하는 사무실	$\{(34 \times 3) + (34 \times 2)\} +$ 가산점 30% = 221
연극	연출노트	$\{(32 \times 3) + (30 \times 2)\} +$ 가산점 30% = 202.8
미술	예술캠프	$\{(40 \times 3) + (25 \times 2)\} = 170$

따라서 가장 높은 점수를 받은 연주하는 사무실이 최종 선정된다.

27 다음은 A공사의 연도별 임직원 현황에 관한 자료이다. 이에 대한 설명 중 옳은 것을 모두 고르면?

구분	연도	2015	2016	2017
국적	한국	9,566	10,197	9,070
	중국	2,636	3,748	4,853
	일본	1,615	2,353	2,749
	대만	1,333	1,585	2,032
	기타	97	115	153
	계	15,247	17,998	18,857
고용형태	정규직	14,173	16,007	17,341
	비정규직	1,074	1,991	1,516
	계	15,247	17,998	18,857
연령	20대 이하	8,914	8,933	10,947
	30대	5,181	7,113	6,210
	40대 이상	1,152	1,952	1,700
	계	15,247	17,998	18,857
직급	사원	12,365	14,800	15,504
	간부	2,801	3,109	3,255
	임원	81	89	98
	계	15,247	17,998	18,857

ⓒ 매년 일본, 대만 및 기타 국적 임직원 수의 합은 중국 국적 임직원 수보다 많다.
ⓒ 매년 전체 임직원 중 20대 이하 임직원이 차지하는 비중은 50% 이상이다.
ⓒ 2016년과 2017년에 전년대비 임직원수가 가장 많이 증가한 국정은 모두 중국이다.
ⓒ 2016년에 국적이 한국이면서 고용형태가 정규직이고 직급이 사원인 임직원은 5,000
명 이상이다.

① ㉠, ㉡   ② ㉠, ㉢
③ ㉡, ㉣   ④ ㉠, ㉢, ㉣

 ㉡ 2016년은 전체 임직원 중 20대 이하 임직원이 차지하는 비중이 50% 이하이다.

Answer↱ 26.① 27.④

28 다음은 차량 A, B, C의 연료 및 경제속도 연비, 연료별 리터당 가격에 대한 자료이다. 제시된 〈조건〉을 적용하였을 때, 두 번째로 높은 연료비가 소요되는 차량과 해당 차량의 연료비를 바르게 나열한 것은?

〈A, B, C 차량의 연료 및 경제속도 연비〉

차량＼구분	연료	경제속도 연비(km/L)
A	LPG	10
B	휘발유	16
C	경유	20

※ 차량 경제속도는 60km/h 이상 90km/h 미만임

〈연료별 리터당 가격〉

연료	LPG	휘발유	경유
리터당 가격(원/L)	1,000	2,000	1,600

〈조건〉

1. A, B, C 차량은 모두 아래와 같이 각 구간을 한 번씩 주행하고, 각 구간별 주행속도 범위 내에서만 주행한다.

구간	1구간	2구간	3구간
주행거리(km)	100	40	60
주행속도(km/h)	30 이상 60 미만	60 이상 90 미만	90 이상 120 미만

2. A, B, C 차량의 주행속도별 연비적용률은 다음과 같다.

차량	주행속도(km/h)	연비적용률(%)
A	30 이상 60 미만	50.0
	60 이상 90 미만	100.0
	90 이상 120 미만	80.0
B	30 이상 60 미만	62.5
	60 이상 90 미만	100.0
	90 이상 120 미만	75.0
C	30 이상 60 미만	50.0
	60 이상 90 미만	100.0
	90 이상 120 미만	75.0

※ 연비적용률이란 경제속도 연비 대비 주행속도 연비를 백분율로 나타낸 것임

① A, 31,500원   ② B, 24,500원

③ B, 35,000원   ④ D, 25,600원

 주행속도에 따른 연비와 구간별 소요되는 연료량을 계산하면 다음과 같다.

차량	주행속도(km/h)	연비(km/L)	구간별 소요되는 연료량(L)		
A (LPG)	30 이상 60 미만	10 × 50.0% = 5	1구간	20	총 31.5
	60 이상 90 미만	10 × 100.0% = 10	2구간	4	
	90 이상 120 미만	10 × 80.0% = 8	3구간	7.5	
B (휘발유)	30 이상 60 미만	16 × 62.5% = 10	1구간	10	총 17.5
	60 이상 90 미만	16 × 100.0% = 16	2구간	2.5	
	90 이상 120 미만	16 × 75.0% = 12	3구간	5	
C (경유)	30 이상 60 미만	20 × 50.0% = 10	1구간	10	총 16
	60 이상 90 미만	20 × 100.0% = 20	2구간	2	
	90 이상 120 미만	20 × 75.0% = 15	3구간	4	

따라서 조건에 따른 주행을 완료하는 데 소요되는 연료비는 A 차량은 31.5 × 1,000 = 31,500원, B 차량은 17.5 × 2,000 = 35,000원, C 차량은 16 × 1,600 = 25,600원으로, 두 번째로 높은 연료비가 소요되는 차량은 A며 31,500원의 연료비가 든다.

29 다음 〈표〉는 결함이 있는 베어링 610개의 추정 결함원인과 실제 결함원인에 관한 자료이다. 이에 대한 설명 중 옳은 것만을 모두 고르면?

〈표〉 베어링의 추정 결함원인과 실제 결함원인

(단위 : 개)

추정 결함원인 실제 결함원인	불균형 결함	내륜결함	외륜결함	정렬불량 결함	볼결함	합
불균형결함	87	9	14	6	14	130
내륜결함	12	90	11	6	15	134
외륜결함	6	8	92	14	4	124
정렬불량결함	5	2	5	75	16	103
볼결함	5	7	11	18	78	119
계	115	116	133	119	127	610

※ 1) 전체인식률 = $\dfrac{\text{추정 결함원인과 실제 결함원인이 동일한 베어링의 개수}}{\text{결함이 있는 베어링의 개수}}$

2) 인식률 = $\dfrac{\text{추정 결함원인과 실제 결함원인이 동일한 베어링의 개수}}{\text{추정 결함원인에 해당되는 베어링의 개수}}$

3) 오류율 = 1 − 인식률

ⓐ 전체인식률은 0.8 이상이다.
ⓑ '내륜결함' 오류율은 '외륜결함' 오류율보다 낮다.
ⓒ '불균형결함' 인식률은 '외륜결함' 인식률보다 낮다.
ⓓ 실제 결함원인이 '정렬불량결함'인 베어링 중에서, 추정 결함원인이 '불균형결함'인 베어링은 추정 결함원인이 '볼결함'인 베어링보다 적다.

---

① ㉠, ㉡ 　　　　　② ㉠, ㉢

③ ㉡, ㉢ 　　　　　④ ㉡, ㉣

㉠ 전체인식률은 $\dfrac{87+90+92+75+78}{610} = 0.69$이다. → 틀림

㉡ '내륜결함'의 오류율은 $1 - \dfrac{90}{116} = 0.22$이고, '외륜결함'의 오류율은 $1 - \dfrac{92}{133} = 0.31$이다. → 옳음

㉢ '불균형결함'의 인식률은 $\dfrac{87}{115} = 0.76$이고, '외륜결함'의 인식률은 $\dfrac{92}{133} = 0.69$이다. → 틀림

㉣ 실제 결함원인이 '정렬불량결함'인 베어링 중에서, 추정 결함원인이 '불균형결함'인 베어링은 5개이고 추정 결함원인이 '볼결함'인 베어링은 16개이다. → 옳음

30 다음은 어느 카페의 메뉴판이다. 오늘의 커피와 단호박 샌드위치를 먹으려할 때, 세트로 구매하는 것은 단품으로 시키는 것보다 얼마가 더 저렴한가?

〈메뉴〉

음료   샌드위치

오늘의 커피   3,000   하우스 샌드위치   5,000
아메리카노   3,500   단호박 샌드위치   5,500
카페라떼   4,000   치즈듬뿍 샌드위치   5,500
생과일주스   4,000   베이컨토마토 샌드위치   6,000

수프

콘수프   4,500
감자수프   5,000
브로콜리수프   5,000

세트 7,000
오늘의 커피 + 하우스 샌드위치 or 콘수프 중 택1
※ 커피종류는 변경할 수 없음
※ 샌드위치 또는 수프 변경 시 가격의 차액만큼 추가

① 500원   ② 1,000원
③ 1,500원   ④ 2,000원

 단품으로 구매 시 : 오늘의 커피(3,000) + 단호박 샌드위치(5,500) = 8,500원
세트로 구매 시 : 7,000 + 샌드위치 차액(500) = 7,500원
∴ 세트로 구매하는 것이 단품으로 구매하는 것보다 1,000원 더 저렴하다.

31 다음은 A 자동차 회사의 광고모델 후보 4명에 대한 자료이다. 〈조건〉을 적용하여 광고모델을 선정할 때, 총 광고 효과가 가장 큰 모델은?

〈표〉 광고모델별 1년 계약금 및 광고 1회당 광고효과

(단위 : 만 원)

광고모델	1년 계약금	1회당 광고효과	
		수익 증대 효과	브랜드 가치 증대 효과
A	1,000	100	100
B	600	60	100
C	700	60	110
D	1,200	110	110

〈조건〉

㉠ 광고효과는 수익 증대 효과와 브랜드 가치 증대 효과로만 구성된다.
- 총 광고효과 = 1회당 광고효과 × 1년 광고횟수
- 1회당 광고효과 = 1회당 수익 증대 효과 + 1회당 브랜드 가치 증대 효과
㉡ 1회당 광고비는 20만 원으로 고정되어 있다.
- 1년 광고횟수 = $\dfrac{1년\ 광고비}{1회당\ 광고비}$
㉢ 1년 광고비는 3,000만 원(고정값)에서 1년 계약금을 뺀 금액이다.
- 1년 광고비 = 3,000만 원 − 1년 계약금
※ 광고는 tv를 통해서만 1년 내에 모두 방송됨

① A
② B
③ C
④ D

총 광고효과 = 1회당 광고효과 × 1년 광고횟수

$= (1회당\ 수익\ 증대\ 효과 + 1회당\ 브랜드\ 가치\ 증대\ 효과) \times \dfrac{3,000만\ 원 - 1년\ 계약금}{1회당\ 광고비}$

A : $(100 + 100) \times \dfrac{3,000 - 1,000}{20} = 20,000$만 원

B : $(60 + 100) \times \dfrac{3,000 - 600}{20} = 19,200$만 원

C : $(60 + 110) \times \dfrac{3,000 - 700}{20} = 19,550$만 원

D : $(110 + 110) \times \dfrac{3,000 - 1,200}{20} = 19,800$만 원

32 인터넷 통신 한 달 요금이 다음과 같은 A, B 두 회사가 있다. 한샘이는 B 회사를 선택하려고 한다. 월 사용시간이 최소 몇 시간 이상일 때, B 회사를 선택하는 것이 유리한가?

A 회사		B 회사	
기본요금	추가요금	기본요금	추가요금
4300원	시간당 900원	20000원	없음

① 16시간   ② 17시간
③ 18시간   ④ 19시간

 월 사용시간을 x라 하면
$4300 + 900x \geq 20000$
$x \geq 17.444 \cdots$
∴ 매월 최소 18시간 이상 사용할 때 B회사를 선택하는 것이 유리하다.

33 시간에 따른 업계 전체의 매출액과 자사의 매출액을 비교하는데 가장 효과적인 그래프는?

① 선 그래프   ② 막대 그래프
③ 원 그래프   ④ 점 그래프

 도표의 종류별 활용
㉠ **선 그래프** : 선으로 시간적 추이를 표시하고자 할 때
㉡ **막대 그래프** : 비교하고자 하는 수량 간의 대소를 나타내고자 할 때
㉢ **원 그래프** : 내역이나 내용의 구성비를 분할하여 나타내고자 할 때
㉣ **점 그래프** : 지역분포를 비롯해 기업, 상품 등의 평가나 위치, 성격을 표시하고자 할 때
㉤ **층별 그래프** : 합계와 각 부분의 크기를 백분율로 나타내고 시간적 변화를 보고자 하는 경우
㉥ **방사형 그래프** : 다양한 요소를 비교하거나 경과를 나타내고자 할 때

Answer ↪ 31.① 32.③ 33.①

▌34~35 ▌ 다음에 제시된 항공사별 운항현황을 보고 물음에 답하시오.

항공사	구분	2008년	2009년	2010년	2011년
AAR	운항 편(대)	8,486	8,642	8,148	8,756
	여객(명)	1,101,596	1,168,460	964,830	1,078,490
	운항거리(km)	5,928,362	6,038,761	5,761,479	6,423,765
KAL	운항 편(대)	11,534	12,074	11,082	11,104
	여객(명)	1,891,652	2,062,426	1,715,962	1,574,966
	운항거리(km)	9,112,071	9,794,531	8,972,439	8,905,408

34 AAR 항공사의 경우 항공기 1대 당 수송 여객의 수가 가장 많았던 해는 언제인가?

① 2008년 ② 2009년
③ 2010년 ④ 2012년

 ① 2008년 : 1,101,596÷8,486＝약 129명
② 2009년 : 1,168,460÷8,642＝약 135명
③ 2010년 : 964,830÷8,148＝약 118명
④ 2012년 : 1,078,490÷8,756＝약 123명

35 항공기 1대당 운항 거리가 2011년과 동일하다고 했을 때, KAL 항공사가 2012년 한 해 동안 9,451,570㎞의 거리를 운항하기 위해서 증편해야 할 항공기 수는 몇 대인가?

① 495 ② 573
③ 681 ④ 709

 KAL 항공사의 2011년 항공기 1대당 운항 거리는 8,905,408÷11,104＝802로, 2012년 한 해 동안 9,451,570㎞의 거리를 운항하기 위해서는 9,451,570÷802＝11,785대의 항공기가 필요하다. 따라서 KAL 항공사는 11,785－11,104＝681대의 항공기를 증편해야 한다.

▌36~37 ▐ 다음은 A, B, C 세 제품의 가격, 월 전기료 및 관리비용을 나타낸 표이다. 물음에 답하시오. (단, 총 지불금액은 제품의 가격을 포함한다)

분류	가격	월 전기료	월 관리비
A 제품	300만 원	3만 원	1만 원
B 제품	270만 원	4만 원	1만 원
C 제품	240만 원	3만 원	2만 원

36 제품 구입 후 1년을 사용했다고 가정했을 경우 총 지불액이 가장 많은 제품은?

① A　　　　　　　　　　　　② B

③ C　　　　　　　　　　　　④ 모두 같음

 $A = 3,000,000 + (30,000 + 10,000) \times 12 = 3,480,000$(원)
$B = 2,700,000 + (40,000 + 10,000) \times 12 = 3,300,000$(원)
$C = 2,400,000 + (30,000 + 20,000) \times 12 = 3,000,000$(원)

37 월 관리비와 전기료가 가장 저렴한 제품을 구입하고자 할 경우 구입 후 3년 동안 지출한 금액이 가장 적은 제품은?

① A　　　　　　　　　　　　② B

③ C　　　　　　　　　　　　④ 모두 같음

 $A = (30,000 + 10,000) \times 36 = 1,440,000$(원)
$B = (40,000 + 10,000) \times 36 = 1,800,000$(원)
$C = (30,000 + 20,000) \times 36 = 1,800,000$(원)

Answer ▸ 34.② 35.③ 36.① 37.①

38 서울시 유료 도로에 대한 자료이다. 산업용 도로 3km의 건설비는 얼마가 되는가?

분류	도로수	총길이	건설비
관광용 도로	5	30km	30억
산업용 도로	7	55km	300억
산업관광용 도로	9	198km	400억
합계	21	283km	730억

① 약 5.5억 원
② 약 11억 원
③ 약 16.5억 원
④ 약 22억 원

 300÷55 = 5.45≒5.5(억 원)이고 3km이므로 5.5×3 = 약 16.5(억 원)

39 B양은 자동차 부품을 생산하는 M기계산업에 근무한다. 최근 자사 제품의 품질관리를 위해 생산 라인별 직원 1인당 생산량을 비교하라는 지시를 받았다. 자료를 참고할 때, B생산라인에 5명, D 생산라인에 6명, E생산라인에 2명이 하루에 생산 할 수 있는 총생산량은 얼마인가?

생산라인	시설비	유지비	1인당 생산량
A : 수동라인	2천만 원	월 200만 원	하루 200set
B : 반자동라인	4천만 원	월 150만 원	하루 500set
C : 수동＋반자동라인	5천만 원	월 180만 원	하루 600set
D : 반자동라인	8천만 원	월 120만 원	하루 700set
E : 자동라인	1억 원	월 100만 원	하루 800set

① 6,300set
② 6,800set
③ 7,300set
④ 8,300set

 B생산량 × 5명 + D생산량 × 6 + E생산량 × 2 = 500 × 5 + 700 × 6 + 800 × 2 = 8,300

40 다음은 국립 중앙 박물관, 공주 박물관, 부여 박물관의 세 박물관을 찾는 관람객의 연령층을 조사한 결과이다. 40세 미만의 관람객 수가 가장 많은 박물관의 10세 미만 관람객 수와 40세 미만의 관람객 수가 가장 적은 박물관의 10~19세 관람객 수의 차는 얼마인가?

구분	국립 중앙 박물관	공주 박물관	부여 박물관
10세 미만	3%	6%	2%
10~19세	22%	18%	12%
20~29세	29%	23%	25%
30~39세	20%	20%	25%
40~49세	17%	18%	16%
50세 이상	9%	15%	20%
총 인원수	40,000	28,000	25,000

① 1,000명

② 1,200명

③ 1,400명

④ 1,800명

 각 박물관을 찾은 40세 미만의 관람객 수를 구하면 국립 중앙 박물관은 $40,000 \times 0.74 = 29,600$ 명이고, 공주 박물관은 $28,000 \times 0.67 = 18,760$명이며, 부여 박물관은 $25,000 \times 0.64 = 16,000$ 명이다. 즉, 40세 미만의 관람객 수가 가장 많은 박물관은 국립 중앙 박물관이고, 가장 적은 박물관은 부여 박물관이다.

국립 중앙 박물관의 10세 미만 관람객 수는 $40,000 \times 0.03 = 1,200$명이고, 부여 박물관의 10~19세 관람객 수는 $25,000 \times 0.12 = 3,000$명이다. 따라서 두 경우의 관람객 수의 차는 $3,000 - 1,200 = 1,800$명이다.

03 문제해결능력

1 문제와 문제해결

(1) 문제의 정의와 분류

① 정의 … 문제란 업무를 수행함에 있어서 답을 요구하는 질문이나 의논하여 해결해야 되는 사항이다.

② 문제의 분류

구분	창의적 문제	분석적 문제
문제제시 방법	현재 문제가 없더라도 보다 나은 방법을 찾기 위한 문제 탐구→문제 자체가 명확하지 않음	현재의 문제점이나 미래의 문제로 예견될 것에 대한 문제 탐구→문제 자체가 명확함
해결방법	창의력에 의한 많은 아이디어의 작성을 통해 해결	분석, 논리, 귀납과 같은 논리적 방법을 통해 해결
해답 수	해답의 수가 많으며, 많은 답 가운데 보다 나은 것을 선택	답의 수가 적으며 한정되어 있음
주요특징	주관적, 직관적, 감각적, 정성적, 개별적, 특수성	객관적, 논리적, 정량적, 이성적, 일반적, 공통성

(2) 업무수행과정에서 발생하는 문제 유형

① 발생형 문제(보이는 문제) … 현재 직면하여 해결하기 위해 고민하는 문제이다. 원인이 내재되어 있기 때문에 원인지향적인 문제라고도 한다.
　　㉠ 일탈문제 : 어떤 기준을 일탈함으로써 생기는 문제
　　㉡ 미달문제 : 어떤 기준에 미달하여 생기는 문제

② 탐색형 문제(찾는 문제) … 현재의 상황을 개선하거나 효율을 높이기 위한 문제이다. 방치할 경우 큰 손실이 따르거나 해결할 수 없는 문제로 나타나게 된다.
　　㉠ 잠재문제 : 문제가 잠재되어 있어 인식하지 못하다가 확대되어 해결이 어려운 문제
　　㉡ 예측문제 : 현재로는 문제가 없으나 현 상태의 진행 상황을 예측하여 찾아야 앞으로 일어날 수 있는 문제가 보이는 문제

ⓒ 발견문제 : 현재로서는 담당 업무에 문제가 없으나 선진기업의 업무 방법 등 보다 좋은 제도나 기법을 발견하여 개선시킬 수 있는 문제

③ **설정형 문제(미래 문제)** ⋯ 장래의 경영전략을 생각하는 것으로 앞으로 어떻게 할 것인가 하는 문제이다. 문제해결에 창조적인 노력이 요구되어 창조적 문제라고도 한다.

■ 예제 1

D회사 신입사원으로 입사한 귀하는 신입사원 교육에서 업무수행과정에서 발생하는 문제 유형 중 설정형 문제를 하나씩 찾아오라는 지시를 받았다. 이에 대해 귀하는 교육받은 내용을 다시 복습하려고 한다. 설정형 문제에 해당하는 것은?

① 현재 직면하여 해결하기 위해 고민하는 문제
② 현재의 상황을 개선하거나 효율을 높이기 위한 문제
③ 앞으로 어떻게 할 것인가 하는 문제
④ 원인이 내재되어 있는 원인지향적인 문제

[출제의도]
업무수행 중 문제가 발생하였을 때 문제 유형을 구분하는 능력을 측정하는 문항이다.
[해설]
업무수행과정에서 발생하는 문제 유형으로는 발생형 문제, 탐색형 문제, 설정형 문제가 있으며 ①④는 발생형 문제이며 ②는 탐색형 문제, ③이 설정형 문제이다.

답 ③

---

(3) 문제해결

① 정의 ⋯ 목표와 현상을 분석하고 이 결과를 토대로 과제를 도출하여 최적의 해결책을 찾아 실행 · 평가해 가는 활동이다.

② 문제해결에 필요한 기본적 사고
　　㉠ 전략적 사고 : 문제와 해결방안이 상위 시스템과 어떻게 연결되어 있는지를 생각한다.
　　㉡ 분석적 사고 : 전체를 각각의 요소로 나누어 그 의미를 도출하고 우선순위를 부여하여 구체적인 문제해결방법을 실행한다.
　　㉢ 발상의 전환 : 인식의 틀을 전환하여 새로운 관점으로 바라보는 사고를 지향한다.
　　㉣ 내 · 외부자원의 활용 : 기술, 재료, 사람 등 필요한 자원을 효과적으로 활용한다.

③ 문제해결의 장애요소
　　㉠ 문제를 철저하게 분석하지 않는 경우
　　㉡ 고정관념에 얽매이는 경우
　　㉢ 쉽게 떠오르는 단순한 정보에 의지하는 경우
　　㉣ 너무 많은 자료를 수집하려고 노력하는 경우

④ 문제해결방법
  ㉠ 소프트 어프로치 : 문제해결을 위해서 직접적인 표현보다는 무언가를 시사하거나 암시를 통하여 의사를 전달하여 문제해결을 도모하고자 한다.
  ㉡ 하드 어프로치 : 상이한 문화적 토양을 가지고 있는 구성원을 가정하고, 서로의 생각을 직설적으로 주장하고 논쟁이나 협상을 통해 서로의 의견을 조정해 가는 방법이다.
  ㉢ 퍼실리테이션(facilitation) : 촉진을 의미하며 어떤 그룹이나 집단이 의사결정을 잘 하도록 도와주는 일을 의미한다.

2 문제해결능력을 구성하는 하위능력

(1) 사고력

① 창의적 사고 … 개인이 가지고 있는 경험과 지식을 통해 새로운 가치 있는 아이디어를 산출하는 사고능력이다.
  ㉠ 창의적 사고의 특징
  • 정보와 정보의 조합
  • 사회나 개인에게 새로운 가치 창출
  • 창조적인 가능성

예제 2

M사 홍보팀에서 근무하고 있는 귀하는 입사 5년차로 창의적인 기획안을 제출하기로 유명하다. S부장은 이번 신입사원 교육 때 귀하에게 창의적인 사고란 무엇인지 교육을 맡아달라고 부탁하였다. 창의적인 사고에 대한 귀하의 설명으로 옳지 않은 것은?

① 창의적인 사고는 새롭고 유용한 아이디어를 생산해 내는 정신적인 과정이다.
② 창의적인 사고는 특별한 사람들만이 할 수 있는 대단한 능력이다.
③ 창의적인 사고는 기존의 정보들을 특정한 요구조건에 맞거나 유용하도록 새롭게 조합시킨 것이다.
④ 창의적인 사고는 통상적인 것이 아니라 기발하거나, 신기하며 독창적인 것이다.

[출제의도]
창의적 사고에 대한 개념을 정확히 파악하고 있는지를 묻는 문항이다.
[해설]
흔히 사람들은 창의적인 사고에 대해 특별한 사람들만이 할 수 있는 대단한 능력이라고 생각하지만 그리 대단한 능력이 아니며 이미 알고 있는 경험과 지식을 해체하여 다시 새로운 정보로 결합하여 가치 있는 아이디어를 산출하는 사고라고 할 수 있다.

답 ②

ⓛ 발산적 사고 : 창의적 사고를 위해 필요한 것으로 자유연상법, 강제연상법, 비교발상법 등을 통해 개발할 수 있다.

구분	내용
자유연상법	생각나는 대로 자유롭게 발상 ex) 브레인스토밍
강제연상법	각종 힌트에 강제적으로 연결 지어 발상 ex) 체크리스트
비교발상법	주제의 본질과 닮은 것을 힌트로 발상 ex) NM법, Synectics

Point ≫ 브레인스토밍
ⓐ 진행방법
- 주제를 구체적이고 명확하게 정한다.
- 구성원의 얼굴을 볼 수 있는 좌석 배치와 큰 용지를 준비한다.
- 구성원들의 다양한 의견을 도출할 수 있는 사람을 리더로 선출한다.
- 구성원은 다양한 분야의 사람들로 5~8명 정도로 구성한다.
- 발언은 누구나 자유롭게 할 수 있도록 하며, 모든 발언 내용을 기록한다.
- 아이디어에 대한 평가는 비판해서는 안 된다.
ⓑ 4대 원칙
- 비판엄금(Support) : 평가 단계 이전에 결코 비판이나 판단을 해서는 안 되며 평가는 나중까지 유보한다.
- 자유분방(Silly) : 무엇이든 자유롭게 말하고 이런 바보 같은 소리를 해서는 안 된다는 등의 생각은 하지 않아야 한다.
- 질보다 양(Speed) : 질에는 관계없이 가능한 많은 아이디어들을 생성해내도록 격려한다.
- 결합과 개선(Synergy) : 다른 사람의 아이디어에 자극되어 보다 좋은 생각이 떠오르고, 서로 조합하면 재미있는 아이디어가 될 것 같은 생각이 들면 즉시 조합시킨다.

② 논리적 사고 … 사고의 전개에 있어 전후의 관계가 일치하고 있는가를 살피고 아이디어를 평가하는 사고능력이다.
ⓐ 논리적 사고를 위한 5가지 요소 : 생각하는 습관, 상대 논리의 구조화, 구체적인 생각, 타인에 대한 이해, 설득
ⓑ 논리적 사고 개발 방법
- 피라미드 구조 : 하위의 사실이나 현상부터 사고하여 상위의 주장을 만들어가는 방법
- so what기법 : '그래서 무엇이지?'하고 자문자답하여 주어진 정보로부터 가치 있는 정보를 이끌어 내는 사고 기법

③ 비판적 사고 … 어떤 주제나 주장에 대해서 적극적으로 분석하고 종합하며 평가하는 능동적인 사고이다.
ⓐ 비판적 사고 개발 태도 : 비판적 사고를 개발하기 위해서는 지적 호기심, 객관성, 개방성, 융통성, 지적 회의성, 지적 정직성, 체계성, 지속성, 결단성, 다른 관점에 대한 존중과 같은 태도가 요구된다.

ⓛ 비판적 사고를 위한 태도
- 문제의식 : 비판적인 사고를 위해서 가장 먼저 필요한 것은 바로 문제의식이다. 자신이 지니고 있는 문제와 목적을 확실하고 정확하게 파악하는 것이 비판적인 사고의 시작이다.
- 고정관념 타파 : 지각의 폭을 넓히는 일은 정보에 대한 개방성을 가지고 편견을 갖지 않는 것으로 고정관념을 타파하는 일이 중요하다.

(2) 문제처리능력과 문제해결절차

① 문제처리능력 ··· 목표와 현상을 분석하고 이를 토대로 문제를 도출하여 최적의 해결책을 찾아 실행·평가하는 능력이다.

② 문제해결절차 ··· 문제 인식 → 문제 도출 → 원인 분석 → 해결안 개발 → 실행 및 평가
　　ⓐ 문제 인식 : 문제해결과정 중 'waht'을 결정하는 단계로 환경 분석 → 주요 과제 도출 → 과제 선정의 절차를 통해 수행된다.
- 3C 분석 : 환경 분석 방법의 하나로 사업환경을 구성하고 있는 요소인 자사(Company), 경쟁사(Competitor), 고객(Customer)을 분석하는 것이다.

예제 3

L사에서 주력 상품으로 밀고 있는 TV의 판매 이익이 감소하고 있는 상황에서 귀하는 B부장으로부터 3C분석을 통해 해결방안을 강구해 오라는 지시를 받았다. 다음 중 3C에 해당하지 않는 것은?

① Customer　　　　　　　　② Company
③ Competitor　　　　　　　 ④ Content

[출제의도]
3C의 개념과 구성요소를 정확히 숙지하고 있는지를 측정하는 문항이다.
[해설]
3C 분석에서 사업 환경을 구성하고 있는 요소인 자사(Company), 경쟁사(Competitor), 고객을 3C(Customer)라고 한다. 3C 분석에서 고객 분석에서는 '고객은 자사의 상품·서비스에 만족하고 있는지'를, 자사 분석에서는 '자사가 세운 달성목표와 현상 간에 차이가 없는지'를 경쟁사 분석에서는 '경쟁기업의 우수한 점과 자사의 현상과 차이가 없는지'에 대한 질문을 통해서 환경을 분석하게 된다.

답 ④

• SWOT 분석 : 기업내부의 강점과 약점, 외부환경의 기회와 위협요인을 분석·평가하여 문제해결 방안을 개발하는 방법이다.

		내부환경요인	
		강점(Strengths)	약점(Weaknesses)
외부환경요인	기회 (Opportunities)	SO 내부강점과 외부기회 요인을 극대화	WO 외부기회를 이용하여 내부약점을 강점으로 전환
	위협 (Threat)	ST 외부위협을 최소화하기 위해 내부 강점을 극대화	WT 내부약점과 외부위협을 최소화

ⓛ 문제 도출 : 선정된 문제를 분석하여 해결해야 할 것이 무엇인지를 명확히 하는 단계로, 문제 구조 파악 → 핵심 문제 선정 단계를 거쳐 수행된다.

• Logic Tree : 문제의 원인을 파고들거나 해결책을 구체화할 때 제한된 시간 안에서 넓이와 깊이를 추구하는데 도움이 되는 기술로 주요 과제를 나무모양으로 분해·정리하는 기술이다.

ⓒ 원인 분석 : 문제 도출 후 파악된 핵심 문제에 대한 분석을 통해 근본 원인을 찾는 단계로 Issue 분석 → Data 분석 → 원인 파악의 절차로 진행된다.

ⓔ 해결안 개발 : 원인이 밝혀지면 이를 효과적으로 해결할 수 있는 다양한 해결안을 개발하고 최선의 해결안을 선택하는 것이 필요하다.

ⓜ 실행 및 평가 : 해결안 개발을 통해 만들어진 실행계획을 실제 상황에 적용하는 활동으로 실행계획 수립 → 실행 → Follow-up의 절차로 진행된다.

예제 4

C사는 최근 국내 매출이 지속적으로 하락하고 있어 사내 분위기가 심상치 않다. 이에 대해 Y부장은 이 문제를 극복하고자 문제처리 팀을 구성하여 해결방안을 모색하도록 지시하였다. 문제처리 팀의 문제해결 절차를 올바른 순서로 나열한 것은?

① 문제 인식 → 원인 분석 → 해결안 개발 → 문제 도출 → 실행 및 평가
② 문제 도출 → 문제 인식 → 해결안 개발 → 원인 분석 → 실행 및 평가
③ 문제 인식 → 원인 분석 → 문제 도출 → 해결안 개발 → 실행 및 평가
④ 문제 인식 → 문제 도출 → 원인 분석 → 해결안 개발 → 실행 및 평가

[출제의도]
실제 업무 상황에서 문제가 일어났을 때 해결 절차를 알고 있는지를 측정하는 문항이다.
[해설]
일반적인 문제해결절차는 '문제 인식 → 문제 도출 → 원인 분석 → 해결안 개발 → 실행 및 평가로 이루어진다.

답 ④

출제예상문제

1 다음은 아이디어 경연대회의 심사점수 계산 방식에 대한 자료이다. 다음의 계산 방식을 따라 최종점수가 가장 높은 팀을 선정해 상금을 부여한다고 할 때 최종 선정된 팀은?

〈심사점수 계산 방식〉

• 최종 점수＝(서류 최종반영점수)＋(현장심사 최종반영점수)
• 서류 최종반영점수

점수순위	1위	2위	3위	4위	5위
최종반영점수(점)	50	45	40	35	30

※ 점수순위는 서류점수가 높은 순서임.

• 현장심사 최종반영점수

득표율	90%이상	80%이상 90%미만	70%이상 80%미만	60%이상 70%미만	60%미만
최종반영점수(점)	50	40	30	20	10

※ 득표율(%) $= \dfrac{\text{현장심사 득표수}}{\text{현장심사원 총 인원수}} \times 100$

〈아이디어 경연대회〉

	甲팀	乙팀	丙팀	丁팀	戊팀
서류점수(점)	73	79	83	67	70
현장심사 득표수(표)	176	182	172	145	137

※ 현장심사원은 총 200명임.

① 甲팀   ② 乙팀
③ 丙팀   ④ 丁팀

 심사점수 계산 방식에 따라 점수를 환산하면 다음과 같다.

	甲팀	乙팀	丙팀	丁팀	戊팀
서류최종점수	40	45	50	30	35
현장심사 최종점수	40	50	40	30	20
합계	80	95	90	60	55

따라서 최종점수가 가장 높은 乙팀이 최종선정 될 것이다.

2 다음의 SWOT 분석방법을 올바르게 설명하지 못한 것은 어느 것인가?

〈SWOT 분석방법〉

구분		내부환경요인	
		강점 (Strengths)	약점 (Weaknesses)
외부 환경요인	기회 (Opportunities)	SO 내부강점과 외부기회 요인을 극대화	WO 외부기회를 이용하여 내부약점을 강점으로 전환
	위협 (Threats)	ST 강점을 이용한 외부환경 위협의 대응 및 전략	WT 내부약점과 외부위협을 최소화

〈사례〉

S	편의점 운영 노하우 및 경험 보유, 핵심 제품 유통채널 차별화로 인해 가격 경쟁력 있는 제품 판매 가능
W	아르바이트 직원 확보 어려움, 야간 및 휴일 등 시간에 타 지역 대비 지역주민 이동이 적어 매출 증가 어려움
O	주변에 편의점 개수가 적어 기본 고객 확보 가능, 매장 앞 휴게 공간 확보로 소비 유발 효과 기대
T	지역주민의 생활패턴에 따른 편의점 이용률 저조, 근거리에 대형 마트 입점 예정으로 매출 급감 우려 존재

① 외부환경요인 분석 시에는 자신을 제외한 모든 것에 대한 요인을 기술하여야 한다.

② 구체적인 요인부터 시작하여 점차 객관적이고 상식적인 내용으로 기술한다.

③ 같은 데이터도 자신에게 미치는 영향에 따라 기회요인과 위협요인으로 나뉠 수 있다.

④ 외부환경요인 분석에는 SCEPTIC 체크리스트가, 내부환경요인 분석에는 MMMITI 체크리스트가 활용될 수 있다.

(Tip) ② 외부환경요인 분석은 언론매체, 개인 정보망 등을 통하여 입수한 상식적인 세상의 변화 내용을 시작으로 당사자에게 미치는 영향을 순서대로, 점차 구체화하는 것이다.
내부환경과 외부환경을 구분하는 기준은 '나', '나의 사업', '나의 회사' 등 환경 분석 주체에 직접적인 관련성이 있는지 여부가 된다. 대내외적인 환경을 분석하기 위하여 이를 적절하게 구분하는 것이 매우 중요한 요소가 된다.

Answer☞ 1.② 2.②

3 다음은 건설기술용역 및 시공평가에 관한 자료이다. 다음을 바탕으로 해결할 수 없는 문의 사항은?

○ 운영근거 …『건설기술진흥법』제50조 제3항에 따라 발주청이 평가하여 통보하는 용역 평가·시공평가 결과의 접수 및 관리와 같은 조 제4항에 따른 종합평가의 시행과 그 결과의 공개업무를 수행

○ 평가대상
• 계약금액이 「국가를 당사자로 하는 계약에 관한 법률」 제4조제1항에 따라 고시하는 금액 이상인 기본설계 또는 실시설계용역 사업(공공공사 대상)
• 감독 권한대행 등 건설사업관리 용역사업(공공공사 대상)
• 총공사비 100억 원 이상의 공공 건설공사(민간투자법 포함)

○ 평가실시 및 제출시기

구분	기본설계	실시설계	건설사업관리	건설공사 시공
평가시기	실시설계 준공 후 다음해 2월 말일 까지	건설공사 착공 후 6개월 이내	건설공사 90% 이상부터 준공 후 60일까지	건설공사 90% 이상부터 준공 후 60일까지
제출시기	평가 완료 후 15일 이내			

○ 평가결과의 활용
• 우수건설기술용역사업자, 우수건설사업자 또는 우수건설기술인 선정
• 건설기술용역사업 또는 건설공사 발주시 우수건설기술용역 업자, 우수건설 업자 또는 우수건설기술인 우대
• 국가계약법 및 지자체계약법에 따른 '종합심사낙찰제' 자료 활용

○ 평가업무대행의뢰
• 건설기술용역 및 시공 평가지침(국토교통부 고시 제2019-636호) 제3조 제3항에 근거
• 업무대행비용(VAT 별도)

구분		경남	경남 외 지역 (부산, 울산 포함)
건설기술용역	기본설계	4,000,000	4,800,000
	실시설계	4,500,000	5,300,000
	기본 및 실시설계	5,600,000	6,400,000
	감독권한대행 등 건설 사업관리	6,200,00	7,000,000
시공평가		4,100,000	5,000,000

① 경상남도 기본설계 업무대행시 비용은?

② 건설사업관리 평가 시 우대 사항은?

③ 실시설계용역 사업의 평가 시기는?

④ 울산 감독권한대행 등 건설 사업관리 업무대행 비용은?

 ② 평가결과의 활용으로 우대를 받을 수는 있다는 내용은 있지만 평가 시 우대사항은 알 수 없다.

4 사내 냉방 효율을 위하여 층별 에어컨 수와 종류를 조정하려고 한다. 버리는 구형 에어컨과 구입하는 신형 에어컨을 최소화할 때, A상사는 신형 에어컨을 몇 대 구입해야 하는가?

사내 냉방 효율 조정 방안		
적용순서	조건	미충족 시 조정 방안
1	층별 월 전기료 60만 원 이하	구형 에어컨을 버려 조건 충족
2	구형 에어컨 대비 신형 에어컨 비율 1/2 이상 유지	신형 에어컨을 구입해 조건 충족

※ 구형 에어컨 1대의 월 전기료는 4만원이고, 신형 에어컨 1대의 월 전기료는 3만원이다.

사내 냉방시설 현황						
	1층	2층	3층	4층	5층	6층
구형	9	15	12	8	13	10
신형	5	7	6	3	4	5

① 1대

② 2대

③ 3대

④ 4대

 먼저 '층별 월 전기료 60만 원 이하' 조건을 적용해 보면 2층, 3층, 5층에서 각각 6대, 2대, 1대의 구형 에어컨을 버려야 한다. 다음으로 '구형 에어컨 대비 신형 에어컨 비율 1/2 이상 유지' 조건을 적용하면 4층, 5층에서 각각 1대, 2대의 신형 에어컨을 구입해야 한다. 따라서 A상사가 구입해야 하는 신형 에어컨은 총 3대이다.

5 ○○중소기업의 강대리는 산업혁신기반구축사업 공고를 보고 이 사업에 참여하고자 한다. 다음 중 강 대리의 행동으로 옳지 않은 것은?

〈산업혁신기반구축사업 개요 공고〉

① 사업목적 : 전주기적 기업지원 인프라 체계 마련으로 기업 시장경쟁력 강화 및 국내외 시장 진출 촉진

② 지원분야 : 미래 집중 투자가 필요한 전략투자 분야(산업기술혁신계획 상 20대 전략분야, 국산화가 시급한 소재 · 부품 · 장비 분야 및 데이터 · AI기반 융합신사업 창출 분야)

③ 지원대상 : 중소 · 중견기업에 기술개발 및 사업화 지원 역량을 갖춘 비영리기관

④ 주요내용 : R&D 기획부터 사업화까지 필요한 전주기적(제품기획 → 개발 → 실증 → 사업화) 기업지원체계 마련을 위한 장비구축 및 기술지원

- 장비구축 : 기업 관점에서 전주기적 지원이 이루어질 수 있도록 기구축된 장비(타기관 장비 포함)는 연계 활용하고 부족한 단계의 장비를 중점적으로 구축

※ 기존의 시험 · 분석, 성능 평가 등 기술개발 중심 장비를 연계하여 전주기적 기업 지원 체계 구축

※ '20년부터 기업의 시장진입을 위해 필요한 사업화 실증 중심의 기반구축 본격 지원

- 기술지원 : 제품 성능 안전성 등 검증을 통한 데이터 수집 분석 및 제품개선 인증 및 표준개발 등 기업을 위한 사업화 프로그램 연계 지원

- 조사항목 : 제안분야, 목표 및 내용, 현황조사(산업, 기업, 시장 등), 추진체계 및 전략, 시급성 및 필요성, 기존 사업과의 차별성 및 연계 · 활용 방안, 산업기여도 및 파급효과 등

※ 기획보고서의 각 항목과 항목별 작성 가이드라인을 준용하여 상세히 작성

구분	주요내용
지원방향	기업수요 기반의 사업화 촉진 인프라 구축 및 지원
장비구축	기존 인프라 연계/활용을 통한 전주기적 지원체계 구축 (제품기획부터 사업화까지 필요한 장비구축)
기술지원	제품개발(개선), 실증(제품 적용성), 인증 및 표준 등 기업수요 기반의 기술지원
추진주체	비영리기관 컨소시엄(필요시 단독 가능) * 전문생산기술연구소, 정부출연연구기관, 대학, 협단체 등
성과관리	장비를 활용한 사업화 성과 중심 (사업화 매출액 등 사업화 관련성과)

① 회사에서 제안하고자 하는 사업이 '전략투자 분야'에 해당하는 지 확인하고 해당되지 않을 시 추진 필요성을 더욱 구체적으로 작성한다.

② 지원대상의 기준을 확인하고 ○○중소기업이 지원대상에 적합한 지 검토한다.

③ 해당 사업에 참여 할 시 검증을 통한 데이터 수집 분석 및 제품개선 인증 등의 기술 지원을 받을 수 있음을 상사에게 보고한다.

④ 기획보고서를 1차적으로 작성 한 후 제시된 가이드라인에 부합한지 검토한다.

 지원분야는 '미래 집중 투자가 필요한 전략투자 분야로 한정되어 있으므로 제안하는 사업이 이에 해당되지 않으면 지원할 수 없다.

6 다음은 카지노를 경영하는 사업자에 대한 관광진흥개발기금 납부에 관한 규정이다. 카지노를 경영하는 甲은 연간 총매출액이 90억 원이며 기한 내 납부금으로 4억 원만을 납부했다. 다음 규정에 따를 경우 甲의 체납된 납부금에 대한 가산금은 얼마인가?

> 카지노를 경영하는 사업자는 아래의 징수비율에 해당하는 납부금을 '관광진흥개발기금'에 내야 한다. 만일 납부기한까지 납부금을 내지 않으면, 체납된 납부금에 대해서 100분의 3에 해당하는 가산금이 1회에 한하여 부과된다(다만, 가산금에 대한 연체료는 없다).
>
> 〈납부금 징수비율〉
> • 연간 총매출액이 10억 원 이하인 경우 : 총매출액의 100분의 1
> • 연간 총매출액이 10억 원을 초과하고 100억 원 이하인 경우 : 1천만 원+(총매출액 중 10억 원을 초과하는 금액의 100분의 5)
> • 연간 총매출액이 100억 원을 초과하는 경우 : 4억 6천만 원+(총매출액 중 100억 원을 초과하는 금액의 100분의 10)

① 30만 원 　　　　　　　　　② 90만 원
③ 160만 원 　　　　　　　　 ④ 180만 원

 주어진 규정에 따를 경우 甲이 납부해야 하는 금액은 4억 1천만 원이다. 甲이 4억 원만을 납부했으므로 나머지 1천만 원에 대한 가산금을 계산하면 된다. 1천만 원의 100분의 3은 30만 원이다.

7 다음은 건축물의 에너지절약설계에 관한 기준의 일부를 발췌한 것이다. 아래 기준에 따라 에너지 절약 계획서가 필요 없는 예외대상 건축물이 아닌 것은 어느 것인가?

제3조(에너지절약계획서 제출 예외대상 등) ① 영 제10조제1항에 따라 에너지절약계획서를 첨부할 필요가 없는 건축물은 다음 각 호와 같다.

1. 「건축법 시행령」에 따른 변전소, 도시가스배관시설, 정수장, 양수장 중 냉·난방 설비를 설치하지 아니하는 건축물
2. 「건축법 시행령」에 따른 운동시설 중 냉·난방 설비를 설치하지 아니하는 건축물
3. 「건축법 시행령」에 따른 위락시설 중 냉·난방 설비를 설치하지 아니하는 건축물
4. 「건축법 시행령」에 따른 관광 휴게시설 중 냉·난방 설비를 설치하지 아니하는 건축물
5. 「주택법」 제16조제1항에 따라 사업계획 승인을 받아 건설하는 주택으로서 「주택건설 기준 등에 관한 규정」 제64조제3항에 따라 「에너지절약형 친환경주택의 건설기준」에 적합한 건축물

제4조(적용예외) 다음 각 호에 해당하는 경우 이 기준의 전체 또는 일부를 적용하지 않을 수 있다.

1. 지방건축위원회 또는 관련 전문 연구기관 등에서 심의를 거친 결과, 새로운 기술이 적용되거나 연간 단위면적당 에너지소비총량에 근거하여 설계됨으로써 이 기준에서 정하는 수준 이상으로 에너지절약 성능이 있는 것으로 인정되는 건축물의 경우
2. 건축물 에너지 효율등급 인증 3등급 이상을 취득하는 경우. 다만, 공공기관이 신축하는 건축물은 그러하지 아니한다.
3. 건축물의 기능·설계조건 또는 시공 여건상의 특수성 등으로 인하여 이 기준의 적용이 불합리한 것으로 지방건축위원회가 심의를 거쳐 인정하는 경우에는 이 기준의 해당 규정을 적용하지 아니할 수 있다. 다만, 지방건축위원회 심의 시에는 「건축물 에너지효율등급 인증에 관한 규칙」 제4조제4항 각 호의 어느 하나에 해당하는 건축물 에너지 관련 전문인력 1인 이상을 참여시켜 의견을 들어야 한다.
4. 건축물을 증축하거나 용도변경, 건축물대장의 기재내용을 변경하는 경우에는 적용하지 아니할 수 있다. 다만, 별동으로 건축물을 증축하는 경우와 기존 건축물 연면적의 100분의 50 이상을 증축하면서 해당 증축 연면적이 2,000제곱미터 이상인 경우에는 그러하지 아니한다.
5. 허가 또는 신고대상의 같은 대지 내 주거 또는 비주거를 구분한 제3조제2항 및 3항에 따른 연면적의 합계가 500제곱미터 이상이고 2,000제곱미터 미만인 건축물 중 개별 동의 연면적이 500제곱미터 미만인 경우
6. 열손실의 변동이 없는 증축, 용도변경 및 건축물대장의 기재내용을 변경하는 경우에는 별지 제1호 서식 에너지절약 설계 검토서를 제출하지 아니할 수 있다. 다만, 종전에 제2조제3항에 따른 열손실방지 등의 조치 예외대상이었으나 조치대상으로 용도변경 또는 건축물대장 기재 내용의 변경의 경우에는 그러하지 아니한다.
7. 「건축법」 제16조에 따라 허가와 신고사항을 변경하는 경우에는 변경하는 부분에 대해서만 규칙 제7조에 따른 에너지절약계획서 및 별지 제1호 서식에 따른 에너지절약 설계 검토서를 제출할 수 있다.

① 건설 기준 자체가 에너지절약형 주택으로 승인을 받은 건축물

② 연면적 5,000제곱미터인 기존 건물의 용도변경을 위해 절반에 해당하는 면적을 증축하는 건축물

③ 건축물 에너지 관련 전문 인력이 포함된 지방건축위원회의가 인정하는 건축물

④ 개별 동의 연면적이 400제곱미터이며, 연면적이 1,800제곱미터인 건축물

 ② 연면적 5,000제곱미터의 절반이면 100분의 50인 2,500제곱미터를 증축하는 것이며 이 것은 2,000제곱미터 이상이 되므로 적용예외 규정에 해당되지 않는다고 명시하고 있다.

④ 연면적의 합계가 500제곱미터 이상이고 2,000제곱미터 미만인 단독 건축물의 개별 동 연면적이 500제곱미터 미만인 경우에 해당하므로 적용예외 대상이 된다.

Answer⸓⟶ 7.②

8 다음 연차수당 지급규정과 연차사용 내역을 참고로 할 때, 현재 지급받을 수 있는 연차수당의 금액이 같은 두 사람은 누구인가? (일 통상임금＝월 급여÷200시간×8시간, 만 원 미만 버림 처리함)

제60조(연차 유급휴가)
① 사용자는 1년간 80퍼센트 이상 출근한 근로자에게 15일의 유급휴가를 주어야 한다.
② 사용자는 계속하여 근로한 기간이 1년 미만인 근로자 또는 1년간 80퍼센트 미만 출근한 근로자에게 1개월 개근 시 1일의 유급휴가를 주어야 한다.
③ 사용자는 근로자의 최초 1년간의 근로에 대하여 유급휴가를 주는 경우에는 제2항에 따른 휴가를 포함하여 15일로 하고, 근로자가 제2항에 따른 휴가를 이미 사용한 경우에는 그 사용한 휴가 일수를 15일에서 뺀다.
④ 사용자는 3년 이상 계속하여 근로한 근로자에게는 제1항에 따른 휴가에 최초 1년을 초과하는 계속 근로 연수 매 2년에 대하여 1일을 가산한 유급휴가를 주어야 한다. 이 경우 가산휴가를 포함한 총 휴가 일수는 25일을 한도로 한다.
⑤ 사용자는 제1항부터 제4항까지의 규정에 따른 휴가를 근로자가 청구한 시기에 주어야 하고, 그 기간에 대하여는 취업규칙 등에서 정하는 통상임금 또는 평균임금을 지급하여야 한다. 다만, 근로자가 청구한 시기에 휴가를 주는 것이 사업 운영에 막대한 지장이 있는 경우에는 그 시기를 변경할 수 있다.
⑥ 제1항부터 제3항까지의 규정을 적용하는 경우 다음 각 호의 어느 하나에 해당하는 기간은 출근한 것으로 본다.
  1. 근로자가 업무상의 부상 또는 질병으로 휴업한 기간
  2. 임신 중의 여성이 제74조제1항부터 제3항까지의 규정에 따른 휴가로 휴업한 기간
⑦ 제1항부터 제4항까지의 규정에 따른 휴가는 1년간 행사하지 아니하면 소멸된다. 다만, 사용자의 귀책사유로 사용하지 못한 경우에는 그러하지 아니하다.

직원	근속년수	월 급여(만 원)	연차사용일수
김 부장	23년	500	19일
정 차장	14년	420	7일
곽 과장	7년	350	14일
남 대리	3년	300	5일
임 사원	2년	270	3일

① 김 부장, 임 사원
② 정 차장, 곽 과장
③ 곽 과장, 남 대리
④ 김 부장, 남 대리

 임 사원을 제외한 모두가 2년에 1일 씩 연차가 추가되므로 각 직원의 연차발생일과 남은 연차일, 통상임금, 연차수당은 다음과 같다.
김 부장 : 25일, 6일, 500÷200×8=20만 원, 6×20=120만 원
정 차장 : 22일, 15일, 420÷200×8=16만 원, 15×16=240만 원
곽 과장 : 18일, 4일, 350÷200×8=14만 원, 4×14=56만 원

남 대리 : 16일, 11일, 300÷200×8=12만 원, 11×12=132만 원
임 사원 : 15일, 12일, 270÷200×8=10만 원, 12×10=120만 원
따라서 김 부장과 임 사원의 연차수당 지급액이 동일하다.

9   Z회사에 근무하는 7명의 직원이 교육을 받으려고 한다. 교육실에서 직원들이 앉을 좌석의 조건이 다음과 같을 때 보기의 직원 중 빈 자리 바로 옆 자리에 배정받을 수 있는 사람은?

〈교육실 좌석〉

첫 줄	A	B	C
중간 줄	D	E	F
마지막 줄	G	H	I

〈조건〉
• 직원은 강훈, 연정, 동현, 승만, 문성, 봉선, 승일 7명이다.
• 서로 같은 줄에 있는 좌석들끼리만 바로 옆자리일 수 있다.
• 봉선의 자리는 마지막 줄에 있다.
• 동현이의 자리는 승만이의 바로 옆자리이며, 또한 빈자리 바로 옆이다.
• 승만이의 자리는 강훈이의 바로 뒷자리이다.
• 문성이와 승일이는 같은 줄의 좌석을 배정 받았다.
• 문성이나 승일이는 누구도 강훈이의 바로 옆 자리에 배정받지 않았다.

① 승만   ② 문성
③ 연정   ④ 봉선

 주어진 조건에 따라 마지막 줄에는 봉선, 문성, 승일이 앉는다.
동현과 승만이 나란히 앉고 승만이 앞자리는 강훈이므로 동현과 승만은 나란히 중간 줄에 앉고 동현은 중간 줄 빈자리 바로 옆자리에 앉는다.
강훈은 첫 줄에 승만의 앞자리이므로 A나 C에 앉게 되는데 연정이 강훈의 바로 옆에 앉을 경우 첫 줄의 빈자리 옆에 앉게 되는 사람은 연정뿐이고 연정과 빈자리를 사이에 두고 앉을 경우 첫 줄의 빈자리 옆에 앉게 되는 사람은 강훈과 연정이다. 따라서 빈자리 옆자리에 배정받게 될 수 있는 사람은 동현, 강훈, 연정이다.

Answer 8.①   9.③

휴가종류		휴가사유	휴가일수
연가		정신적, 육체적 휴식 및 사생활 편의	재직기간에 따라 3~21일
병가		질병 또는 부상으로 직무를 수행할 수 없거나 전염병으로 다른 직원의 건강에 영향을 미칠 우려가 있을 경우	– 일반병가 : 60일 이내 – 공적병가 : 180일 이내
공가		징병검사, 동원훈련, 투표, 건강검진, 헌혈, 천재지변, 단체교섭 등	공가 목적에 직접 필요한 시간
특별 휴가	경조사 휴가	결혼, 배우자 출산, 입양, 사망 등 경조사	대상에 따라 1~20일
	출산 휴가	임신 또는 출산 직원	출산 전후 총 90일(한 번에 두 자녀 출산 시 120일)
	여성보건 휴가	매 생리기 및 임신한 여직원의 검진	매월 1일
	육아시간 및 모성보호시간	생후 1년 미만 유아를 가진 직원 및 임신 직원	1일 1~2시간
	유산·사산 휴가	유산 또는 사산한 경우	임신기간에 따라 5~90일
	불임치료 휴가	불임치료 시술을 받는 직원	1일
	수업 휴가	한국방송통신대학에 재학 중인 직원 중 연가일수를 초과하여 출석 수업에 참석 시	연가일수를 초과하는 출석 수업 일수
	재해 구호 휴가	풍수해, 화재 등 재해피해 직원 및 재해지역 자원봉사 직원	5일 이내
	성과우수자 휴가	직무수행에 탁월한 성과를 거둔 직원	5일 이내
	장기재직 특별휴가	10~19년, 20~29년, 30년 이상 재직자	10~20일
	자녀 군 입영 휴가	군 입영 자녀를 둔 직원	입영 당일 1일
	자녀돌봄 휴가	어린이집~고등학교 재학 자녀를 둔 직원	2일(3자녀인 경우 3일)

※ 휴가일수의 계산
• 연가, 병가, 공가 및 특별휴가 등의 휴가일수는 휴가 종류별로 따로 계산
• 반일연가 등의 계산
– 반일연가는 14시를 기준으로 오전, 오후로 사용, 1회 사용을 4시간으로 계산
– 반일연가 2회는 연가 1일로 계산
– 지각, 조퇴, 외출 및 반일연가는 별도 구분 없이 계산, 누계 8시간을 연가 1일로 계산하고, 8시간 미만의 잔여시간은 연가일수 미산입

10 다음 중 위의 휴가 규정에 대한 올바른 설명이 아닌 것은 어느 것인가?

① 출산휴가와 육아시간 및 모성보호시간 휴가는 출산한 여성이 사용할 수 있는 휴가다.

② 15세 이상 자녀가 있는 경우에도 자녀를 돌보기 위하여 휴가를 사용할 수 있다.

③ 재직기간에 따라 휴가 일수가 달라지는 휴가 종류는 연가밖에 없다.

④ 징병검사나 동원훈련에 따른 휴가 일수는 정해져 있지 않다.

 연가는 재직기간에 따라 3~21일로 휴가 일수가 달라지며, 수업휴가 역시 연가일수를 초과하는 출석수업 일수가 되므로 재직기간에 따라 휴가 일수가 달라진다. 장기재직 특별휴가역시 재직기간에 따라 달리 적용된다.
① 언급된 2가지 휴가는 출산한 여성이 사용하는 휴가이다.
② 자녀돌봄 휴가는 자녀가 고등학생인 경우까지 해당되므로 15세 이상 자녀가 있는 경우에도 자녀돌봄 휴가를 사용할 수 있게 된다.
④ '직접 필요한 시간'이라고 규정되어 있으므로 고정된 시간이 없는 것이 된다.

11 C공공기관에 근무하는 T대리는 지난 1년간 다음과 같은 근무기록을 가지고 있다. 다음 기록만을 참고할 때, T대리의 연가 사용일수에 대한 올바른 설명은 어느 것인가?

> T대리는 지난 1년간 개인적인 용도로 외출 16시간을 사용하였다. 또한, 반일연가 사용횟수는 없으며, 인사기록지에는 조퇴가 9시간, 지각이 5시간이 각각 기록되어 있다.

① 연가를 4일 사용하였다.

② 연가를 4일 사용하였으며, 외출이 1시간 추가되면 연가일수가 5일이 된다.

③ 연가를 3일 사용하였다.

④ 연가를 3일 사용하였으며, 외출이 2시간 추가되어도 연가일수가 추가되지 않는다.

 T대리가 사용한 근무 외 시간의 기록은 16시간+9시간+5시간=30시간이 된다. 따라서 8시간이 연가 하루에 해당하므로 이를 8시간으로 나누면 '3일과 6시간'이 된다. 8시간 미만은 산입하지 않는다고 하였으므로 T대리는 연가를 3일 사용한 것이 된다.
④ 외출이 2시간 추가되면 총 32시간이 되어 4일의 연가를 사용한 것이 된다.

Answer ➔ 10.③ 11.③

｜12~13 ｜ 다음 자료를 보고 이어지는 물음에 답하시오.

〈입찰 관련 낙찰업체 선정 기준〉

1. 1차 평가 : 책임건축사의 경력 및 실적(50점)

구분	배점	등급				
[경력] 전문분야 신축 건축설계 경력기간 합산 평가	20점	20년 이상	20년 미만 18년 이상	18년 미만 16년 이상	16년 미만 14년 이상	14년 미만
		20.0	16.0	12.0	8.0	0
[수행실적] 공고일 기준 최근 10년간 업무시설 신축 건축설계 수행실적	30점	4건 이상	3건 이상	2건 이상	1건 이상	1건 미만
		30.0	25.0	20.0	15.0	0

2. 2차 평가 : 계약회사 및 협력회사(50점)
  1) 계약회사(건축설계) 30점

구분		배점	등급				
[수행실적] 공고일 기준 최근 10년간 건축회사의 업무시설 신축 건축설계 수행실적	건수	15점	4건 이상	3건 이상	2건 이상	1건 이상	1건 미만
			15.0	12.0	9.0	6.0	0
	면적	15점	$8만m^2$ 이상	$8만m^2$ 미만 $6만m^2$ 이상	$6만m^2$ 미만 $4만m^2$ 이상	$4만m^2$ 미만 $2만m^2$ 이상	$2만m^2$ 미만
			15.0	12.0	9.0	6.0	0

  2) 협력회사(정비계획, 지하 공간 등) 20점

구분	배점	등급				
[수행실적] 정비계획 실적(착수~고시)	10점	4건 이상	3건 이상	2건 이상	1건 이상	1건 미만
		10.0	8.0	6.0	4.0	0
[지하 공간 수행실적] 지하공공보행통로 설계 실적	10점	4건 이상	3건 이상	2건 이상	1건 이상	1건 미만
		10.0	8.0	6.0	4.0	0

3. 환산점수 : 해당회사 점수 합계 ÷ 100 × 20
  ※ 환산점수 20점과 입찰 가격 80점을 합하여 100점 만점에 최고 득점 업체로 선정함.

12 다음 중 위의 낙찰업체 선정 기준에 대한 설명으로 올바르지 않은 것은 어느 것인가?

① 책임건축사와 계약회사가 모두 경력이 많을수록 낙찰될 확률이 높다.

② 책임건축사의 경력기간이 10년인 업체와 15년인 업체와의 환산점수는 8점의 차이가 난다.

③ 협력회사의 수행실적은 착수 단계에서 고시가 완료된 단계까지가 포함된 것을 인정한다.

④ 계약회사의 수행실적에서는 수행 면적의 크기도 평가 항목에 포함된다.

 8점의 차이는 해당 항목의 환산 전 항목의 평가 점수 차이이며, 이 차이는 환산 점수화되면 5분의 1로 줄어들게 된다.
① 1차와 2차 평가 항목에서는 책임건축사와 건축회사 모두의 수행 경력을 평가기준으로 삼고 있다.
③ 협력회사의 평가 기준상 착수~고시완료까지의 실적을 인정하는 것으로 명시되어 있다.
④ 면적은 15점의 배점이 되어 있는 평가 항목이다.

13 1, 2차 평가를 거쳐 가격 점수와 함께 비교 대상이 된 다음 2개 업체의 환산점수는 각각 몇 점인가?

구분		A	B
책임건축사	경력기간	18년	16년
	실적	3건	4건
계약회사	건수	3건	2건
	면적	4.5만m^2	6만m^2
협력회사	정비계획	4건	3건
	지하 공간	2건	3건

① 15.5점, 15.5점
② 15.8점, 15.6점
③ 15.3점, 15.6점
④ 15.6점, 15.8점

 주어진 정보를 통해 점수를 계산해 보면 다음과 같다.

구분		A	B
책임건축사	경력기간	18년	16년
	실적	3건	4건
계약회사	건수	3건	2건
	면적	4.5만m^2	6만m^2
협력회사	정비계획	4건	3건
	지하 공간	2건	3건
계		16+25+12+9+10+6=78점	12+30+9+12+8+8=79점

따라서 환산점수는 A가 78÷100×20=15.6점이며, B가 79÷100×20=15.8점이 된다.

Answer 12.② 13.④

14 다음은 A그룹 근처의 〈맛집 정보〉이다. 주어진 평가 기준에 따라 가장 높은 평가를 받은 곳으로 신년회를 예약하라는 지시를 받았다. A그룹의 신년회 장소는?

〈맛집 정보〉

평가항목 음식점	음식종류	이동거리	가격 (1인 기준)	맛 평점 (★ 5개 만점)	방 예약 가능 여부
자금성	중식	150m	7,500원	★★☆	○
샹젤리제	양식	170m	8,000원	★★★	○
경복궁	한식	80m	10,000원	★★★★	○
도쿄타워	일식	350m	9,000원	★★★★☆	×

※ ☆은 ★의 반 개이다.

〈평가 기준〉

• 평가항목 중 이동거리, 가격, 맛 평점에 대하여 각 항목별로 4, 3, 2, 1점을 각각의 음식점에 하나씩 부여한다.
- 이동거리가 짧은 음식점일수록 높은 점수를 준다.
- 가격이 낮은 음식점일수록 높은 점수를 준다.
- 맛 평점이 높은 음식점일수록 높은 점수를 준다.
• 평가항목 중 음식종류에 대하여 일식 5점, 한식 4점, 양식 3점, 중식 2점을 부여한다.
• 방 예약이 가능한 경우 가점 1점을 부여한다.
• 총점은 음식종류, 이동거리, 가격, 맛 평점의 4가지 평가항목에서 부여 받은 점수와 가점을 합산하여 산출한다.

① 자금성   ② 샹젤리제
③ 경복궁   ④ 도쿄타워

 평가 기준에 따라 점수를 매기면 다음과 같다.

평가항목 음식점	음식 종류	이동 거리	가격 (1인 기준)	맛 평점 (★ 5개 만점)	방 예약 가능 여부	총점
자금성	2	3	4	1	1	11
샹젤리제	3	2	3	2	1	11
경복궁	4	4	1	3	1	13
도쿄타워	5	1	2	4	−	12

따라서 A그룹의 신년회 장소는 경복궁이다.

15 김 대리는 지난 여름 휴가 때 선박을 이용하여 '포항 → 울릉도 → 독도 → 울릉도 → 포항' 순으로 여행을 다녀왔다. 다음에 제시된 내용을 바탕으로 김 대리가 휴가를 냈던 기간을 추론하면?

- '포항 → 울릉도' 선박은 매일 오전 10시, '울릉도 → 포항' 선박은 매일 오후 3시에 출발하며, 편도 운항에 3시간이 소요된다.
- 울릉도에서 출발해 독도를 돌아보는 선박은 매주 화요일과 목요일 오전 8시에 출발하여 당일 오전 11시에 돌아온다.
- 최대 파고가 3m 이상인 날은 모든 노선의 선박이 운항되지 않는다.
- 김 대리는 매주 금요일에 술을 마시는데, 술을 마신 다음날은 멀미가 심해서 선박을 탈 수 없다.
- 이번 여행 중 김 대리는 울릉도에서 호박엿 만들기 체험을 했는데, 호박엿 만들기 체험은 매주 월·금요일 오후 6시에만 할 수 있다.

〈2016년 7월 최대 파고〉

⑪ : 최대 파고(단위 : m)

일	월	화	수	목	금	토
16 ⑪ 1.0	17 ⑪ 1.4	18 ⑪ 3.2	19 ⑪ 2.7	20 ⑪ 2.8	21 ⑪ 3.7	22 ⑪ 2.0
23 ⑪ 0.7	24 ⑪ 3.8	25 ⑪ 2.8	26 ⑪ 2.7	27 ⑪ 0.5	28 ⑪ 3.7	29 ⑪ 3.3

① 7월 16일(일)~19일(수)

② 7월 19일(수)~22일(토)

③ 7월 20일(목)~23일(일)

④ 7월 23일(일)~26일(수)

 7월 23일(일)에 포항에서 출발하여 울릉도에 도착한 김 대리는 24일(월) 오후 6시에 호박엿 만들기 체험을 하고, 25일(화) 오전 8시에 울릉도→독도→울릉도 선박에 탑승할 수 있으며 26일(수) 오후 3시에 울릉도에서 포항으로 돌아올 수 있다.

① 16일(일)에 출발하여 19일(수)에 돌아왔다면 매주 화요일과 목요일에 출발하는 울릉도→독도→울릉도 선박에 탑승할 수 없다(18일 화요일 최대 파고 3.2).

② 매주 금요일에 술을 마시는 김 대리는 술을 마신 다음날인 22일(토)에는 멀미가 심해서 돌아오는 선박을 탈 수 없다.

③ 20일(목)에 포항에서 울릉도로 출발하면 오후 1시에 도착하는데, 그러면 오전 8시에 출발하는 울릉도→독도→울릉도 선박에 탑승할 수 없다.

16 다음의 자료를 보고 A사가 서비스센터를 설립하는 방식과 위치에 대한 설명으로 옳은 것은?

- 휴대폰 제조사 A는 B국에 고객서비스를 제공하기 위해 1개의 서비스센터 설립을 추진하려고 한다.
- 설립방식에는 (가)방식과 (나)방식이 있다.
- A사는 {(고객만족도 효과의 현재가치) − (비용의 현재 가치)}의 값이 큰 방식을 선택한다.
- 비용에는 규제비용과 로열티비용이 있다.

구분		(가)방식	(나)방식
고객만족도 효과의 현재가치		5억 원	4.5억 원
비용의 현재가치	규제 비용	3억 원(설립 당해 년도만 발생)	없음
	로열티 비용	없음	− 3년간 로열티비용을 지불함 − 로열티비용의 현재가치 환산액 : 설립 당해연도는 2 억 원 그 다음 해부터는 직전년도 로열티비용의 1/2씩 감액한 금액

※ 고객만족도 효과의 현재가치는 설립 당해년도를 기준으로 산정된 결과이다.

〈설립위치 선정 기준〉

- 설립위치로 B국의 甲, 乙, 丙 3곳을 검토 중이며, 각 위치의 특성은 다음과 같다.

위치	유동인구(만 명)	20~30대 비율(%)	교통혼잡성
甲	80	75	3
乙	100	50	1
丙	75	60	2

- A사는 {(유동인구) × (20~30대 비율)/(교통혼잡성)} 값이 큰 곳을 선정한다. 다만 A사는 제품의 특성을 고려하여 20~30대 비율이 50% 이하인 지역은 선정대상에서 제외한다.

① B국은 유동인구가 많을수록 20~30대 비율이 높다.

② A사는 丙위치에 서비스 센터를 선정한다.

③ (가) 방식은 로열티 비용이 없으므로 '(고객만족도 효과의 현재가치) − (비용의 현재 가치)'는 5억 원이다.

④ A는 교통혼잡성이 가장 낮은 곳을 선택하게 된다.

 {(유동인구) × (20~30대 비율)/(교통혼잡성)} 값이 큰 곳은 丙이다.
{(고객만족도 효과의 현재가치) − (비용의 현재 가치)}의 값은 (가) 방식이 2억 원으로 1억 원이 되는 (나) 방식이 아닌 (가) 방식을 선택한다.

17 O회사에 근무하고 있는 채과장은 거래 업체를 선정하고자 한다. 업체별 현황과 평가기준이 다음과 같을 때, 선정되는 업체는?

〈업체별 현황〉

국가명	시장매력도	정보화수준	접근가능성
	시장규모(억 원)	정보화순위	수출액(백만 원)
A업체	550	106	9,103
B업체	333	62	2,459
C업체	315	91	2,597
D업체	1,706	95	2,777

〈평가기준〉

- 업체별 종합점수는 시장매력도(30점 만점), 정보화 수준(30점 만점), 접근가능성(40점 만점)의 합계(100점 만점)로 구하며, 종합점수가 가장 높은 업체가 선정된다.
- 시장매력도 점수는 시장매력도가 가장 높은 업체에 30점, 가장 낮은 업체에 0점, 그 밖의 모든 업체에 15점을 부여한다. 시장규모가 클수록 시장매력도가 높다.
- 정보화 수준 점수는 정보화 순위가 가장 높은 업체에 30점, 가장 낮은 업체에 0점, 그 밖의 모든 업체에 15점을 부여한다.
- 접근가능성 점수는 접근가능성이 가장 높은 업체에 40점, 가장 낮은 업체에 0점, 그 밖의 모든 국가에 20점을 부여한다. 수출액이 클수록 접근가능성이 높다.

① A　　　　　　　　　　　　　　② B
③ C　　　　　　　　　　　　　　④ D

	시장매력도	정보화 수준	접근가능성	합계
A	15	0	40	55
B	15	30	0	45
C	0	15	20	35
D	30	15	20	65

Answer　 16.② 17.④

18 다음은 A사의 화물운송약관이다. 다음 중 약관을 읽고 답변할 수 있는 내용으로 적절하지 않은 것은?

화물운송약관

제6조 [계약금]

사업자는 계약서를 고객에게 교부할 때 계약금으로 운임 등의 합계액의 10%에 해당하는 금액을 청구할 수 있다.

제7조 [인수거절]

① 이사화물이 다음 각 호의 하나에 해당될 때에는 사업자는 그 인수를 거절할 수 있다.

   1. 현금, 유가증권, 귀금속, 예금통장, 신용카드, 인감 등 고객이 휴대할 수 있는 귀중품

   2. 위험품, 불결한 물품 등 다른 화물에 손해를 끼칠 염려가 있는 물건

   3. 동식물, 미술품, 골동품 등 운송에 특수한 관리를 요하기 때문에 다른 화물과 동시에 운송하기에 적합하지 않은 물건

   4. 고객이 규정에 의한 사업자의 포장 요청을 거절한 물건

② 제1항 각 호에 해당하는 이사화물이더라도 사업자는 그 운송을 위한 특별한 조건을 고객과 합의한 경우에는 이를 인수할 수 있다.

제8조 [운임 등의 청구]

① 사업자는 고객이 이사화물의 전부의 인도를 확인한 때(일반이사의 경우) 또는 이사화물의 전부의 정리를 확인한 때(포장이사의 경우), 운임 등에서 이미 지급한 계약금을 제외한 잔액을 청구할 수 있다. 보관이사의 경우 보관료의 청구도 다른 약정이 없는 한 이에 따른다.

② 사업자는 운임 등에 대해 계약서에 기재된 금액을 초과하여 청구하지 아니한다. 다만, 고객의 책임 있는 사유로 이사화물의 내역, 보관기관 또는 포장과 정리 등 운임 등의 산정에 관련된 사항이 변경됨으로 인해 계약서에 기재된 금액을 초과하게 되는 경우에는, 그 변경 시에 초과 금액을 미리 고객에게 고지한 경우에 한해 초과된 금액을 청구할 수 있다.

③ 사업자는 규정에 의한 금액 이외에 수고비 등 어떠한 명목의 금액도 추가로 청구하지 아니한다.

제9조 [계약해제]

① 고객이 그의 책임 있는 사유로 계약을 해제한 경우에는 다음 각 호의 규정에 의한 손해배상액을 사업자에게 지급하여야 한다. 다만, 고객이 이미 지급한 계약금이 있는 경우에는 그 금액을 공제할 수 있다.

   1. 고객이 약정된 이사화물의 인수일 1일전까지 해제를 통지한 경우 : 계약금

   2. 고객이 약정된 이사화물의 인수일 당일에 해제를 통지한 경우 : 계약금의 배액

② 사업자가 그의 책임 있는 사유로 계약을 해제한 경우에는 다음 각 호의 규정에 의한 손해배상액을 고객에게 지급해야 한다. 다만, 고객이 이미 지급한 계약금이 있는 경우에는 손해배상액과는 별도로 그 금액도 반환해야 한다.

  1. 사업자가 약정된 이사화물의 인수일 2일전까지 해제를 통지한 경우 : 계약금의 배액
  2. 사업자가 약정된 이사화물의 인수일 1일전까지 해제를 통지한 경우 : 계약금의 4배액
  3. 사업자가 약정된 이사화물의 인수일 당일에 해제를 통지한 경우 : 계약금의 6배액
  4. 사업자가 약정된 이사화물의 인수일 당일에도 해제를 통지하지 않은 경우 : 계약금의 10배액

③ 이사화물의 인수가 사업자의 귀책사유로 약정된 인수일시로부터 2시간 이상 지연된 경우에는 고객은 계약을 해제하고 이미 지급한 계약금의 반환 및 계약금의 6배액의 손해배상을 청구할 수 있다.

제10조 [포장]
① 일반이사의 경우에는 고객이 이사화물의 종류, 무게, 부피, 운송거리 등에 따라 운송에 적합하도록 포장하여야 한다. 이 경우 사업자는 이사화물의 포장이 운송에 적합하지 않을 때에는 고객에게 적합한 포장을 요청할 수 있다.
② 포장이사의 경우에는 사업자가 이사화물의 종류, 무게, 부피, 운송거리 등에 따라 운송에 적합하도록 포장한다.

① Q : 우리 집에 고양이가 있는 데 이사할 때 같이 옮겨 주실 수 있나요?

  A : 고양이와 같은 동물의 경우 특수한 관리를 요하기 때문에 운송이 불가합니다.

② Q : 원래 내일 이사하기로 되어 있는데 사정이 생겨서 못할 것 같아요. 계약금을 돌려받을 수 있나요?

  A : 계약금은 돌려받을 수 없으며 운송일의 1일 전에 통보하셨으므로 계약금의 3배액을 회사에 납입하여 주셔야 합니다.

③ Q : 이사하기 전에 제가 직접 다 포장을 해야 하나요?

  A : 우선 고객님께서 먼저 이사거리 및 화물의 성질 등을 고려하여 포장을 해주셔야 하며 만약 적합하지 않게 포장되어 있을 경우 저희가 당일에 다시 포장할 수 있습니다.

④ Q : 총 운임요금이 50만 원 정도면, 계약금은 얼마나 내야 하나요?

  A : 총 운임요금이 50만 원일 경우 계약금은 5만 원입니다.

 고객이 그의 책임 있는 사유로 계약을 해제한 경우에는 손해배상액을 사업자에게 지급하여야 한다. 다만 고객이 이미 지급한 계약금이 있는 경우에는 그 금액을 공제할 수 있다. 고객이 약정된 이사화물의 인수일 1일전까지 해제를 통지한 경우 사업자에게 계약금은 손해배상액으로 지급한다.
  ① 제7조
  ③ 제10조
  ④ 제6조

Answer ▸ 18.②

19 다음은 수미의 소비상황과 각종 신용카드 혜택 정보이다. 수미가 가장 유리한 하나의 신용카드만을 결제수단으로 사용할 때 적절한 소비수단은?

- 뮤지컬, OO테마파크 및 서점은 모두 B신용카드의 문화 관련업에 해당한다.
- 신용카드 1포인트는 1원이고, 문화상품권 1매는 1만원으로 가정한다.
- 혜택을 금전으로 환산하여 액수가 많을수록 유리하다.
- 액수가 동일한 경우 할인혜택, 포인트 적립, 문화상품권 지급 순으로 유리하다.
- 혜택의 액수 및 혜택의 종류가 동일한 경우 혜택 부여 시기가 빠를수록 유리하다(현장 할인은 결제 즉시 할인되는 것을 말하며, 청구할인은 카드대금 청구 시 할인 되는 것을 말한다).

〈수미의 소비상황〉

서점에서 여행서적(정가 각 3만 원) 3권과 DVD 1매(정가 1만 원)를 구입(직전 1개월 간 A신용카드 사용금액은 15만 원이며, D신용카드는 가입 후 미사용 상태임)

〈각종 신용카드의 혜택〉

A신용카드	OO테마파크 이용시 본인과 동행 1인의 입장료의 20% 현장 할인(단, 직전 1개월 간 A신용카드 사용금액이 30만 원 이상인 경우에 한함)
B신용카드	문화 관련 가맹업 이용시 총액의 10% 청구 할인(단, 할인되는 금액은 5만 원을 초과할 수 없음)
C신용카드	이용시마다 사용금액의 10%를 포인트로 즉시 적립. 사용금액이 10만 원을 초과하는 경우에는 사용금액의 20%를 포인트로 즉시 적립.
D신용카드	가입 후 2만 원 이상에 상당하는 도서류(DVD 포함) 구매시 최초 1회에 한하여 1만 원 상당의 문화상품권 증정(단, 문화상품권은 다음달 1일에 일괄 증정)

① A신용카드　　　　　　　　　② B신용카드

③ C신용카드　　　　　　　　　④ D신용카드

 수미 소비상황을 봤을 때 A신용카드 혜택이 없으며, B신용카드는 1만 원 청구할인, C신용카드는 1만 원 포인트 적립, D신용카드는 1만 원 문화상품권을 증정한다. 액수가 동일한 경우 할인혜택, 포인트 적립, 문화상품권 지급 순으로 유리하다고 했으므로 수미는 B신용카드를 선택한다.

20 다음은 특보의 종류 및 기준에 관한 자료이다. ㉠과 ㉡의 상황에 어울리는 특보를 올바르게 짝지은 것은?

〈특보의 종류 및 기준〉

종류	주의보	경보
강풍	육상에서 풍속 14m/s 이상 또는 순간풍속 20m/s 이상이 예상될 때. 다만, 산지는 풍속 17m/s 이상 또는 순간풍속 25m/s 이상이 예상될 때	육상에서 풍속 21m/s 이상 또는 순간풍속 26m/s 이상이 예상될 때. 다만, 산지는 풍속 24m/s 이상 또는 순간풍속 30m/s 이상이 예상될 때
호우	6시간 강우량이 70mm 이상 예상되거나 12시간 강우량이 110mm 이상 예상될 때	6시간 강우량이 110mm 이상 예상되거나 12시간 강우량이 180mm 이상 예상될 때
태풍	태풍으로 인하여 강풍, 풍랑, 호우 현상 등이 주의보 기준에 도달할 것으로 예상될 때	태풍으로 인하여 풍속이 17m/s 이상 또는 강우량이 100mm 이상 예상될 때. 다만, 예상되는 바람과 비의 정도에 따라 아래와 같이 세분한다. { 바람(m/s): 3급 17~24, 2급 25~32, 1급 33이상 / 비(mm): 3급 100~249, 2급 250~399, 1급 400이상 }
폭염	6월~9월에 일최고기온이 33℃ 이상이고, 일최고열지수가 32℃ 이상인 상태가 2일 이상 지속될 것으로 예상될 때	6월~9월에 일최고기온이 35℃ 이상이고, 일최고열지수가 41℃ 이상인 상태가 2일 이상 지속될 것으로 예상될 때

㉠ 태풍이 남해안에 상륙하여 울산지역에 270mm의 비와 함께 풍속 26m/s의 바람이 예상된다.

㉡ 지리산에 오후 3시에서 오후 9시 사이에 약 130mm의 강우와 함께 순간풍속 28m/s가 예상된다.

㉠	㉡
① 태풍경보 1급	호우주의보
② 태풍경보 2급	호우경보＋강풍주의보
③ 태풍주의보	강풍주의보
④ 태풍경보 2급	호우경보＋강풍경보

 (Tip) ㉠ : 태풍경보 표를 보면 알 수 있다. 비가 270mm이고 풍속 26m/s에 해당하는 경우는 태풍경보 2급이다.

㉡ : 6시간 강우량이 130mm 이상 예상되므로 호우경보에 해당하며 산지의 경우 순간풍속 28m/s 이상이 예상되므로 강풍주의보에 해당한다.

Answer ↱ 19.② 20.②

| 21~22 | 다음 전기요금 계산 안내문을 보고 이어지는 물음에 답하시오.

○ 주택용 전력(저압)

기본요금(원/호)		전력량 요금(원/kWh)	
200kWh 이하 사용	900	처음 200kWh까지	90
201~400kWh 사용	1,800	다음 200kWh까지	180
400kWh 초과 사용	7,200	400kWh 초과	279

1) 주거용 고객, 계약전력 3kWh 이하의 고객
2) 필수사용량 보장공제 : 200kWh 이하 사용 시 월 4,000원 한도 감액(감액 후 최저요금 1,000원)
3) 슈퍼유저요금 : 동·하계(7~8월, 12~2월) 1,000kWh 초과 전력량 요금은 720원/kWh 적용

○ 주택용 전력(고압)

기본요금(원/호)		전력량 요금(원/kWh)	
200kWh 이하 사용	720	처음 200kWh까지	72
201~400kWh 사용	1,260	다음 200kWh까지	153
400kWh 초과 사용	6,300	400kWh 초과	216

1) 주택용 전력(저압)에 해당되지 않는 주택용 전력 고객
2) 필수사용량 보장공제 : 200kWh 이하 사용 시 월 2,500원 한도 감액(감액 후 최저요금 1,000원)
3) 슈퍼유저요금 : 동·하계(7~8월, 12~2월) 1,000kWh 초과 전력량 요금은 576원/kWh 적용

21 다음 두 전기 사용자인 갑과 을의 전기요금 합산 금액으로 올바른 것은?

> 갑 : 주택용 전력 저압 300kWh 사용
> 을 : 주택용 전력 고압 300kWh 사용

① 68,600원   ② 68,660원

③ 68,700원   ④ 68,760원

 갑과 을의 전기요금을 다음과 같이 계산할 수 있다.
〈갑〉기본요금 : 1,800원
전력량 요금 : (200 × 90) + (100 × 180) = 18,000 + 18,000 = 36,000원
200kWh를 초과하였으므로 필수사용량 보장공제 해당 없음
전기요금 : 1,800 + 36,000 = 37,800원
〈을〉기본요금 : 1,260원
전력량 요금 : (200 × 72) + (100 × 153) = 14,400 + 15,300 = 29,700원
200kWh를 초과하였으므로 필수사용량 보장공제 해당 없음
전기요금 : 1,260 + 29,700 = 30,960원
따라서 갑과 을의 전기요금 합산 금액은 37,800 + 30,960 = 68,760원이 된다.

22 위의 전기요금 계산 안내문에 대한 설명으로 올바르지 않은 것은?

① 주택용 전력은 고압 요금이 저압 요금보다 더 저렴하다.

② 동계와 하계에 1,000kWh가 넘는 전력을 사용하면 기본요금과 전력량 요금이 모두 2배 이상 증가한다.

③ 저압 요금 사용자가 전기를 3kWh만 사용할 경우의 전기요금은 1,000원이다.

④ 가전기기의 소비전력을 알 경우, 전기요금 절감을 위해 전기 사용량을 200kWh 단위로 나누어 관리할 수 있다.

 ② 동계와 하계에 1,000kWh가 넘는 전력을 사용하면 슈퍼유저에 해당되어 적용되는 1,000kWh 초과 전력량 요금 단가가 2배 이상으로 증가하게 되나, 기본요금에는 해당되지 않는다.
① 기본요금과 전력량 요금 모두 고압 요금이 저압 요금보다 저렴한 기준이 적용된다.
③ 기본요금 900원과 전력량 요금 270원을 합하여 1,170원이 되며, 필수사용량 보장공제 적용 후에도 최저요금인 1,000원이 발생하게 된다.
④ 200kWh 단위로 요금 체계가 바뀌게 되므로 200kWh씩 나누어 관리하는 것이 전기요금을 절감할 수 있는 방법이다.

23 에너지 신산업에 대한 다음과 같은 정의를 참고할 때, 다음 중 에너지 신산업 분야의 사업으로 보기에 가장 적절하지 않은 것은 어느 것인가?

> 2015년 12월, 세계 195개국은 프랑스 파리에서 UN 기후변화협약을 체결, 파리기후변화협약에 따른 신기후체제의 출범으로 온실가스 감축은 선택이 아닌 의무가 되었으며, 이에 맞춰 친환경 에너지시스템인 에너지 신산업이 대두되었다. 에너지 신산업은 기후변화 대응, 미래 에너지 개발, 에너지 안보, 수요 관리 등 에너지 분야의 주요 현안을 효과적으로 해결하기 위한 '문제 해결형 산업'이다. 에너지 신산업 정책으로는 전력 수요관리, 에너지관리 통합서비스, 독립형 마이크로그리드, 태양광 렌탈, 전기차 서비스 및 유료충전, 화력발전 온배수열 활용, 친환경에너지타운, 스마트그리드 확산사업 등이 있다.

① 에너지 프로슈머 시장의 적극 확대를 위한 기반 산업 보강

② 전기차 확대보급을 실시하기 위하여 전기차 충전소 미비 지역에 충전소 보급 사업

③ 신개념 건축물에 대한 관심도 제고를 위한 고효율 제로에너지 빌딩 확대 사업

④ 분산형 전원으로 에너지 자립 도시 건립을 위한 디젤 발전기 추가 보급 사업

 디젤 발전은 내연력을 통한 발전이므로 친환경과 지속가능한 에너지 정책을 위한 발전 형태로 볼 수 없다. 오히려 디젤 발전을 줄여 신재생에너지원을 활용한 전력 생산 및 공급 방식이 에너지 신산업 정책에 부합한다고 볼 수 있다.

Answer ⇨ 21.④ 22.② 23.④

24 다음은 어느 은행의 대출 상품에 관한 정보이다. 보기 중에서 이 대출상품에 적합한 사람을 모두 고른 것은? (단, 보기 중 모든 사람이 캐피탈의 보증서가 발급된다고 가정한다.)

소액대출 전용상품

- 특징 : 은행−캐피탈 간 협약상품으로 직업, 소득에 관계없이 쉽고 간편하게 최고 1,000만 원까지 이용 가능한 개인 소액대출 전용상품
- 대출대상 : 캐피탈의 보증서가 발급되는 개인
- 대출기간 : 4개월 이상 1년 이내(거치기간 없음). 다만, 원리금 상환을 위하여 자동이체일과 상환기일을 일치시키는 경우에 한하여 최장 13개월 이내에서 대출기간 지정 가능
- 대출한도 : 300만 원 이상 1,000만 원 이내
- 대출금리 : 신용등급에 따라 차등적용
- 상환방법 : 원금균등할부상환
- 중도상환 : 수수료 없음

- ㉠ 정훈 : 회사를 운영하고 있으며, 갑작스럽게 1,000만 원이 필요하여 법인 앞으로 대출을 원하고 있다.
- ㉡ 수미 : 4학년 2학기 등록금 400만 원이 필요하며, 거치기간을 거쳐 입사한 후에 대출상환을 원하고 있다.
- ㉢ 은정 : 갑작스러운 남편의 수술로 500만 원이 필요하며 5개월 후 곗돈 500만 원을 타면 대출상환을 할 수 있다.

---

① ㉠
② ㉠㉡
③ ㉢
④ ㉠㉡㉢

 ㉠ 이 대출상품은 개인을 대상으로 하기 때문에 법인은 대출을 받을 수 없다.
㉡ 대출기간은 4개월 이상 1년 이내로 거치기간이 없다.

25 다음은 신용대출의 중도상환에 관한 내용이다. 甲씨는 1년 후에 일시 상환하는 조건으로 500만 원을 신용대출 받았다. 그러나 잔여기간이 100일 남은 상태에서 중도 상환하려고 한다. 甲씨가 부담해야 하는 해약금은 약 얼마인가? (단, 원단위는 절사한다)

중도상환해약금 : 중도상환금액×중도상환적용요율×(잔여기간/대출기간)				
구분	가계대출		기업대출	
	부동산 담보대출	신용/기타 담보대출	부동산 담보대출	신용/기타 담보대출
적용요율	1.4%	0.8%	1.4%	1.0%

- 대출기간은 대출개시일로부터 대출기간 만료일까지의 일수로 계산하되, 대출기간이 3년을 초과하는 경우에는 3년이 되는 날을 대출기간 만료일로 한다.
- 잔여기간은 대출 기간에서 대출 개시일로부터 중도상환일까지의 경과일수를 차감하여 계산한다.

① 10,950원

② 11,950원

③ 12,950원

④ 13,950원

 신용대출이므로 적용요율이 0.8% 적용된다.
500만 원×0.8%×(100/365)＝10,958원
원단위 절사하면 10,950원이다.

26 일식, 이식, 삼식, 사식, 오식 5명이 마피아 게임을 하고 있다. 마피아는 1명이며, 5명의 진술 중 한명만이 진실을 말하고 4명은 거짓말을 하고 있다. 진실을 말하는 사람은 누구인가?

> • 일식 : 이식이가 마피아다.
> • 이식 : 일식이는 거짓말을 하고 있다.
> • 삼식 : 나는 마피아가 아니다.
> • 사식 : 마피아는 일식이다.
> • 오식 : 내가 마피아다.

① 일식   ② 이식

③ 삼식   ④ 사식

 일식이의 말과 이식이의 말은 모순이 생긴다. 따라서 둘 중에 하나는 거짓말을 하고 있다.
ⓐ 일식이가 참인 경우 마피아는 이식이가 되며, 두명이 참을 말하고 있으므로 조건에 부합하지 않는다.

일식	참
이식	거짓
삼식	참
사식	거짓
오식	거짓

ⓑ 이식이가 참인 경우 마피아는 삼식이가 되며 조건에 부합한다.

일식	거짓
이식	참
삼식	거짓
사식	거짓
오식	거짓

27 용의자 A, B, C, D 4명이 있다. 이들 중 A, B, C는 조사를 받는 중이며 D는 아직 추적 중이다. 4명 중에서 한 명만이 진정한 범인이며, A, B, C의 진술 중 한명의 진술만이 참일 때 보기에서 옳은 것을 고르면?

> • A : B가 범인이다.
> • B : 내가 범인이다.
> • C : D가 범인이다.

> 〈보기〉
> ㉠ A가 범인이다.　　　　　　　　　　㉡ B가 범인이다.
> ㉢ D가 범인이다.　　　　　　　　　　㉣ B는 범인이 아니다.
> ㉤ C는 범인이 아니다.

① ㉠㉣㉤　　　　　　　　　　　　② ㉡㉤
③ ㉠㉤　　　　　　　　　　　　　④ ㉢㉣㉤

(Tip) 만약 B가 범인이라면 A와 B의 진술이 참이어야 한다. 하지만 문제에서 한명의 진술만이 참이라고 했으므로 A,B는 거짓을 말하고 있고 C의 진술이 참이다. 따라서 범인은 D이다.

28 용의자 다섯 명이 경찰의 조사를 받고 있다. 이들 중 진실을 말하는 사람은 세 명 뿐이다. 과연 범인은 누구일까?

> • 진영 : 미영이가 범인이에요.
> • 화영 : 나는 죄가 없습니다.
> • 선영 : 나영이의 짓이 아니에요.
> • 미영 : 진영이가 거짓말을 하고 있어요.
> • 나영 : 화영이의 말이 맞습니다.

① 선영　　　　　　　　　　　　② 미영
③ 진영　　　　　　　　　　　　④ 나영

(Tip) 화영, 미영, 나영이의 진술이 사실이고 선영이의 진술이 거짓이므로 범인은 나영이다.

Answer ⌐→ 26.② 27.④ 28.④

29 다음으로부터 바르게 추론한 것은?

> 이번 학기에 행정학과 강의인 〈재무행정론〉, 〈인사행정론〉, 〈조직행정론〉, 〈행정통계〉 4과목을 A, B, C, D, E 중 4명에게 각 한 강좌씩 맡기려 한다. A~E는 다음과 같이 예측했는데 한 사람만이 거짓임이 밝혀졌다.
> • A : B가 재무행정론을 담당하고 C는 강좌를 맡지 않을 것이다.
> • B : C가 인사행정론을 담당한다.
> • C : D는 행정통계론이 아닌 다른 강좌를 담당할 것이다.
> • D : E가 행정통계론을 담당할 것이다.
> • E : B의 말은 거짓일 것이다.

① A는 재무행정론을 담당한다.
② B는 조직행정론을 담당한다.
③ C는 강좌를 맡지 않는다.
④ D는 행정통계론을 담당한다.

 A~E 중 한 사람만이 거짓인데 A와 B의 말은 모순된다. 따라서 둘 중에 한명은 거짓이다. B의 말이 참이고, A가 거짓이라면 E의 진술도 거짓이 되므로 A의 말이 참이고 B의 말이 거짓이다. 따라서 ③이 답이 된다.

30 수혁, 준이, 영주, 민지, 해수, 나영, 영희의 시험 성적에 대한 다음의 조건으로부터 추론할 수 있는 것은?

- 수혁이는 준이보다 높은 점수를 받았다.
- 준이는 영주보다 높은 점수를 받았다.
- 영주는 민지보다 높은 점수를 받았다.
- 해수는 준이와 나영이 보다 높은 점수를 받았다.
- 영희는 해수 보다 높은 점수를 받았다.
- 준이는 나영이 보다 높은 점수를 받았다.

① 영주가 나영이 보다 높은 점수를 받았다.

② 영희가 1등을 하였다.

③ 나영이 꼴등을 하였다.

④ 준이는 4등 안에 들었다.

 첫 번째~세 번째 조건에 의해 수혁 > 준이 > 영주 > 민지 임을 알 수 있다.
네 번째~여섯 번째 조건에 의해 영희 > 해수 > 준이 > 나영 임을 알 수 있다.
④ 준이보다 성적이 높은 사람은 수혁, 영희, 해수이므로 준이는 4등 안에 들었다고 볼 수 있다.

31 A, B, C, D, E 5명이 일렬로 앉아 있을 때 다음 조건에 따라 거짓인 것은?

- B는 E보다 앞에 앉아 있다.
- A는 D보다 앞에 앉아 있다.
- B는 C보다 앞에 앉아 있다.
- C는 E보다 앞에 앉아 있다.
- E는 A보다 앞에 앉아 있다.

① E는 앞에서 두 번째에 앉아 있다.

② B가 맨 앞에 앉아 있다.

③ 맨 뒤에 앉은 사람은 D이다.

④ C는 D보다 앞에 앉아 있다.

 제시된 조건에 따르면 B − C − E − A − D 순으로 앉아 있다.

32 진영, 은수, 홍희, 영수, 민서, 진숙, 진현, 희연이가 3개의 택시에 나누어 타려고 한다. 각 택시에는 3자리가 있으며 택시의 색은 각각 빨간색, 노란색, 검은색이다. 빨간색 택시에는 두 사람만이 탈 수 있고, 민서가 노란색 택시를 타고 있다면 검은색 택시에 타고 있지 않은 사람은?

> - 진영이는 반드시 빨간색 택시에 타야 한다.
> - 은수와 홍희는 반드시 같은 택시에 타야 한다.
> - 영수는 민서와 같은 택시에 탈 수 없다.
> - 진숙이는 진영이와 같은 택시에 타야 한다.
> - 진현이가 탄 택시에는 민서 또는 진영이가 타고 있어야 한다.

① 영수   ② 은수
③ 홍희   ④ 희연

 문제에서 **빨간색** 택시에는 두 사람만이 탈 수 있다고 했고, 조건에서 진영이는 반드시 **빨간**색 택시를 타야 하며, 진숙이는 진영이와 같은 택시에 타야 한다고 했으므로 빨간색 택시에는 진영이와 진숙이가 타게 된다. 문제에서 민서가 노란색 택시를 타고 있고, 조건에서 영수는 민서와 같은 택시에 탈 수 없으므로 영수는 검은색 택시에 타야 한다. 진현이가 탄 택시에는 민서 또는 진영이가 타고 있어야 하는데, 빨간 택시에는 탈 수 없으므로 민서가 타고 있는 노란색 택시에 타야 한다. 노란색 택시에 민서와 진현이가 타고 있으므로 은수와 홍희는 검은색 택시에 타야 한다. 따라서 검은색 택시에는 영수, 은수, 홍희가 타게 된다.
빨간색 : 진영, 진숙
노란색 : 민서, 진현, 희연
검은색 : 영수, 은수, 홍희

║33~35 ║ 다음의 말이 전부 참일 때, 항상 참인 것을 고르시오.

33
> - 글을 잘 쓰는 사람은 눈물이 많다.
> - 말을 잘 하는 사람은 감정이 풍부하다.
> - 눈물이 많은 사람은 감정이 풍부하다.

① 말을 잘 하는 사람은 눈물이 많다.
② 감정이 풍부하지 않은 사람은 글을 잘 쓰지 못한다.
③ 감정이 풍부한 사람은 눈물이 많다.
④ 감정이 풍부한 사람은 말을 잘한다.

(Tip) 감정이 풍부하지 않음→눈물이 많지 않음→글을 잘 쓰지 못함

34

> • 국어를 좋아하는 사람은 독서를 즐긴다.
> • 수학을 좋아하지 않는 사람은 독서를 즐기지 않는다.
> • 체육을 좋아하지 않는 사람은 수학도 좋아하지 않는다.

① 독서를 즐기는 사람은 국어를 좋아한다.
② 체육을 좋아하지 않는 사람은 독서를 즐기지 않는다.
③ 수학을 좋아하는 사람은 독서를 즐긴다.
④ 수학을 좋아하지 않는 사람은 체육을 좋아하지 않는다.

Tip 체육을 좋아하지 않음→수학을 좋아하지 않음→독서를 즐기지 않음

35

> • 명숙이는 국어를 수학보다 잘한다.
> • 명숙이는 물리를 수학보다 못한다.
> • 명숙이는 영어를 물리보다 못한다.

① 명숙이는 4과목 중 국어를 제일 잘한다.
② 명숙이는 물리를 국어보다 잘한다.
③ 명숙이는 4과목 중 물리를 제일 못한다.
④ 명숙이는 수학을 영어보다 못한다.

Tip 국어 > 수학 > 물리 > 영어

Answer 32.④ 33.② 34.② 35.①

36 A모직은 4~50대를 대상으로 하는 맞춤 수제정장을 주력 상품으로 판매하고 있다. 다음은 20~30대 청년층을 대상으로 하는 캐주얼 정장 시장에 진입을 시도해보자는 안건으로 진행된 회의 내용을 3C 분석표로 나타낸 것이다. 표를 보고 A모직에서 결정할 수 있는 사항으로 가장 옳지 않은 것은?

구분	내용
고객/시장(Customer)	• 시니어 정장 시장은 정체 및 감소되는 추세이다. • 캐주얼 정장 시장은 매년 급성장 중이다. • 청년들도 기성복이 아닌 맞춤 수제정장을 찾는 경우가 있다.
경쟁사(Competitor)	• 2~30대 캐주얼 정장 시장으로 진출할 경우 경쟁사는 외국 캐주얼 정장 기업, 캐주얼 전문 기업 등의 의류 기업 등이 포함된다. • 이미 대기업들의 캐주얼 정장시장은 브랜드 인지도, 유통, 생산 등에서 차별화된 경쟁력을 갖고 있다. • 공장 대량생산화를 통해 저렴한 가격으로 제품을 판매하고 있으며 스마트시대에 따른 디지털마케팅을 구사하고 있다.
자사(Company)	• 디지털마케팅 역량이 미흡하고, 신규 시장 진출 시 막대한 마케팅 비용이 들 것으로 예상된다. • 기존 시니어 정장에 대한 이미지를 탈피하기 위한 노력이 필요하다. • 오래도록 품질 좋은 수제 정장을 만들던 기술력을 보유하고 있다.

① 20~30대를 대상으로 맞춤 수제정장에 대한 설문조사를 진행한다.

② 경쟁사의 전략이 막강하고 자사의 자원과 역량은 부족하므로 진출하지 않는 것이 바람직하다.

③ 청년들도 맞춤 수제정장을 찾는 수가 많아지고 있으므로 소비되는 마케팅 비용보다 새로운 시장에서의 수입이 더 클 것으로 전망된다.

④ 대량생산되는 기성복과의 차별화를 부각시킬 수 있는 방안을 생각한다.

 청년들도 기성복이 아닌 맞춤 수제정장을 찾는 경우가 있다고 제시되어 있으나 그 수요가 얼마나 될지 정확하게 알 수 없으며 디지털마케팅에 대한 역량이 부족하여 막대한 마케팅 비용이 들 것으로 예상된다고 제시되어있으므로 A모직에서 결정할 수 있는 사항으로 가장 옳지 않은 것은 ③이다.

37 다음은 우리나라의 연도별 유형별 정치 참여도를 나타낸 자료이다. 〈보기〉에 주어진 조건을 참고할 때, ㉠~㉣에 들어갈 알맞은 정치 참여방법을 순서대로 올바르게 나열한 것은 어느 것인가?

	㉠	온라인상 의견 피력하기	정부나 언론에 의견제시	㉡	탄원서 · 진정서 · 청원서 제출하기	㉢	공무원 · 정치인에 민원전달	㉣
2014	53.9	15.0	9.5	21.2	8.8	9.2	10.3	12.8
2015	58.8	14.7	8.8	17.5	7.9	7.6	9.1	9.2
2016	69.3	13.3	6.7	14.9	5.6	6.9	6.1	10.3
2017	74.1	12.2	6.4	14.5	5.8	14.4	5.6	8.5

〈보기〉

1. 주변인과 대화를 하거나 시위 등에 참여하는 방법은 2014년보다 2017년에 그 비중이 더 증가하였다.
2. 2017년에 서명운동에 참여하거나 주변인과 대화를 하는 방법으로 정치에 참여하는 사람의 비중은 모두 온라인상 의견을 피력하는 방법으로 정치에 참여하는 사람의 비중보다 더 많다.
3. 2014~2016년 기간 동안은 시위에 참여하거나 불매운동을 하는 방법으로 정치에 참여한 사람의 비중이 온라인상 의견을 피력하는 방법으로 정치에 참여한 사람의 비중보다 항상 적었다.

① 서명운동 참여하기 – 주변인과 대화하기 – 시위 · 집회 참여하기 – 불매운동 참여하기
② 주변인과 대화하기 – 서명운동 참여하기 – 시위 · 집회 참여하기 – 불매운동 참여하기
③ 주변인과 대화하기 – 서명운동 참여하기 – 불매운동 참여하기 – 시위 · 집회 참여하기
④ 주변인과 대화하기 – 시위 · 집회 참여하기 – 서명운동 참여하기 – 불매운동 참여하기

 보기1에 의하면 ㉠과 ㉡이 주변인과 대화하기 또는 시위 · 집회 참여하기 중 하나임을 알 수 있다. 또한 보기2에 의하면 ㉠, ㉡, ㉢ 중 서명운동 참여하기와 주변인과 대화하기가 해당됨을 알 수 있다. 따라서 ㉡이 서명운동 참여하기임을 확인할 수 있다. 보기3에서는 ㉢과 ㉣이 시위 · 집회 참여하기 또는 불매운동 참여하기 중 하나임을 의미하고 있으므로 보기1과 함께 판단했을 때, ㉢이 시위 · 집회 참여하기, ㉣이 불매운동 참여하기가 되며 이에 따라 ㉠은 주변인과 대화하기가 된다.

Answer ➙ 36.③ 37.②

38 다음은 공공기관을 구분하는 기준이다. 다음 규정에 따라 각 기관을 구분한 결과가 옳지 않은 것은?

〈공공기관의 구분〉

제00조 제1항
  공공기관을 공기업·준정부기관과 기타공공기관으로 구분하여 지정한다. 직원 정원이 50인 이상인 공공기관은 공기업 또는 준정부기관으로, 그 외에는 기타공공기관으로 지정한다.

제00조 제2항
  제1항의 규정에 따라 공기업과 준정부기관을 지정하는 경우 자체수입액이 총수입액의 2분의 1 이상인 기관은 공기업으로, 그 외에는 준정부기관으로 지정한다.

제00조 제3항
  제1항 및 제2항의 규정에 따른 공기업을 다음의 구분에 따라 세분하여 지정한다.
• 시장형 공기업 : 자산규모가 2조 원 이상이고, 총 수입액 중 자체수입액이 100분의 85 이상인 공기업
• 준시장형 공기업 : 시장형 공기업이 아닌 공기업

〈공공기관의 현황〉

공공기관	직원 정원	자산규모	자체수입비율
A	70명	4조 원	90%
B	45명	2조 원	50%
C	65명	1조 원	55%
D	60명	1.5조 원	45%

※ 자체수입비율 : 총 수입액 대비 자체수입액 비율

---

① A - 시장형 공기업

② B - 기타공공기관

③ C - 준정부기관

④ D - 준정부기관

 ③ C는 정원이 50명이 넘으므로 기타공공기관이 아니며, 자체수입비율이 55%이므로 자체 수입액이 총수입액의 2분의 1 이상이기 때문에 공기업이다. 시장형 공기업 조건에 해당하지 않으므로 C는 준시장형 공기업이다.

39 다음은 주식회사 서원각의 팀별 성과급 지급 기준이다. Y팀의 성과평가결과가 다음과 같다면 지급되는 성과급의 1년 총액은?

〈성과급 지급 방법〉

(가) 성과급 지급은 성과평가 결과와 연계함.

(나) 성과평가는 유용성, 안전성, 서비스 만족도의 총합으로 평가함. 단, 유용성, 안전성, 서비스 만족도의 가중치를 각각 0.4, 0.4, 0.2로 부여함.

(다) 성과평가 결과를 활용한 성과급 지급 기준은 다음과 같음.

성과평가 점수	성과평가 등급	분기별 성과급 지급액	비고
9.0 이상	A	100만 원	성과평가 등급이 A이면 직전분기 차감액의 50%를 가산하여 지급
8.0 이상 9.0 미만	B	90만 원 (10만 원 차감)	
7.0 이상 8.0 미만	C	80만 원 (20만 원 차감)	
7.0 미만	D	40만 원 (60만 원 차감)	

구분	1/4 분기	2/4 분기	3/4 분기	4/4 분기
유용성	8	8	10	8
안전성	8	6	8	8
서비스 만족도	6	8	10	8

① 350만 원

② 360만 원

③ 370만 원

④ 380만 원

 먼저 아래 표를 항목별로 가중치를 부여하여 계산하면,

구분	1/4 분기	2/4 분기	3/4 분기	4/4 분기
유용성	$8 \times \frac{4}{10} = 3.2$	$8 \times \frac{4}{10} = 3.2$	$10 \times \frac{4}{10} = 4.0$	$8 \times \frac{4}{10} = 3.2$
안전성	$8 \times \frac{4}{10} = 3.2$	$6 \times \frac{4}{10} = 2.4$	$8 \times \frac{4}{10} = 3.2$	$8 \times \frac{4}{10} = 3.2$
서비스 만족도	$6 \times \frac{2}{10} = 1.2$	$8 \times \frac{2}{10} = 1.6$	$10 \times \frac{2}{10} = 2.0$	$8 \times \frac{2}{10} = 1.6$
합계	7.6	7.2	9.2	8
성과평가 등급	C	C	A	B
성과급 지급액	80만 원	80만 원	110만 원	90만 원

성과평가 등급이 A이면 직전분기 차감액의 50%를 가산하여 지급한다고 하였으므로, 3/4분기의 성과급은 직전분기 차감액 20만 원의 50%인 10만 원을 가산하여 지급한다.

∴ 80 + 80 + 110 + 90 = 360(만 원)

40 다음 대화를 보고 추론할 수 없는 내용은?

> 지수 : 역시! 날짜를 바꾸지 않고 오늘 오길 잘한 것 같아. 비가 오기는커녕 구름 한 점 없는 날씨잖아!
>
> 민지 : 맞아. 여전히 뉴스의 일기예보는 믿을 수가 없다니까.
>
> 지수 : 그나저나 이 놀이기구에는 키 제한이 있어. 성희야, 네 아들 성식이는 이제 막 100cm 가 넘었지? 그럼 이건 성식이랑 같이 탈 수 없겠네. 민지가 이게 꼭 타고 싶다고 해서 여기로 온 거잖아. 어떡하지?
>
> 성희 : 어쩔 수 없지. 너희가 이 놀이기구를 타는 동안 나랑 성식이는 사파리에 갔다 올게.
>
> 성식 : 신난다!! 사파리에 가면 호랑이도 볼 수 있어??
>
> 성희 : 그래. 호랑이도 있을 거야.
>
> 지수 : 성식이는 좋겠네. 엄마랑 호랑이보면서 이따가 점심 때 뭘 먹을지도 생각해봐.
>
> 민지 : 그러는 게 좋겠다. 그럼 30분 뒤에 동문 시계탑 앞에서 만나자. 잊으면 안 돼! 동문 시계탑이야. 저번처럼 다른 곳 시계탑으로 착각하면 안 돼. 오늘은 성식이도 있잖아. 헤매면 곤란해.
>
> 성희 : 알겠어. 내가 길치이긴 하지만 동쪽과 서쪽 정도는 구분할 수 있어. 지도도 챙겼으니까 걱정하지 않아도 돼.

① 호랑이를 좋아하는 성식이는 성희의 아들이다.

② 지수와 민지가 타려는 놀이기구는 키가 110cm 이상이 되어야 탈 수 있다.

③ 놀이공원의 서문 쪽에도 시계탑이 있다.

④ 일기예보에서는 오늘 비가 온다고 보도했었고, 이들은 약속날짜를 바꾸려고 했었다.

 ② 주어진 대화에는 놀이기구에 키 제한이 있고, 성식이의 키는 이제 100cm를 넘었다는 정보는 있지만, 키 제한이 정확히 얼마인지에 대한 정보는 나와 있지 않다.

04 정보능력

1 정보화사회와 정보능력

(1) 정보와 정보화사회

① 자료 · 정보 · 지식

구분	특징
자료 (Data)	객관적 실제의 반영이며, 그것을 전달할 수 있도록 기호화한 것
정보 (Information)	자료를 특정한 목적과 문제해결에 도움이 되도록 가공한 것
지식 (Knowledge)	정보를 집적하고 체계화하여 장래의 일반적인 사항에 대비해 보편성을 갖도록 한 것

② 정보화사회 … 필요로 하는 정보가 사회의 중심이 되는 사회

(2) 업무수행과 정보능력

① 컴퓨터의 활용 분야
  ㉠ 기업 경영 분야에서의 활용 : 판매, 회계, 재무, 인사 및 조직관리, 금융 업무 등
  ㉡ 행정 분야에서의 활용 : 민원처리, 각종 행정 통계 등
  ㉢ 산업 분야에서의 활용 : 공장 자동화, 산업용 로봇, 판매시점관리시스템(POS) 등
  ㉣ 기타 분야에서의 활용 : 교육, 연구소, 출판, 가정, 도서관, 예술 분야 등

② 정보처리과정
  ㉠ 정보 활용 절차 : 기획 → 수집 → 관리 → 활용
  ㉡ 5W2H : 정보 활용의 전략적 기획
  • WHAT(무엇을?) : 정보의 입수대상을 명확히 한다.
  • WHERE(어디에서?) : 정보의 소스(정보원)를 파악한다.
  • WHEN(언제까지) : 정보의 요구(수집)시점을 고려한다.

- WHY(왜?) : 정보의 필요목적을 염두에 둔다.
- WHO(누가?) : 정보활동의 주체를 확정한다.
- HOW(어떻게) : 정보의 수집방법을 검토한다.
- HOW MUCH(얼마나?) : 정보수집의 비용성(효용성)을 중시한다.

예제 1

5W2H는 정보를 전략적으로 수집·활용할 때 주로 사용하는 방법이다. 5W2H에 대한 설명으로 옳지 않은 것은?

① WHAT : 정보의 수집방법을 검토한다.
② WHERE : 정보의 소스(정보원)를 파악한다.
③ WHEN : 정보의 요구(수집)시점을 고려한다.
④ HOW : 정보의 수집방법을 검토한다.

[출제의도]
방대한 정보들 중 꼭 필요한 정보와 수집 방법 등을 전략적으로 기획하고 정보수집이 이루어질 때 효과적인 정보 수집이 가능해진다. 5W2H는 이러한 전략적 정보 활용 기획의 방법으로 그 개념을 이해하고 있는지를 묻는 질문이다.
[해설]
5W2H의 'WHAT'은 정보의 입수대상을 명확히 하는 것이다. 정보의 수집 방법을 검토하는 것은 HOW(어떻게)에 해당되는 내용이다.

답 ①

(3) 사이버공간에서 지켜야 할 예절

① 인터넷의 역기능
  ㉠ 불건전 정보의 유통
  ㉡ 개인 정보 유출
  ㉢ 사이버 성폭력
  ㉣ 사이버 언어폭력
  ㉤ 언어 훼손
  ㉥ 인터넷 중독
  ㉦ 불건전한 교제
  ㉧ 저작권 침해

② 네티켓(netiquette) … 네트워크(network) + 에티켓(etiquette)

(4) 정보의 유출에 따른 피해사례

① 개인정보의 종류

ㄱ 일반 정보 : 이름, 주민등록번호, 운전면허정보, 주소, 전화번호, 생년월일, 출생지, 본적지, 성별, 국적 등

ㄴ 가족 정보 : 가족의 이름, 직업, 생년월일, 주민등록번호, 출생지 등

ㄷ 교육 및 훈련 정보 : 최종학력, 성적, 기술자격증/전문면허증, 이수훈련 프로그램, 서클활동, 상벌사항, 성격/행태보고 등

ㄹ 병역 정보 : 군번 및 계급, 제대유형, 주특기, 근무부대 등

ㅁ 부동산 및 동산 정보 : 소유주택 및 토지, 자동차, 저축현황, 현금카드, 주식 및 채권, 수집품, 고가의 예술품 등

ㅂ 소득 정보 : 연봉, 소득의 원천, 소득세 지불 현황 등

ㅅ 기타 수익 정보 : 보험가입현황, 수익자, 회사의 판공비 등

ㅇ 신용 정보 : 대부상황, 저당, 신용카드, 담보설정 여부 등

ㅈ 고용 정보 : 고용주, 회사주소, 상관의 이름, 직무수행 평가 기록, 훈련기록, 상벌기록 등

ㅊ 법적 정보 : 전과기록, 구속기록, 이혼기록 등

ㅋ 의료 정보 : 가족병력기록, 과거 의료기록, 신체장애, 혈액형 등

ㅌ 조직 정보 : 노조가입, 정당가입, 클럽회원, 종교단체 활동 등

ㅍ 습관 및 취미 정보 : 흡연/음주량, 여가활동, 도박성향, 비디오 대여기록 등

② 개인정보 유출방지 방법

ㄱ 회원 가입 시 이용 약관을 읽는다.

ㄴ 이용 목적에 부합하는 정보를 요구하는지 확인한다.

ㄷ 비밀번호는 정기적으로 교체한다.

ㄹ 정체불명의 사이트는 멀리한다.

ㅁ 가입 해지 시 정보 파기 여부를 확인한다.

ㅂ 남들이 쉽게 유추할 수 있는 비밀번호는 자제한다.

2 정보능력을 구성하는 하위능력

(1) 컴퓨터활용능력

① 인터넷 서비스 활용
  ㉠ 전자우편(E-mail) 서비스 : 정보 통신망을 이용하여 다른 사용자들과 편지나 여러 정보를 주고받는 통신 방법
  ㉡ 인터넷 디스크/웹 하드 : 웹 서버에 대용량의 저장 기능을 갖추고 사용자가 개인용 컴퓨터의 하드디스크와 같은 기능을 인터넷을 통하여 이용할 수 있게 하는 서비스
  ㉢ 메신저 : 인터넷에서 실시간으로 메시지와 데이터를 주고받을 수 있는 소프트웨어
  ㉣ 전자상거래 : 인터넷을 통해 상품을 사고팔거나 재화나 용역을 거래하는 사이버 비즈니스

② 정보검색 … 여러 곳에 분산되어 있는 수많은 정보 중에서 특정 목적에 적합한 정보만을 신속하고 정확하게 찾아내어 수집, 분류, 축적하는 과정
  ㉠ 검색엔진의 유형
  • 키워드 검색 방식 : 찾고자 하는 정보와 관련된 핵심적인 언어인 키워드를 직접 입력하여 이를 검색 엔진에 보내어 검색 엔진이 키워드와 관련된 정보를 찾는 방식
  • 주제별 검색 방식 : 인터넷상에 존재하는 웹 문서들을 주제별, 계층별로 정리하여 데이터베이스를 구축한 후 이용하는 방식
  • 통합형 검색방식 : 사용자가 입력하는 검색어들이 연계된 다른 검색 엔진에게 보내고 이를 통하여 얻어진 검색 결과를 사용자에게 보여주는 방식
  ㉡ 정보 검색 연산자

기호	연산자	검색조건
*, &	AND	두 단어가 모두 포함된 문서를 검색
|	OR	두 단어가 모두 포함되거나 두 단어 중에서 하나만 포함된 문서를 검색
-, !	NOT	'-' 기호나 '!' 기호 다음에 오는 단어는 포함하지 않는 문서를 검색
~, near	인접검색	앞/뒤의 단어가 가깝게 있는 문서를 검색

③ 소프트웨어의 활용
  ㉠ 워드프로세서
  • 특징 : 문서의 내용을 화면으로 확인하면서 쉽게 수정 가능, 문서 작성 후 인쇄 및 저장 가능, 글이나 그림의 입력 및 편집 가능
  • 기능 : 입력기능, 표시기능, 저장기능, 편집기능, 인쇄기능 등

ⓛ 스프레드시트
- 특징 : 쉽게 계산 수행, 계산 결과를 차트로 표시, 문서를 작성하고 편집 가능
- 기능 : 계산, 수식, 차트, 저장, 편집, 인쇄기능 등

귀하는 커피 전문점을 운영하고 있다. 아래와 같이 엑셀 워크시트로 4개 지점의 원두 구매 수량과 단가를 이용하여 금액을 산출하고 있다. 귀하가 다음 중 D3셀에서 사용하고 있는 함수식으로 옳은 것은? (단, 금액 = 수량 × 단가)

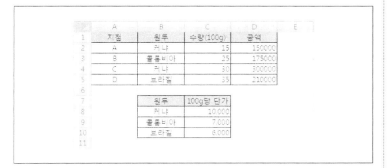

① =C3*VLOOKUP(B3, $B$8:$C$10, 1, 1)

② =B3*HLOOKUP(C3, $B$8:$C$10, 2, 0)

③ =C3*VLOOKUP(B3, $B$8:$C$10, 2, 0)

④ =C3*HLOOKUP($B$8:$C$10, 2, B3)

[출제의도]
본 문항은 엑셀 워크시트 함수의 활용도를 확인하는 문제이다.
[해설]
"VLOOKUP(B3,$B$8:$C$10, 2, 0)"의 함수를 해설해보면 B3의 값(콜롬비아)을 B8:C10에서 찾은 후 그 영역의 2번째 열(C열, 100g당 단가)에 있는 값을 나타내는 함수이다. 금액은 "수량 × 단가"으로 나타내므로 D3셀에 사용되는 함수식은 "=C3*VLOOKUP(B3, $B$8:$C$10, 2, 0)"이다.
※ HLOOKUP과 VLOOKUP
ⓐ HLOOKUP : 배열의 첫 행에서 값을 검색하여, 지정한 행의 같은 열에서 데이터를 추출
ⓑ VLOOKUP : 배열의 첫 열에서 값을 검색하여, 지정한 열의 같은 행에서 데이터를 추출

답 ③

ⓒ 프레젠테이션
- 특징 : 각종 정보를 사용자 또는 대상자에게 쉽게 전달
- 기능 : 저장, 편집, 인쇄, 슬라이드 쇼 기능 등
ⓓ 유틸리티 프로그램 : 파일 압축 유틸리티, 바이러스 백신 프로그램

④ 데이터베이스의 필요성
ⓐ 데이터의 중복을 줄인다.
ⓑ 데이터의 무결성을 높인다.
ⓒ 검색을 쉽게 해준다.
ⓓ 데이터의 안정성을 높인다.
ⓔ 개발기간을 단축한다.

(2) 정보처리능력

① **정보원** … 1차 자료는 원래의 연구성과가 기록된 자료이며, 2차 자료는 1차 자료를 효과적으로 찾아보기 위한 자료 또는 1차 자료에 포함되어 있는 정보를 압축·정리한 형태로 제공하는 자료이다.

    ㉠ **1차 자료** : 단행본, 학술지와 논문, 학술회의자료, 연구보고서, 학위논문, 특허정보, 표준 및 규격자료, 레터, 출판 전 배포자료, 신문, 잡지, 웹 정보자원 등

    ㉡ **2차 자료** : 사전, 백과사전, 편람, 연감, 서지데이터베이스 등

② **정보분석 및 가공**

    ㉠ **정보분석의 절차** : 분석과제의 발생 → 과제(요구)의 분석 → 조사항목의 선정 → 관련정보의 수집(기존자료 조사/신규자료 조사) → 수집정보의 분류 → 항목별 분석 → 종합·결론 → 활용·정리

    ㉡ **가공** : 서열화 및 구조화

③ **정보관리**

    ㉠ 목록을 이용한 정보관리

    ㉡ 색인을 이용한 정보관리

    ㉢ 분류를 이용한 정보관리

| 예제 3

인사팀에서 근무하는 J씨는 회사가 성장함에 따라 직원 수가 급증하기 시작하면서 직원들의 정보관리 방법을 모색하던 중 다음과 같은 A사의 직원 정보관리 방법을 보게 되었다. J씨는 A사가 하고 있는 이 방법을 회사에도 도입하고자 한다. 이 방법은 무엇인가?

> A사의 인사부서에 근무하는 H씨는 직원들의 개인정보를 관리하는 업무를 담당하고 있다. A사에서 근무하는 직원은 수천 명에 달하기 때문에 H씨는 주요 키워드나 주제어를 가지고 직원들의 정보를 구분하여 관리하여, 찾을 때도 쉽고 내용을 수정할 때도 이전보다 훨씬 간편할 수 있도록 했다.

① 목록을 활용한 정보관리
② 색인을 활용한 정보관리
③ 분류를 활용한 정보관리
④ 1:1 매칭을 활용한 정보관리

답 ②

04 출제예상문제

1 다음 (가)~(다)의 설명에 맞는 검색 방식이 순서대로 올바르게 짝지어진 것은?

> (가) 컴퓨터를 전혀 모르는 사람이라도 대화하듯이, 일반적인 문장의 형태로 검색어를 입력하는 방식
> (나) 인터넷상에 존재하는 웹 문서들을 주제별, 계층별로 정리하여 데이터베이스를 구축한 후 이용하는 방식
> (다) 찾고자 하는 정보와 관련된 핵심적인 언어인 키워드를 직접 입력하여 이를 검색 엔진에 보내어 검색 엔진이 키워드와 관련된 정보를 찾는 방식

① 자연어 검색 방식, 주제별 검색 방식, 키워드 검색 방식
② 주제별 검색 방식, 연산자 검색 방식, 키워드 검색 방식
③ 통합형 검색 방식, 키워드 검색 방식, 자연어 검색 방식
④ 키워드 검색 방식, 연산자 검색 방식, 통합형 검색 방식

 (가) **자연어 검색 방식**: 자연어 검색이란 컴퓨터를 전혀 모르는 사람이라도 대화하듯이, 일반적인 문장의 형태로 검색어를 입력하는 방식을 말한다. 일반적인 키워드 검색과 달리 자연어 검색은 사용자가 질문하는 문장을 분석하여 질문의 의미 파악을 통해 정보를 찾기 때문에 훨씬 더 간편하고 정확도 높은 답을 찾을 수 있다. 단순한 키워드 검색의 경우 중복 검색이 되거나 필요 없는 정보가 더 많아서 여러 차례 해당하는 정보를 찾기 위해 불편을 감수해야 하지만, 자연어 검색은 질문의 의미에 적합한 답만을 찾아주기 때문에 더 효율적이다.

(나) **주제별 검색 방식**: 인터넷상에 존재하는 웹 문서들을 주제별, 계층별로 정리하여 데이터베이스를 구축한 후 이용하는 방식이다. 사용자는 단지 자신이 원하는 정보를 찾을 때까지 상위의 주제부터 하위의 주제까지 분류되어 있는 내용을 선택하여 검색하면 원하는 정보를 발견하게 된다.

(다) **키워드 검색 방식**: 키워드 검색 방식은 찾고자 하는 정보와 관련된 핵심적인 언어인 키워드를 직접 입력하여 이를 검색 엔진에 보내어 검색 엔진이 키워드와 관련된 정보를 찾는 방식이다. 사용자 입장에서는 키워드만을 입력하여 정보 검색을 간단히 할 수 있는 장점이 있는 반면에, 키워드가 불명확하게 입력된 경우에는 검색 결과가 너무 많아 효율적인 검색이 어려울 수 있는 단점이 있다.

Answer ◦ 1.①

2 다음 중 '클라우드 컴퓨팅'에 대한 적절한 설명이 아닌 것은?

① 사용자들이 복잡한 정보를 보관하기 위해 별도의 데이터 센터를 구축할 필요가 없다.

② 정보의 보관보다 정보의 처리 속도와 정확성이 관건인 네트워크 서비스이다.

③ 장소와 시간에 관계없이 다양한 단말기를 통해 정보에 접근할 수 있다.

④ 주소록, 동영상, 음원, 오피스 문서, 게임, 메일 등 다양한 콘텐츠를 대상으로 한다.

 클라우드 컴퓨팅이란 인터넷을 통해 제공되는 서버를 활용해 정보를 보관하고 있다가 필요할 때 꺼내 쓰는 기술을 말한다. 따라서 클라우드 컴퓨팅의 핵심은 데이터의 저장·처리·네트워킹 및 다양한 어플리케이션 사용 등 IT 관련 서비스를 인터넷과 같은 네트워크를 기반으로 제공하는데 있어, 정보의 보관 분야에 있어 획기적인 컴퓨팅 기술이라고 할 수 있다.

3 국내에서 사용하는 인터넷 도메인(Domain)은 현재 2단계 도메인으로 구성되어 있다. 다음 중 도메인 종류와 해당 기관의 성격이 올바르게 연결되지 않은 것은?

① hs.kr – 고등학교

② go.kr – 정부기관

③ ne.kr – 네트워크

④ ed.kr – 대학

 대학은 Academy의 약어를 활용한 'ac.kr'을 도메인으로 사용한다. 주어진 도메인 외에도 다음과 같은 것들을 참고할 수 있다.
ㄱ co.kr – 기업/상업기관(Commercial)
ㄴ ne.kr – 네트워크(Network)
ㄷ or.kr – 비영리기관(Organization)
ㄹ go.kr – 정부기관(Government)
ㅁ hs.kr – 고등학교(High school)
ㅂ ms.kr – 중학교(Middle school)
ㅅ es.kr – 초등학교(Elementary school)

4 길동이는 이번 달 사용한 카드 사용금액을 시기별, 항목별로 다음과 같이 정리하였다. 항목별 단가를 확인한 후 D2 셀에 함수식을 넣어 D5까지 드래그를 하여 결과값을 알아보고자 한다. 길동이가 D2 셀에 입력해야 할 함수식으로 적절한 것은 어느 것인가?

	A	B	C	D
1	시기	항목	횟수	사용금액(원)
2	1주	식비	10	
3	2주	의류구입	3	
4	3주	교통비	12	
5	4주	식비	8	
6				
7	항목	단가		
8	식비	6500		
9	의류구입	43000		
10	교통비	3500		

① =C2*HLOOKUP(B2,$A$8:$B$10,2,0)

② =B2*HLOOKUP(C2,$A$8:$B$10,2,0)

③ =B2*VLOOKUP(B2,$A$8:$B$10,2,0)

④ =C2*VLOOKUP(B2,$A$8:$B$10,2,0)

 VLOOKUP은 범위의 첫 열에서 찾을 값에 해당하는 데이터를 찾은 후 찾을 값이 있는 행에서 열 번호 위치에 해당하는 데이터를 구하는 함수이다. 단가를 찾아 연결하기 위해서는 열에 대하여 '항목'을 찾아 단가를 구하게 되므로 VLOOKUP 함수를 사용해야 한다.

찾을 방법은 TRUE(1) 또는 생략할 경우, 찾을 값의 아래로 근삿값, FALSE(0)이면 정확한 값을 표시한다. VLOOKUP(B2,$A$8:$B$10,2,0)은 'A8:B10' 영역의 첫 열에서 '식비'에 해당하는 데이터를 찾아 2열에 있는 단가 값인 6500을 선택하게 된다.

따라서 '=C2*VLOOKUP(B2,$A$8:$B$10,2,0)'은 10 × 6500이 되어 결과값이 65000이 되며, 이를 드래그하면, 각각 129000, 42000, 52000의 사용금액을 결과값으로 나타내게 된다.

5~7 다음은 R그룹 물류창고의 책임자와 각 창고 내 보관된 제품의 코드 목록을 보고 물음에 답하시오.

책임자	제품코드번호	책임자	제품코드번호
이수현	17081B010300015	홍자영	18064J020900103
김지원	18076Q031400007	여하진	19023G041801001
최예원	19027T041700079	이지은	17092E010600005
김지호	18112E020700088	권민아	19108V031100753
황용식	17124L010400045	김선영	19037S021000015

ex) 제품코드번호 (생산연월) – (생산공장) – (제품종류) – (생산순서)

생산연월	생산공장				제품종류				생산순서
	지역코드		고유번호		분류코드		고유번호		
• 1805 －2018년 5월 • 1912 －2019년 12월	1	성남	A	1공장	01	외투	01	가죽	• 00001부터 시작하여 생산 순서대로 5자리의 번호가 매겨짐
			B	2공장			02	면	
			C	3공장			03	폴리	
	2	구리	D	1공장			04	린넨	
			E	2공장			05	니트	
			F	3공장			06	패딩	
	3	창원	G	1공장	02	상의	07	니트	
			H	2공장			08	긴팔	
			I	3공장			09	셔츠	
	4	서산	J	1공장			10	반팔	
			K	2공장			11	치마	
			L	3공장	03	하의	12	바지	
	5	원주	M	1공장			13	데님	
			N	2공장			14	레깅스	
			O	3공장			15	헤어	
	6	강릉	P	1공장	04	악세서리	16	귀걸이	
			Q	2공장			17	목걸이	
			R	3공장			18	반지	
	7	진주	S	1공장					
			T	2공장					
	8	합천	U	1공장					
			V	2공장					

5 R그룹 물류창고의 제품 중 2018년 7월에 구리 1공장에서 57번째로 생산된 하의 데님의 코드로 알맞은 것은?

① 18072D031200057

② 18072D031300057

③ 18072F031300057

④ 18072F031200570

 2018년 7월 : 1807
구리 1공장 : 2D
하의 데님 : 0313
57번째로 생산 : 00057

6 2019년 2월 진주 2공장에서 79번째로 생산한 목걸이의 관리 책임자는 누구인가?

① 여하진   ② 홍자영

③ 최예원   ④ 김선영

 문제의 제품의 코드번호는 '19027T041700079'이고 책임자는 최예원이다.

7 다음 중 성남 2공장과 서산 3공장의 제품을 보관하고 있는 물류창고의 책임자를 순서대로 나열한 것은?

① 이수현 − 황용식

② 권민아 − 김지호

③ 이수현 − 김지호

④ 권민아 − 황용식

 성남 2공장의 코드는 1B, 서산 3공장의 코드는 4L이다.
이수현(17081B010300015) − 황용식(17124L010400045)

Answer ↪ 5.②   6.③   7.①

8 다음 중 필요한 정보를 효과적으로 수집하기 위하여 가져야 하는 정보 인식 태도에 대한 설명으로 적절하지 않은 것은?

① 중요한 정보를 수집하기 위해서는 우선적으로 신뢰관계가 전제가 되어야 한다.

② 정보는 빨리 취득하는 것보다 항상 정보의 질과 내용을 우선시하여야 한다.

③ 단순한 인포메이션을 수집할 것이 아니라 직접적으로 도움을 줄 수 있는 인텔리전스를 수집할 필요가 있다.

④ 수집된 정보를 효과적으로 분류하여 관리할 수 있는 저장 툴을 만들어 두어야 한다.

 변화가 심한 시대에는 정보를 빨리 잡는다는 것도 상당히 중요한 포인트가 된다. 때로는 질이나 내용보다는 정보를 남보다 빠르게 잡는 것만으로도 앞설 수 있다. 더군다나 격동의 시대에는 빠른 정보수집이 결정적인 효과를 가져 올 가능성이 클 것이다.

9 다음 글에서 알 수 있는 '정보'의 특징으로 적절하지 않은 것은?

> 천연가스 도매요금이 인상될 것이라는 전망과 그 예측에 관한 정보는 가스사업자에게나 유용한 것이지 일반 대중에게 직접적인 영향을 주는 정보는 아니다. 관련된 일을 하거나 특별한 이유가 있어서 찾아보는 경우를 제외하면 이러한 정보에 관심을 갖게 되는 사람들이 있을까?

① 우리가 필요로 하는 정보의 가치는 여러 가지 상황에 따라서 아주 달라질 수 있다.

② 정보의 가치는 우리의 요구, 사용 목적, 그것이 활용되는 시기와 장소에 따라서 다르게 평가된다.

③ 정보는 비공개 정보보다는 반공개 정보가, 반공개 정보보다는 공개 정보가 더 큰 가치를 가질 수 있다.

④ 원하는 때에 제공되지 못하는 정보는 정보로서의 가치가 없어지게 될 것이다.

 적시성과 독점성은 정보의 핵심적인 특성이다. 따라서 정보는 우리가 원하는 시간에 제공되어야 하며, 원하는 시간에 제공되지 못하는 정보는 정보로서의 가치가 없어지게 될 것이다. 또한 정보는 아무리 중요한 내용이라도 공개가 되고 나면 그 가치가 급격하게 떨어지는 것이 보통이다. 따라서 정보는 공개 정보보다는 반공개 정보가, 반공개 정보보다는 비공개 정보가 더 큰 가치를 가질 수 있다. 그러나 비공개 정보는 정보의 활용이라는 면에서 경제성이 떨어지고, 공개 정보는 경쟁성이 떨어지게 된다. 따라서 정보는 공개 정보와 비공개 정보를 적절히 구성함으로써 경제성과 경쟁성을 동시에 추구해야 한다.

10 다음 중 '유틸리티 프로그램'으로 볼 수 없는 것은?

① 고객 관리 프로그램

② 화면 캡쳐 프로그램

③ 이미지 뷰어 프로그램

④ 동영상 재생 프로그램

 사용자가 컴퓨터를 좀 더 쉽게 사용할 수 있도록 도와주는 소프트웨어(프로그램)를 '유틸리티 프로그램'이라고 하고 통상 줄여서 '유틸리티'라고 한다. 유틸리티 프로그램은 본격적인 응용 소프트웨어라고 하기에는 크기가 작고 기능이 단순하다는 특징을 가지고 있으며, 사용자가 컴퓨터를 사용하면서 처리하게 되는 여러 가지 작업을 의미한다.
① 고객 관리 프로그램, 자원관리 프로그램 등은 대표적인 응용 소프트웨어에 속한다.

11 다음에서 설명하고 있는 컴퓨터의 기능은?

> 자료와 정보 또는 처리방법 등을 외부에 전달하거나 전달받도록 하는 기능이다. 예컨대, 처리할 자료를 다른 컴퓨터로부터 입력받을 수도 있고, 다른 컴퓨터에서 자료를 처리하게 할 수도 있으며, 처리된 정보를 외부의 여러 컴퓨터로 전달하고 저장할 수 있도록 해 준다.

① 통신기능   ② 입력기능

③ 기억기능   ④ 연산기능

 컴퓨터의 기능
㉠ 입력기능 : 자료를 처리하기 위해서 필요한 자료를 받아들이는 기능이다.
㉡ 기억기능 : 처리대상으로 입력된 자료와 처리결과로 출력된 정보를 기억하는 기능이다.
㉢ 연산기능 : 주기억장치에 저장되어 있는 자료들에 대하여 산술 및 논리연산을 행하는 기능이다.
㉣ 제어기능 : 주기억장치에 저장되어 있는 명령을 해독하여 필요한 장치에 신호를 보내어 자료처리가 이루어지도록 하는 기능이다.
㉤ 출력기능 : 정보를 활용할 수 있도록 나타내 주는 기능이다.
㉥ 통신기능 : 위와 같은 5가지 기본기능을 보완하는 기능으로서, 자료와 정보 또는 처리방법 등을 외부에 전달하거나 전달받도록 해 준다. 예컨대, 처리할 자료를 다른 컴퓨터로부터 입력받을 수도 있고, 다른 컴퓨터에서 자료를 처리하게 할 수도 있으며, 처리된 정보를 외부의 여러 컴퓨터로 전달하고 저장할 수 있도록 해 준다.

Answer 8.② 9.③ 10.① 11.①

12 다음 중 데이터(정보) 표현의 최소 단위는?

① 비트(Bit) ② 바이트(Byte)

③ 레코드(Record) ④ 파일(File)

 ② 하나의 문자, 숫자, 기호의 단위로 8Bit의 모임이다.
③ 하나 이상의 필드가 모여 구성되는 프로그램 처리의 기본 단위
④ 서로 연관된 레코드들의 집합이다.

13 다음 중 개인정보의 분류가 다른 하나는?

① 성명 ② 생년월일

③ 출생지 ④ 상벌 기록

 개인정보
㉠ **일반정보** : 성명, 주민등록번호, 운전면허정보, 주소, 전화번호, 생년월일, 출생지, 본적지, 성별, 국적 등
㉡ **고용정보** : 고용주, 회사주소, 상관의 이름, 직무수행평가 기록, 훈련 기록, 상벌 기록 등

14 다음에 해당하는 검색 옵션은 무엇인가?

> 와일드 카드 문자를 키워드로 입력한 단어에 붙여 사용하는 검색으로 어미나 어두를 확장시켜 검색한다.

① 필드 검색 ② 절단 검색

③ 구문 검색 ④ 자연어 검색

 대표적인 검색 옵션
㉠ **구문검색** : " " 식의 구문으로 검색하는 방법
㉡ **절단검색** : *, %를 이용해 지정한 검색어를 포함한 문자열 검색
㉢ **자연어검색** : 평상시에 사용하는 문장 형식으로 검색

15 Windows의 특징으로 옳지 않은 것은?

① 다중 사용자의 단일 작업만 가능하다.

② GUI(Graphic User Interface) 환경을 제공한다.

③ P&P를 지원하여 주변장치 인식이 용이하다.

④ 긴 파일이름을 지원한다.

 Windows의 특징
ㄱ 단일 사용자의 다중작업이 가능하다.
ㄴ GUI(Graphic User Interface) 환경을 제공한다.
ㄷ P&P를 지원하여 주변장치 인식이 용이하다.
ㄹ 긴 파일이름을 지원한다.
ㅁ OLE(개체 연결 및 포함) 기능을 지원한다.

16 다음 컴퓨터의 기억용량 단위 중 가장 작은 것은?

① YB   ② GB

③ TB   ④ EB

 컴퓨터의 기억용량 단위
• 요타(YB) : 2^{80} byte (1024 ZB)
• 제타(ZB) : 2^{70} byte (1024 EB)
• 엑사(EB) : 2^{60} byte (1024 PB)
• 페타(PB) : 2^{50} byte (1024 TB)
• 테라(TB) : 2^{40} byte (1024 GB)
• 기가(GB) : 2^{30} byte (1024 MB)
• 메가(MB) : 2^{20} byte (1024 KB)
• 킬로(KB) : 2^{10} byte

17 다음 중 최초의 전자계산기는 무엇인가?

① EDSAC   ② EDVAC

③ ENIAC   ④ UNIVAC-I

 ① EDSAC : 최초 프로그램 내장방식 채택
② EDVAC : 프로그램 내장방식
④ UNIVAC-I : 최초의 상업용계산기

Answer ↝ 12.① 13.④ 14.② 15.① 16.② 17.③

18 다음 중 개인정보 유출을 막는 방법으로 옳지 않은 것은?

① 회원 가입 시 이용 약관을 확인한다.

② 정체불명의 사이트는 멀리한다.

③ 비밀번호는 외우기 쉽도록 하나로 통일한다.

④ 이용 목적에 부합하는 정보를 요구하는지 확인한다.

 개인정보 유출방지 방법
ⓐ 회원 가입 시 이용 약관을 읽는다.
ⓑ 이용 목적에 부합하는 정보를 요구하는지 확인한다.
ⓒ 비밀번호는 정기적으로 교체한다.
ⓓ 정체불명의 사이트는 멀리한다.
ⓔ 가입 해지 시 정보 파기 여부를 확인한다.
ⓕ 남들이 쉽게 유추할 수 있는 비밀번호는 자제한다.

19 다음 중 PC에서 활용되는 "휴지통"에 관한 서술로서 가장 옳지 않은 것은?

① 휴지통 폴더 안의 기록은 파일 및 디렉터리의 본래 위치를 기억하고 있다.

② 휴지통에 삭제된 파일을 오랫동안 보관할 경우에는 불필요한 용량을 차지할 수 있다.

③ 사용자가 고의적으로나 실수로 삭제한 파일을 찾아보거나 복구할 수 있게 하며, "휴지통 비우기"를 누름으로써 완전히 지울 수 있는 기능도 있다.

④ 사용자가 물리 기억장치에서 완전하게 지우도록 설정하지 않은 경우에도 자료가 휴지통에서 삭제된다.

 사용자가 물리 기억장치에서 완전하게 지우도록 설정하지 않은 경우에 자료가 휴지통에 보관된다.

20 다음 중 메신저의 특징으로 보기 어려운 것은?

① 인터넷을 통해 실시간으로 대화를 나눌 수 있다.

② 목록에 등재되어 있는 친구가 네트워크에 로그온을 하였을 때, 그 사실을 사용자에게 알려준다.

③ 상대방이 온라인상에 어떤 상태로 존재하는가를 알 수 있고 메시지에 대해 즉각 응답할 수 있다.

④ 메신저를 통해 광고, 쇼핑몰 등 네트워크를 이용한 사업전략을 적용할 수 없다.

 메신저의 특징
ⓐ 인터넷을 통해 실시간으로 대화를 나눌 수 있다.
ⓑ 목록에 등재되어 있는 친구가 네트워크에 로그온을 하였을 때, 그 사실을 사용자에게 알려준다.
ⓒ 상대방이 온라인상에 어떤 상태로 존재하는가를 알 수 있고 메시지에 대해 즉각 응답할 수 있다.
ⓓ 대부분의 메신저가 파일 교환을 지원하기 때문에 FTP를 거치지 않고 바로 파일을 교환할 수 있다.
ⓔ 메신저를 통해 광고, 쇼핑몰 등 네트워크를 이용한 사업전략을 적용할 수 있다.

21~25 K사에 입사한 당신은 다음 시스템의 모니터링 및 관리 업무를 담당하게 되었다. 모니터에 나타나는 정보를 이해하고 시스템 상태를 판독하여 적절한 입력코드를 고르시오.

```
System is checking.......
File system type is A.
Label backup @ X :
Checking…
error founded in index $3$ for factor 369.
error founded in index $2$ for factor 270.
error founded in index $10$ for factor 130.
Correcting value 372.


Input code : _____
```

항목	세부사항
File System Type	• A : 모든 error value들의 합을 FEV로 지정 • B : 모든 error value들의 곱을 FEV로 지정
Label Backup	• X : correcting value를 그대로 사용 • Y : 기존 correcting value에 100을 더한 값을 correcting value 로 사용
Index $#$ for Factor ##	• 오류 발생 위치 : $와 $사이에 나타나는 숫자 • 오류 유형 : factor 뒤에 나타나는 숫자
Error Value	• 오류 발생 위치가 오류 유형에 포함 : 오류 발생 위치에 있는 숫자 • 오류 발생 위치가 오류 유형에 미포함 : 1 * FEV (Final Error Value) : File system type에 따라 error value를 이 용하여 산출하는 세 자리의 수치 (예 : 007, 187, 027)
Correcting Value	FEV와의 대조를 통하여 시스템 상태 판단

판단 기준	시스템 상태	입력 코드
FEV를 구성하는 숫자가 correcting value를 구성하는 숫자에 모두 포함되어 있는 경우	안전	safe
FEV를 구성하는 숫자가 correcting value를 구성하는 숫자에 일부만 포함되어 있는 경우	경계	포함되는 숫자가 1개인 경우 : alert 포함되는 숫자가 2개인 경우 : vigilant
FEV를 구성하는 숫자가 correcting value를 구성하는 숫자에 전혀 포함되어 있지 않은 경우	위험	danger

21

```
System is checking.......
File system type is A.
Label backup @ X :
Checking…
error founded in index $9$ for factor 89.
error founded in index $8$ for factor 31.
error founded in index $7$ for factor 71.
Correcting value 520.


Input code : _____
```

① safe   ② alert

③ vigilant   ④ danger

 9는 89에 포함되고 8은 31에 포함되지 않으며 7은 71에 포함되므로 error value는 각각 9,1,7이다. File system type이 A이므로 FEV는 017로 지정된다. Label backup이 X이므로 correcting value는 520 그대로 사용한다. FEV 017이 520에 일부 포함되므로 시스템 상태는 경계에 해당하며, 포함되는 숫자가 '0' 하나이므로 입력코드는 alert이다.

22

> System is checking.......
> File system type is B.
> Label backup @ Y :
> Checking···
> error founded in index 19 for factor 913.
> error founded in index 88 for factor 270.
> error founded in index 6 for factor 307.
> Correcting value 049.
>
> Input code : _____

① safe   ② alert

③ vigilant   ④ danger

 19는 913에 포함되고 88은 270에 포함되지 않으며 6은 307에 포함되지 않으므로 error value는 각각 19, 1, 1이다. File system type이 B이므로 error value들의 곱인 019가 FEV이다. Label backup이 Y이므로 049에 100을 더한 149를 correcting value로 사용한다. FEV 019가 149에 일부 포함되므로 시스템 상태는 경계에 해당하며, 포함되는 숫자가 '1'과 '9' 두 개이므로 입력코드는 vigilant이다.

23

System is checking.......

File system type is B.

Label backup @ X :

Checking⋯

error founded in index 55 for factor 369.

error founded in index 24 for factor 402.

error founded in index 5 for factor 65.

Correcting value 648.

Input code : _____

① safe   ② alert

③ vigilant   ④ danger

 55는 369에 포함되지 않고 24는 402에 포함되며 5는 65에 포함되므로 error value는 각
각 1, 24, 5이다. File system type이 B이므로 error value들의 곱인 120이 FEV이다.
Label backup이 X이므로 correcting value 648을 그대로 사용한다. FEV 120이 648에 포
함되지 않으므로 시스템 상태는 위험에 해당하며 입력코드는 danger이다.

Answer ⤶ 22.③ 23.④

24

System is checking.......
File system type is A.
Label backup @ X :
Checking⋯
error founded in index 28 for factor 44.
error founded in index 6 for factor 280.
error founded in index 4 for factor 74.
Correcting value 424.

Input code : _____

① safe   ② alert
③ vigilant   ④ danger

 28은 44에 포함되지 않고, 6은 280에 포함되지 않으며 4은 74에 포함되므로 error value
는 각각 1, 1, 4이다. File system type이 A이므로 error value들의 합인 006이 FEV이다.
Label backup이 X이므로 correcting value 424를 그대로 사용한다. FEV 006이 424에 포
함되지 않으므로 시스템 상태는 위험에 해당하며 입력코드는 danger이다.

25

System is checking.......
File system type is B.
Label backup @ Y :
Checking⋯
error founded in index 88 for factor 829.
error founded in index 3 for factor 321.
error founded in index 7 for factor 205.
Correcting value 326.

Input code : _____

① safe   ② alert
③ vigilant   ④ danger

26 다음 중 아래 워크시트에서 참고표를 참고하여 55,000원에 해당하는 할인율을 [C6]셀에 구하고
자 할 때의 적절한 함수식은?

	A	B	C	D	E	F
1		<참고표>				
2		금액	30,000	50,000	80,000	150,000
3		할인율	3%	7%	10%	15%
4						
5		금액	55,000			
6		할인율	7%			

① =LOOKUP(C5,C2:F2,C3:F3)

② =HLOOKUP(C5,B2:F3,1)

③ =VLOOKUP(C5,C2:F3,1)

④ =VLOOKUP(C5,B2:F3,2)

 LOOKUP은 LOOKUP(찾는 값, 범위 1, 범위 2)로 작성하여 구한다.
VLOOKUP은 범위에서 찾을 값에 해당하는 열을 찾은 후 열 번호에 해당하는 셀의 값을
구하며, HLOOKUP은 범위에서 찾을 값에 해당하는 행을 찾은 후 행 번호에 해당하는 셀
의 값을 구한다.

Answer ⟶ 24.④ 25.① 26.①

27 다음은 선택정렬에 관한 설명과 예시이다. 〈보기〉의 수를 선택정렬을 이용하여 오름차순으로 정렬하려고 할 때, 2회전의 결과는?

선택정렬(Selection sort)는 주어진 데이터 중 최솟값을 찾고 최솟값을 정렬되지 않은 데이터 중 맨 앞에 위치한 값과 교환한다. 교환은 두 개의 숫자가 서로 자리를 맞바꾸는 것을 말한다. 정렬된 데이터를 제외한 나머지 데이터를 같은 방법으로 교환하여 반복하면 정렬이 완료된다.

〈예시〉

68, 11, 3, 82, 7을 정렬하려고 한다.

• 1회전 (최솟값 3을 찾아 맨 앞에 위치한 68과 교환)

68	11	3	82	7

3	11	68	82	7

• 2회전 (정렬이 된 3을 제외한 데이터 중 최솟값 7을 찾아 11과 교환)

3	11	68	82	7

3	7	68	82	11

• 3회전 (정렬이 된 3, 7을 제외한 데이터 중 최솟값 11을 찾아 68과 교환)

3	7	68	82	11

3	7	11	82	68

• 4회전 (정렬이 된 3, 7, 11을 제외한 데이터 중 최솟값 68을 찾아 82와 교환)

3	7	11	82	68

3	7	11	68	82

〈보기〉

5, 3, 8, 1, 2

① 1, 2, 8, 5, 3   ② 1, 2, 5, 3, 8

③ 1, 2, 3, 5, 8   ④ 1, 2, 3, 8, 5

㉠ 1회전

5	3	8	1	2

1	3	8	5	2

㉡ 2회전

1	3	8	5	2

1	2	8	5	3

28 다음은 시트 탭에서 원하는 시트를 선택하는 방법에 관한 설명이다. ㉠, ㉡에 들어갈 알맞은 키는?

> 연속적인 여러 개의 시트를 선택할 경우에는 첫 번째 시트를 클릭하고, (㉠) 키를 누른 채 마지막 시트를 클릭한다. 서로 떨어져 있는 여러 개의 시트를 선택할 경우에는 첫 번째 시트를 클릭하고, (㉡) 키를 누른 채 원하는 시트를 차례로 클릭한다.

	㉠	㉡
①	〈Ctrl〉	〈Alt〉
②	〈Shift〉	〈Ctrl〉
③	〈Tab〉	〈Ctrl〉
④	〈Shift〉	〈Alt〉

연속적인 여러 개의 시트를 선택할 경우에는 첫 번째 시트를 클릭하고 〈Shift〉 키를 누른 채 마지막 시트를 클릭하고 서로 떨어져 있는 여러 개의 시트를 선택할 경우에는 첫 번째 시트를 클릭하고 〈Ctrl〉 키를 누른 채 원하는 시트를 차례로 클릭한다.

Answer ↪ 27.① 28.②

29 다음 시트에서 면접전형 점수가 필기전형 점수보다 큰 경우에만 증가된 점수의 10%를 가산점으로 주려고 한다. 다음 중 [D2] 셀에 입력해야 할 수식으로 알맞은 것은?

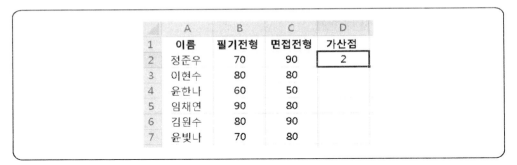

	A	B	C	D
1	이름	필기전형	면접전형	가산점
2	정준우	70	90	2
3	이현수	80	80	
4	윤한나	60	50	
5	임채연	90	80	
6	김원수	80	90	
7	윤빛나	70	80	

① =IF(B2-C2〉0,(B2-C2)*0.1,0)

② =IF(B2〉C2,(C2-B2)*0.1,0)

③ =IF(C2-B2〉0,(C2-B2)*0.1,0)

④ =IF(C2-B2〉0,(B2-C2)*0.1,0)

 IF(logical_test,value_if_true,value_if_false) 함수에서 logical_test는 조건식이 들어간다. 이 조건식은 true 또는 false로 결정되어야 한다. value_if_true는 조건식에서 결과값이 true 일 때 반환되는 값이며 value_if_false는 조건식에서 결과값이 false일 때 반환되는 값이다. 조건식은 C2가 B2보다 커야하므로 C2-B2〉0 또는 C2〉B2가 들어가야 하며 value_if_true에는 (C2-B2)*0.1 또는 (C2-B2)*10%가 들어가야 한다. value_if_false에는 0이 들어가야 한다.

30 다음 워크시트에서처럼 주민등록번호가 입력되어 있을 때, 이 셀의 값을 이용하여 [C1] 셀에 성별을 '남' 또는 '여'로 표시하고자 한다. [C1] 셀에 입력해야 하는 수식은? (단, 주민등록번호의 8번째 글자가 1이면 남자, 2이면 여자이다)

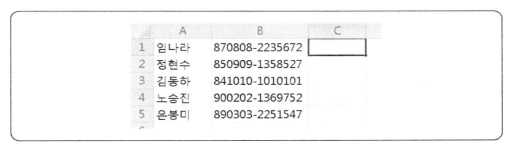

	A	B	C
1	임나라	870808-2235672	
2	정현수	850909-1358527	
3	김동하	841010-1010101	
4	노승진	900202-1369752	
5	은봉미	890303-2251547	

① =CHOOSE(MID(B1,8,1), "여", "남")

② =CHOOSE(MID(B1,8,2), "남", "여")

③ =CHOOSE(MID(B1,8,1), "남", "여")

④ =IF(RIGHT(B1,8)="1", "남", "여")

 MID(text, start_num, num_chars)는 텍스트에서 원하는 문자를 추출하는 함수이다. 주민등록번호가 입력된 [B1] 셀에서 8번째부터 1개의 문자를 추출하여 1이면 남자, 2면 여자라고 하였으므로 답이 ③이 된다.

31 다음 중 아래의 〈수정 전〉 차트를 〈수정 후〉 차트와 같이 변경하려고 할 때 사용해야 할 서식은?

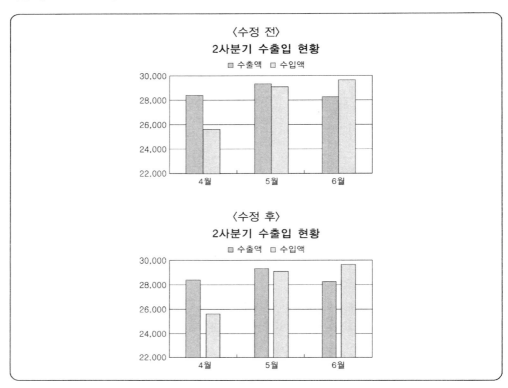

① 차트 영역 서식   ② 그림 영역 서식
③ 데이터 계열 서식   ④ 축 서식

(Tip) [계열 옵션] 탭에서 '계열 겹치기' 값을 입력하거나 막대 바를 이동시키면 된다.

32 다음 중 성격이 다른 확장자는?

① COM ② EXE

③ BAT ④ PNG

 ④는 이미지 파일 확장자

①②③은 실행 파일 확장자

※ 대표적인 확장자

ㄱ 실행 파일 : COM, EXE, BAT

ㄴ 텍스트 파일 : TXT 등

ㄷ 이미지 파일 : GIF, PNG, TIFF, JPG, JPEG

ㄹ MS-워드 파일 : DOC 또는 DOCX

ㅁ MS-엑셀 파일 : XLS 또는 XLSX

33 다음 시트에서 수식 '=LARGE(B2:B10,5)'의 결과 값은?

	A	B
1	이름	NCS 성적
2	윤별이	93
3	은보미	98
4	윤민성	90
5	이준영	94
6	박해영	85
7	이수미	89
8	강민	75
9	김하나	80
10	김희정	91

① 93 ② 98

③ 85 ④ 90

 '=LARGE(B2:B10,5)'는 범위 안에 있는 값들 중에서 5번째로 큰 값을 찾으라는 수식이므로 90이 답이다.

Answer → 31.③ 32.④ 33.④

■34~38 ■ 다음은 어느 우유회사에서 상품번호를 붙이는 규정이라 할 때 다음을 보고 물음에 답하시오.

〈번호 규칙〉

제조년월일	제품라인		제품종류		유통기한
	제품코드	코드명	분류코드	용량번호	
2014년 11월 11일 제조→141111 2015년 3월 20일 제조→150320	1 계열사 P	A 플레인	01 흰우유	001 200ml	제조일로부터 7일을 더하여 매겨짐. 2014년 11월 11일 제조 →141118
		B 저지방		002 500ml	
		C 무지방		003 1000ml	
		D 고칼슘	02 딸기 우유	004 200ml	
		E 멸균		005 500ml	
	2 계열사 Q	F 플레인		006 1000ml	
		G 저지방	03 초코 우유	007 200ml	
		H 무지방		008 500ml	
		I 고칼슘		009 1000ml	
		J 멸균	04 바나나 우유	010 200ml	
	3 계열사 R	K 플레인		011 500ml	
		L 저지방		012 1000ml	
		M 무지방	05 블루베리 우유	013 200ml	
		N 고칼슘		014 500ml	
		Z 멸균		015 1000ml	

34 2015년 2월 20일에 제조된 계열사Q의 저지방 흰우유 1000ml 제품의 상품번호로 알맞은 것은?

① 1502213G01003150226

② 1502202G01003150227

③ 1502203G01004150227

④ 1502212G01003150226

Tip
2015년 2월 20일 제조 : 150220
계열사 Q의 저지방 : 2G
흰우유 1000ml : 01003
유통기한 : 150227

35 2015년 1월 7일에 제조된 계열사 R의 멸균 초코우유 200ml 제품의 상품번호로 알맞은 것은?

① 1501073Z01007150114

② 1501073M03008150114

③ 1501072J03008150113

④ 1501073Z03007150114

 (Tip) 2015년 1월 7일 제조 : 150107
계열사 R의 멸균 : 3Z
초코우유 200ml : 03007
유통기한 : 150114

36 상품번호 1503211B04011150328에 대한 설명으로 옳지 않은 것은?

① 2015년 3월 21일에 제조되었다.

② 유통기한은 2015년 3월 28일이다.

③ 바나나 우유이다.

④ 용량은 1000ml이다.

 (Tip) 150321 : 제조일자 2015년 3월 21일
1B : 계열사 P의 저지방
04011 : 바나나 우유 500ml
150328 : 유통기한

37 상품번호 1504022F05014150409에 대한 설명으로 옳은 것은?

① 유통기한은 2015년 4월 8일이다.

② 2015년 4월 1일에 제조되었다.

③ 블루베리 우유이다.

④ 용량은 1000ml이다.

 (Tip) 150402 : 제조일자 2015년 4월 2일
2F : 계열사 Q의 플레인
05014 : 블루베리 우유 500ml
150409 : 유통기한

Answer ┌→ 34.② 35.④ 36.④ 37.③

38 사원Y의 실수로 상품번호가 잘못 찍혔다. 올바르게 수정한 것은?

> 2015년 1월 15에 제조된 계열사 R의 무지방 흰우유 500ml
>
> 1501143K01002150121

① 150114 → 150113

② 3K → 3M

③ 01002 → 01001

④ 150121 → 150223

(Tip) 2015년 1월 15일 제조 : 150115
계열사 R의 무지방 : 3M
흰우유 500ml : 01002
유통기한 : 150122

39 다음은 스프레드시트로 작성한 워크시트이다. (개)~(래)에 대한 설명으로 옳지 않은 것은?

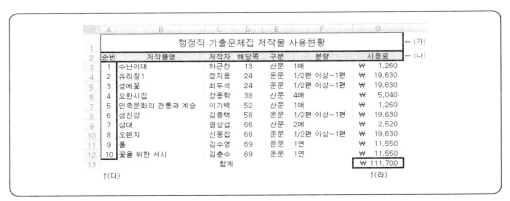

① (가)는 '셀 병합' 기능을 이용하여 작성할 수 있다.

② (나)는 '셀 서식'의 '채우기' 탭에서 색상을 변경할 수 있다.

③ (다)는 A3 값을 입력 후 '자동 채우기' 기능을 사용할 수 있다.

④ (라)의 값은 '=EVEN(G3:G12)'로 구할 수 있다.

(Tip) ④ (라)는 G3부터 G12 값의 합이다. 따라서 '=SUM(G3:G12)'로 구할 수 있다.

40 다음과 같은 시트에서 이름에 '철'이라는 글자가 포함된 셀의 서식을 채우기 색 '노랑', 글꼴 스타일 '굵은 기울임꼴'로 변경하고자 한다. 이를 위해 [A2:A7] 영역에 설정한 조건부 서식의 수식 규칙으로 옳은 것은?

	A	B	C	D
1	이름	편집부	영업부	관리부
2	박초롱	89	65	92
3	**강원철**	69	75	85
4	김수현	75	86	35
5	민수진	87	82	80
6	**신해철**	55	89	45
7	**안진철**	98	65	95

① =COUNT(A2, "*철*")

② =COUNT(A2:A7, "*철*")

③ =COUNTIF(A2, "*철*")

④ =COUNTIF(A2:A7, "*철*")

 (Tip) =COUNTIF를 입력 후 범위를 지정하면 지정한 범위 내에서 중복값을 찾는다.
ㄱ COUNT함수 : 숫자가 입력된 셀의 개수를 구하는 함수
ㄴ COUNTIF함수 : 조건에 맞는 셀의 개수를 구하는 함수
'철'을 포함한 셀을 구해야 하므로 조건을 구하는 COUNTIF함수를 사용하여야 한다.
A2행으로부터 한 칸씩 내려가며 '철'을 포함한 셀을 찾아야 하므로 A2만 사용한다.

Answer → 38.② 39.④ 40.③

05 조직이해능력

1 조직과 개인

(1) 조직

① 조직과 기업
  ㉠ 조직 : 두 사람 이상이 공동의 목표를 달성하기 위해 의식적으로 구성된 상호작용과 조정을 행하는 행동의 집합체
  ㉡ 기업 : 노동, 자본, 물자, 기술 등을 투입하여 제품이나 서비스를 산출하는 기관

② 조직의 유형

기준	구분	예
공식성	공식조직	조직의 규모, 기능, 규정이 조직화된 조직
	비공식조직	인간관계에 따라 형성된 자발적 조직
영리성	영리조직	사기업
	비영리조직	정부조직, 병원, 대학, 시민단체
조직규모	소규모 조직	가족 소유의 상점
	대규모 조직	대기업

(2) 경영

① 경영의 의미 … 경영은 조직의 목적을 달성하기 위한 전략, 관리, 운영활동이다.

② 경영의 구성요소
  ㉠ 경영목적 : 조직의 목적을 달성하기 위한 방법이나 과정
  ㉡ 인적자원 : 조직의 구성원·인적자원의 배치와 활용
  ㉢ 자금 : 경영활동에 요구되는 돈·경영의 방향과 범위 한정
  ㉣ 경영전략 : 변화하는 환경에 적응하기 위한 경영활동 체계화

③ 경영자의 역할

대인적 역할	정보적 역할	의사결정적 역할
• 조직의 대표자 • 조직의 리더 • 상징자, 지도자	• 외부환경 모니터 • 변화전달 • 정보전달자	• 문제 조정 • 대외적 협상 주도 • 분쟁조정자, 자원배분자, 협상가

(3) 조직체제 구성요소

① **조직목표** … 전체 조직의 성과, 자원, 시장, 인력개발, 혁신과 변화, 생산성에 대한 목표

② **조직구조** … 조직 내의 부문 사이에 형성된 관계

③ **조직문화** … 조직구성원들 간에 공유하는 생활양식이나 가치

④ **규칙 및 규정** … 조직의 목표나 전략에 따라 수립되어 조직구성원들이 활동범위를 제약하고 일관성을 부여하는 기능

예제 1

주어진 글의 빈칸에 들어갈 말로 가장 적절한 것은?

조직이 지속되게 되면 조직구성원들 간 생활양식이나 가치를 공유하게 되는데 이를 조직의 (㉠)라고 한다. 이는 조직구성원들의 사고와 행동에 영향을 미치며 일체감과 정체성을 부여하고 조직이 (㉡)으로 유지되게 한다. 최근 이에 대한 중요성이 부각되면서 긍정적인 방향으로 조성하기 위한 경영층의 노력이 이루어지고 있다.

① ㉠ : 목표, ㉡ : 혁신적　　　② ㉠ : 구조, ㉡ : 단계적
③ ㉠ : 문화, ㉡ : 안정적　　　④ ㉠ : 규칙, ㉡ : 체계적

[출제의도]
본 문항은 조직체계의 구성요소들의 개념을 묻는 문제이다.
[해설]
조직문화란 조직구성원들 간에 공유하게 되는 생활양식이나 가치를 말한다. 이는 조직구성원들의 사고와 행동에 영향을 미치며 일체감과 정체성을 부여하고 조직이 안정적으로 유지되게 한다.

답 ③

---

(4) 조직변화의 과정

환경변화 인지 → 조직변화 방향 수립 → 조직변화 실행 → 변화결과 평가

(5) 조직과 개인

개인	지식, 기술, 경험 → ——————— ← 연봉, 성과급, 인정, 칭찬, 만족감	조직

---

2 조직이해능력을 구성하는 하위능력

(1) 경영이해능력

① 경영 : 경영은 조직의 목적을 달성하기 위한 전략, 관리, 운영활동이다.

　　㉠ 경영의 구성요소 : 경영목적, 인적자원, 자금, 전략

　　㉡ 경영의 과정

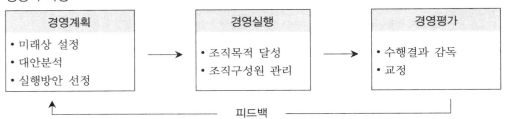

　　㉢ 경영활동 유형

　　　• 외부경영활동 : 조직외부에서 조직의 효과성을 높이기 위해 이루어지는 활동이다.

　　　• 내부경영활동 : 조직내부에서 인적, 물적 자원 및 생산기술을 관리하는 것이다.

② 의사결정과정

　　㉠ 의사결정의 과정

　　　• 확인 단계 : 의사결정이 필요한 문제를 인식한다.

　　　• 개발 단계 : 확인된 문제에 대하여 해결방안을 모색하는 단계이다.

　　　• 선택 단계 : 해결방안을 마련하며 실행가능한 해결안을 선택한다.

　　㉡ 집단의사결정의 특징

　　　• 지식과 정보가 더 많아 효과적인 결정을 할 수 있다.

　　　• 다양한 견해를 가지고 접근할 수 있다.

　　　• 결정된 사항에 대하여 의사결정에 참여한 사람들이 해결책을 수월하게 수용하고, 의사
　　　　소통의 기회도 향상된다.

- 의견이 불일치하는 경우 의사결정을 내리는데 시간이 많이 소요된다.
- 특정 구성원에 의해 의사결정이 독점될 가능성이 있다.

③ 경영전략
　　㉠ 경영전략 추진과정

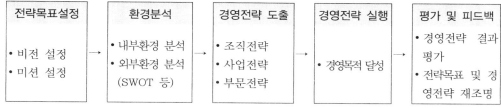

전략목표설정	환경분석	경영전략 도출	경영전략 실행	평가 및 피드백
• 비전 설정 • 미션 설정	• 내부환경 분석 • 외부환경 분석 　(SWOT 등)	• 조직전략 • 사업전략 • 부문전략	• 경영목적 달성	• 경영전략 결과 평가 • 전략목표 및 경영전략 재조명

　　㉡ 마이클 포터의 본원적 경쟁전략

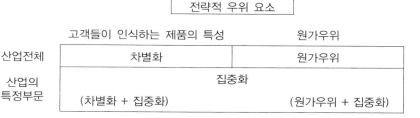

		전략적 우위 요소	
		고객들이 인식하는 제품의 특성	원가우위
전략적 목표	산업전체	차별화	원가우위
	산업의 특정부문	집중화	
		(차별화 + 집중화)	(원가우위 + 집중화)

예제 2

다음은 경영전략을 세우는 방법 중 하나인 SWOT에 따른 어느 기업의 분석결과이다. 다음 중 주어진 기업 분석 결과에 대응하는 전략은?

강점(Strength)	• 차별화된 맛과 메뉴 • 폭넓은 네트워크
약점(Weakness)	• 매출의 계절적 변동폭이 큼 • 딱딱한 기업 이미지
기회(Opportunity)	• 소비자의 수요 트랜드 변화 • 가계의 외식 횟수 증가 • 경기회복 가능성
위협(Threat)	• 새로운 경쟁자의 진입 가능성 • 과도한 가계부채

내부환경 외부환경	강점(Strength)	약점(Weakness)
기회 (Opportunity)	① 계절 메뉴 개발을 통한 분기 매출 확보	② 고객의 소비패턴을 반영한 광고를 통한 이미지 쇄신
위협 (Threat)	③ 소비 트렌드 변화를 반영한 시장 세분화 정책	④ 고급화 전략을 통한 매출 확대

[출제의도]
본 문항은 조직이해능력의 하위능력인 경영관리능력을 측정하는 문제이다. 기업에서 경영전략을 세우는데 많이 사용되는 SWOT분석에 대해 이해하고 주어진 분석표를 통해 가장 적절한 경영전략을 도출할 수 있는지를 확인할 수 있다.
[해설]
② 딱딱한 이미지를 현재 소비자의 수요 트렌드라는 환경 변화에 대응하여 바꿀 수 있다.

답 ②

④ 경영참가제도

　㉠ 목적

　　• 경영의 민주성을 제고할 수 있다.

　　• 공동으로 문제를 해결하고 노사 간의 세력 균형을 이룰 수 있다.

　　• 경영의 효율성을 제고할 수 있다.

　　• 노사 간 상호 신뢰를 증진시킬 수 있다.

　㉡ 유형

　　• 경영참가 : 경영자의 권한인 의사결정과정에 근로자 또는 노동조합이 참여하는 것

　　• 이윤참가 : 조직의 경영성과에 대하여 근로자에게 배분하는 것

　　• 자본참가 : 근로자가 조직 재산의 소유에 참여하는 것

예제 3

다음은 중국의 H사에서 시행하는 경영참가제도에 대한 기사이다. 밑줄 친 이 제도는 무엇인가?

> H사는 '사람' 중심의 수평적 기업문화가 발달했다. H사는 이 제도의 시행을 통해 직원들이 경영에 간접적으로 참여할 수 있게 하였는데 이에 따라 자연스레 기업에 대한 직원들의 책임 의식도 강화됐다. 참여주주는 8만 2471명이다. 모두 H사의 임직원이며, 이 중 창립자인 CEO R은 개인 주주로 총 주식의 1.18%의 지분과 퇴직연금으로 주식총액의 0.21%만을 보유하고 있다.

① 노사협의회제도　　　　　　　　② 이윤분배제도
③ 종업원지주제도　　　　　　　　④ 노동주제도

---

(2) 체제이해능력

① 조직목표 : 조직이 달성하려는 장래의 상태

　㉠ 조직목표의 기능

　　• 조직이 존재하는 정당성과 합법성 제공

　　• 조직이 나아갈 방향 제시

　　• 조직구성원 의사결정의 기준

　　• 조직구성원 행동수행의 동기유발

　　• 수행평가 기준

　　• 조직설계의 기준

ⓒ 조직목표의 특징

- 공식적 목표와 실제적 목표가 다를 수 있음
- 다수의 조직목표 추구 가능
- 조직목표 간 위계적 상호관계가 있음
- 가변적 속성
- 조직의 구성요소와 상호관계를 가짐

② 조직구조

ⓐ 조직구조의 결정요인 : 전략, 규모, 기술, 환경

ⓒ 조직구조의 유형과 특징

유형	특징
기계적 조직	• 구성원들의 업무가 분명하게 규정 • 엄격한 상하 간 위계질서 • 다수의 규칙과 규정 존재
유기적 조직	• 비공식적인 상호의사소통 • 급변하는 환경에 적합한 조직

③ 조직문화

ⓐ 조직문화 기능

- 조직구성원들에게 일체감, 정체성 부여
- 조직몰입 향상
- 조직구성원들의 행동지침 : 사회화 및 일탈행동 통제
- 조직의 안정성 유지

ⓒ 조직문화 구성요소(7S) : 공유가치(Shared Value), 리더십 스타일(Style), 구성원(Staff), 제도·절차(System), 구조(Structure), 전략(Strategy), 스킬(Skill)

④ 조직 내 집단

ⓐ 공식적 집단 : 조직에서 의식적으로 만든 집단으로 집단의 목표, 임무가 명확하게 규정되어 있다.

예 임시위원회, 작업팀 등

ⓒ 비공식적 집단 : 조직구성원들의 요구에 따라 자발적으로 형성된 집단이다.

예 스터디모임, 봉사활동 동아리, 각종 친목회 등

(3) 업무이해능력

① 업무 … 업무는 상품이나 서비스를 창출하기 위한 생산적인 활동이다.

  ㉠ 업무의 종류

부서	업무(예)
총무부	주주총회 및 이사회개최 관련 업무, 의전 및 비서업무, 집기비품 및 소모품의 구입과 관리, 사무실 임차 및 관리, 차량 및 통신시설의 운영, 국내외 출장 업무 협조, 복리후생 업무, 법률자문과 소송관리, 사내외 홍보 광고업무
인사부	조직기구의 개편 및 조정, 업무분장 및 조정, 인력수급계획 및 관리, 직무 및 정원의 조정 종합, 노사관리, 평가관리, 상벌관리, 인사발령, 교육체계 수립 및 관리, 임금제도, 복리후생제도 및 지원업무, 복무관리, 퇴직관리
기획부	경영계획 및 전략 수립, 전사기획업무 종합 및 조정, 중장기 사업계획의 종합 및 조정, 경영정보 조사 및 기획보고, 경영진단업무, 종합예산수립 및 실적관리, 단기사업계획 종합 및 조정, 사업계획, 손익추정, 실적관리 및 분석
회계부	회계제도의 유지 및 관리, 재무상태 및 경영실적 보고, 결산 관련 업무, 재무제표 분석 및 보고, 법인세, 부가가치세, 국세 지방세 업무자문 및 지원, 보험가입 및 보상업무, 고정자산 관련 업무
영업부	판매 계획, 판매예산의 편성, 시장조사, 광고 선전, 견적 및 계약, 제조지시서의 발행, 외상매출금의 청구 및 회수, 제품의 재고 조절, 거래처로부터의 불만처리, 제품의 애프터서비스, 판매원가 및 판매가격의 조사 검토

예제 4

다음은 I기업의 조직도와 팀장님의 지시사항이다. H씨가 팀장님의 심부름을 수행하기 위해 연락해야 할 부서로 옳은 것은?

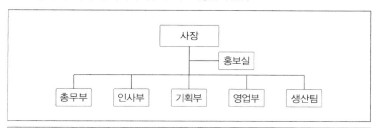

> H씨! 내가 지금 너무 바빠서 그러는데 부탁 좀 들어줄래요? 다음 주 중에 사장님 모시고 클라이언트와 만나야 할 일이 있으니까 사장님 일정을 확인해주시구요. 이번 달에 신입사원 교육·훈련계획이 있었던 것 같은데 정확한 시간이랑 날짜를 확인해주세요.

① 총무부, 인사부 ② 총무부, 홍보실
③ 기획부, 총무부 ④ 영업부, 기획부

[출제의도]
조직도와 부서의 명칭을 보고 개략적인 부서의 소관 업무를 분별할 수 있는지를 묻는 문항이다.
[해설]
사장의 일정에 관한 사항은 비서실에서 관리하나 비서실이 없는 회사의 경우 총무부(또는 팀)에서 비서 업무를 담당하기도 한다. 또한 신입사원 관리 및 교육은 인사부에서 관리한다.

답 ①

   ⓛ 업무의 특성
- 공통된 조직의 목적 지향
- 요구되는 지식, 기술, 도구의 다양성
- 다른 업무와의 관계, 독립성
- 업무수행의 자율성, 재량권

② 업무수행 계획
   ㉠ 업무지침 확인 : 조직의 업무지침과 나의 업무지침을 확인한다.
   ⓛ 활용 자원 확인 : 시간, 예산, 기술, 인간관계
   ㉢ 업무수행 시트 작성
- 간트 차트 : 단계별로 업무의 시작과 끝 시간을 바 형식으로 표현
- 워크 플로 시트 : 일의 흐름을 동적으로 보여줌
- 체크리스트 : 수행수준 달성을 자가점검

Point 》 간트 차트와 플로 차트

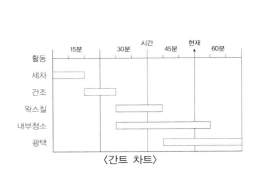

〈간트 차트〉

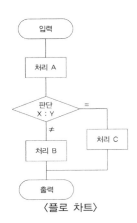

〈플로 차트〉

예제 5

다음 중 업무수행 시 단계별로 업무를 시작해서 끝나는 데까지 걸리는 시간을 바 형식으로 표시하여 전체 일정 및 단계별로 소요되는 시간과 각 업무활동 사이의 관계를 볼 수 있는 업무수행 시트는?

① 간트 차트
② 워크 플로 차트
③ 체크리스트
④ 퍼트 차트

---

③ 업무 방해요소

　　㉠ 다른 사람의 방문, 인터넷, 전화, 메신저 등

　　㉡ 갈등관리

　　㉢ 스트레스

(4) 국제감각

① 세계화와 국제경영

    ㉠ 세계화 : 3Bs(국경 ; Border, 경계 ; Boundary, 장벽 ; Barrier)가 완화되면서 활동범위가 세계로 확대되는 현상이다.

    ㉡ 국제경영 : 다국적 내지 초국적 기업이 등장하여 범지구적 시스템과 네트워크 안에서 기업 활동이 이루어지는 것이다.

② 이문화 커뮤니케이션… 서로 상이한 문화 간 커뮤니케이션으로 직업인이 자신의 일을 수행하는 가운데 문화배경을 달리하는 사람과 커뮤니케이션을 하는 것이 이에 해당한다. 이문화 커뮤니케이션은 언어적 커뮤니케이션과 비언어적 커뮤니케이션으로 구분된다.

③ 국제 동향 파악 방법

    ㉠ 관련 분야 해외사이트를 방문해 최신 이슈를 확인한다.

    ㉡ 매일 신문의 국제면을 읽는다.

    ㉢ 업무와 관련된 국제잡지를 정기구독 한다.

    ㉣ 고용노동부, 한국산업인력공단, 산업통상자원부, 중소벤처기업부, 상공회의소, 산업별인적자원개발협의체 등의 사이트를 방문해 국제동향을 확인한다.

    ㉤ 국제학술대회에 참석한다.

    ㉥ 업무와 관련된 주요 용어의 외국어를 알아둔다.

    ㉦ 해외서점 사이트를 방문해 최신 서적 목록과 주요 내용을 파악한다.

    ㉧ 외국인 친구를 사귀고 대화를 자주 나눈다.

④ 대표적인 국제매너

    ㉠ 미국인과 인사할 때에는 눈이나 얼굴을 보는 것이 좋으며 오른손으로 상대방의 오른손을 힘주어 잡았다가 놓아야 한다.

    ㉡ 러시아와 라틴아메리카 사람들은 인사할 때에 포옹을 하는 경우가 있는데 이는 친밀함의 표현이므로 자연스럽게 받아주는 것이 좋다.

    ㉢ 명함은 받으면 구기거나 계속 만지지 않고 한 번 보고나서 탁자 위에 보이는 채로 대화하거나 명함집에 넣는다.

    ㉣ 미국인들은 시간 엄수를 중요하게 생각하므로 약속시간에 늦지 않도록 주의한다.

    ㉤ 스프를 먹을 때에는 몸쪽에서 바깥쪽으로 숟가락을 사용한다.

    ㉥ 생선요리는 뒤집어 먹지 않는다.

    ㉦ 빵은 스프를 먹고 난 후부터 디저트를 먹을 때까지 먹는다.

1 다음 그림과 같은 형태의 조직체계를 유지하고 있는 기업에 대한 설명으로 적절한 것은?

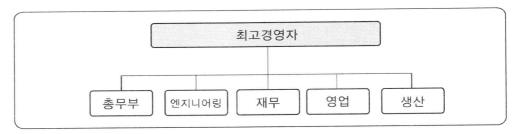

① 다양한 프로젝트를 수행해야 할 필요성이 커짐에 따라 조직 간의 유기적인 협조체제를 구축하였다.

② 의사결정 권한이 분산되어 더욱 전문적인 업무 처리가 가능하다.

③ 각 부서 간 내부 경쟁을 유발할 수 있다.

④ 조직 내 내부 효율성을 확보할 수 있는 조직 구조이다.

(Tip) 그림과 같은 조직 구조는 하나의 의사결정권자의 지시와 부서별 업무 분화가 명확해, 전문성은 높아지고 유연성 및 유기성은 떨어지는 조직 구조라고 볼 수 있다. 또한 의사결정권자가 한 명으로 집중되면서 내부 효율성이 확보된다.
① 조직의 유기적인 협조체제가 구축된 구조는 아니다.
② 의사결정 권한이 집중된 조직 구조이다.
③ 유사한 업무를 통한 내부 경쟁을 유발할 수 있는 구조는 사업별 조직구조이다.

2 다음과 같은 '甲'사의 위임전결규칙을 참고할 때, 다음 중 적절한 행위로 볼 수 없는 것은 어느 것인가?

업무내용(소요예산 기준)	전결권자				이사장
	팀원	팀장	국(실)장	이사	
가. 공사 도급					
3억 원 이상					○
1억 원 이상				○	
1억 원 미만			○		
1,000만 원 이하		○			
나. 물품(비품, 사무용품 등) 제조/구매 및 용역					
3억 원 이상					○
1억 원 이상				○	
1억 원 미만			○		
1,000만 원 이하		○			
다. 자산의 임(대)차 계약					
1억 원 이상					○
1억 원 미만				○	
5,000만 원 미만			○		
라. 물품수리					
500만 원 이상				○	
500만 원 미만		○			
마. 기타 사업비 예산집행 기본품의					
1,000만 원 이상			○		
1,000만 원 미만		○			

① 국장이 부재중일 경우, 소요예산 5,000만 원인 공사 도급 계약은 팀장이 전결권자가 된다.

② 소요예산이 800만 원인 인쇄물의 구매 건은 팀장의 전결 사항이다.

③ 이사장이 부재중일 경우, 소요예산이 2억 원인 자산 임대차 계약 건은 국장이 전결권자가 된다.

④ 소요예산이 600만 원인 물품수리 건은 이사의 결재가 필요하지 않다.

 차상위자가 전결권자가 되어야 하므로 이사장의 차상위자인 이사가 전결권자가 되어야 한다.
　　① 차상위자가 전결권을 갖게 되므로 팀장이 전결권자가 되며, 국장이 업무 복귀 시 반드시 사후 결재를 득하여야 한다.

Answer ┌→ 1.④   2.③

3 '조직몰입'에 대한 다음 설명을 참고할 때, 조직몰입의 유형에 대한 설명으로 적절하지 않은 것은 어느 것인가?

> 몰입이라는 용어는 사회학에서 주로 다루어져 왔는데 사전적 의미에서 몰입이란 "감성적 또는 지성적으로 특정의 행위과정에서 빠지는 것"이므로 몰입은 타인, 집단, 조직과의 관계를 포함하며, 조직몰입은 종업원이 자신이 속한 조직에 대해 얼마만큼의 열정을 가지고 몰두하느냐 하는 정도를 가리키는 개념이다. 즉, 조직에 대한 충성 동일화 및 참여의 견지에서 조직구성원이 가지는 조직에 대한 성향을 의미한다. 또한 조직몰입은 조직의 목표와 가치에 대한 강한 신념과 조직을 위해 상당한 노력을 하고자 하는 의지 및 조직의 구성원으로 남기를 바라는 강한 욕구를 의미하기도 한다. 최근에는 직무만족보다 성과나 이직 등의 조직현상에 대한 설명력이 높다는 관점에서 조직에 대한 조직구성원의 태도를 나타내는 조직몰입은 많은 연구의 관심사가 되고 있다.

① '도덕적 몰입'은 비영리적 조직에서 찾아볼 수 있는 조직몰입 형태이다.

② 조직과 구성원간의 관계가 타산적이고 합리적일 때의 유형은 '계산적 몰입'에 해당된다.

③ 조직과 구성원간의 관계가 부정적, 착취적 상태인 몰입의 유형은 '소외적 몰입'에 해당된다.

④ '도덕적 몰입'은 몰입의 정도가 가장 낮다고 할 수 있다.

 도덕적 몰입은 비영리적 조직에서 찾아볼 수 있는 조직몰입 형태로 도덕적이며 규범적 동기에서 조직에 참가하는 것으로 조직몰입의 강도가 제일 높으며 가장 긍정적 조직으로의 지향을 나타낸다. 계산적 몰입은 조직과 구성원간의 관계가 타산적이고 합리적일 때의 유형으로 몰입의 정도는 중간 정도를 보이게 되며, 몰입 방향은 긍정적 혹은 부정적 방향으로 나타날 수 있다. 이러한 몰입은 공인적 조직에서 찾아볼 수 있으며 단순한 참여와 근속만을 의미한다. 소외적 몰입은 주로 교도소, 포로수용소 등 착취적인 관계에서 볼 수 있는 것으로 조직과 구성원간의 관계가 부정적 상태인 몰입이다.

4 길동이는 다음과 같이 직장 상사의 지시사항을 전달받았다. 이를 순서대로 모두 수행하기 위하여 업무 협조가 필요한 조직의 명칭이 순서대로 올바르게 나열된 것은 어느 것인가?

> "길동 씨, 내가 내일 하루 종일 외근을 해야 하는데 몇 가지 업무 처리를 좀 도와줘야 겠습니다. 이 서류는 팀장님 결재가 끝난 거니까 내일 아침 출근과 동시에 바로 유관부서로 넘겨서 비용 집행이 이루어질 수 있도록 해 주세요. 그리고 지난 번 퇴사한 우리 팀 오 부장님 퇴직금 정산이 좀 잘못 되었나 봅니다. 오 부장님이 관계 서류를 나한테 보내주신 게 있는데 그것도 확인 좀 해 주고 결재를 다시 요청해 줘야할 것 같고요, 다음 주 바이어들 방문 일정표 다시 한 번 확인해 보고 누락된 사항 있으면 잘 준비 좀 해 주세요. 특히 공항 픽업 관련 배차 결재 서류 올린 건 처리가 되었는지 반드시 재점검 해 주길 바랍니다. 지난번에 차량 배차에 문제가 생겨서 애 먹은 건 길동 씨도 잘 알고 있겠죠? 부탁 좀 하겠습니다."

① 회계팀, 인사팀, 총무팀
② 인사팀, 홍보팀, 회계팀
③ 인사팀, 총무팀, 마케팅팀
④ 총무팀, 회계팀, 마케팅팀

 비용이 집행되기 위해서는 비용을 쓰게 될 조직의 내부 결재를 거쳐 회사의 비용이 실제로 집행될 수 있는 회계팀(자금팀 등 비용 담당 조직)의 결재를 거쳐야 할 것이다. 퇴직금의 정산과 관련한 인사 문제는 인사팀에서 담당하고 있는 업무가 된다. 또한, 회사의 차량을 사용하기 위한 배차 관련 업무는 일반적으로 총무팀이나 업무지원팀, 관리팀 등의 조직에서 담당하는 업무이다.
따라서 회계팀, 인사팀, 총무팀의 순으로 업무 협조를 구해야 한다.

Answer ↪ 3.④ 4.①

5 다음은 A사의 임직원 행동지침의 일부이다. 이에 대한 설명으로 올바르지 않은 것은 어느 것인가?

> 제○○조(외국 업체 선정을 위한 기술평가위원회 운영)
> – 외국 업체 선정을 위한 기술평가위원회 운영이 필요한 경우 기술평가위원 위촉 시 부패행위 전력자 및 당사 임직원 행동강령 제5조 제1항 제2호 및 제3호에 따른 이해관계자를 배제해야 하며, 기술평가위원회 활동 중인 위원의 부정행위 적발 시에는 해촉하도록 한다.
> – 외국 업체 선정을 위한 기술평가위원회 위원은 해당 분야 자격증, 학위 소지여부 등에 대한 심사를 엄격히 하여 전문성을 가진 자로 선발한다.
> – 계약관련 외국 업체가 사전로비를 하는 것을 방지하기 위하여 외국 업체 선정을 위한 기술평가위원회 명단을 외부에 공개하는 것을 금지한다.
> – 외국 업체 선정을 위한 기술평가위원회를 운영할 경우 위원의 제척, 기피 및 회피제를 포함하여야 하며, 평가의 공정성 및 책임성 확보를 위해 평가위원으로부터 청렴서약서를 징구한다.
> – 외국 업체 선정을 위한 기술평가위원회를 개최하는 경우 직원은 평가위원의 발언 요지, 결정사항 및 표결내용 등의 회의결과를 기록하고 보관해야 한다.

① 기술평가위원의 발언과 결정사항 등은 번복이나 변경을 방지하고자 기록되어진다.
② 기술평가위원이 누구인지 내부적으로는 공개된다.
③ 이해관계에 의한 불공정 평가는 엄정히 방지된다.
④ 기술평가위원에게 해당 분야의 전문성은 필수조건이다.

 임직원 행동지침에 나타난 내용을 통하여 조직의 업무를 파악할 줄 알아야 한다.
제시된 임직원 행동지침에서는 기술평가위원 명단의 사전 외부 공개를 금지한다고 되어 있으나 내부적으로도 금지 원칙은 기본적으로 따르는 것이다. 다만, 기술평가위원 선정 자체가 사내의 일이므로 공식 공개가 아니더라도 비공식 루트로 정보 누수가 있을 수도 있다는 의미를 포함한다고 볼 수 있다.

6 다음과 같은 문서 결재 양식을 보고 알 수 있는 사항이 아닌 것은 어느 것인가?

결재	담당	팀장	본부장	부사장	사장
			출장보고서		
박 사원 서명	강 팀장 서명	전결		본부장	

① 박 사원 출장을 다녀왔으며, 전체 출장 인원수는 알 수 없다.
② 출장자에 강 팀장은 포함되어 있지 않다.
③ 팀장 이하 출장자의 출장보고서 전결권자는 본부장이다.
④ 부사장은 결재할 필요가 없는 문서이다.

 Tip 일반적인 경우, 팀장과 팀원의 동반 출장 시의 출장보고서는 팀원이 작성하여 담당→팀장의 결재 절차를 거치게 된다. 따라서 제시된 출장보고서는 박 사원 단독 출장의 경우로 볼수도 있고 박 사원과 강 팀장의 동반 출장의 경우로 볼 수도 있으므로 반드시 출장자에 강팀장이 포함되어 있지 않다고 말할 수는 없다.

7 다음 글의 빈칸에 들어갈 적절한 말은 어느 것인가?

> 하나의 조직이 조직의 목적을 달성하기 위해서는 이를 관리, 운영하는 활동이 요구된다. 이러한 활동은 조직이 수립한 목적을 달성하기 위하여 계획을 세우고 실행하고 그결과를 평가하는 과정이다. 직업인은 조직의 한 구성원으로서 자신이 속한 조직이 어떻게 운영되고 있으며, 어떤 방향으로 흘러가고 있는지, 현재 운영체제의 문제는 무엇이고생산성을 높이기 위해 어떻게 개선되어야 하는지 등을 이해하고 자신의 업무 영역에 맞게 적용하는 (　　　)이 요구된다.

① 체제이해능력
② 경영이해능력
③ 업무이해능력
④ 자기개발능력

Tip 경영은 한마디로 조직의 목적을 달성하기 위한 전략, 관리, 운영활동이다. 즉, 경영은 경영의 대상인 조직과 조직의 목적, 경영의 내용인 전략, 관리, 운영으로 이루어진다. 과거에는경영(administration)을 단순히 관리(management)라고 생각하였다. 관리는 투입되는 자원을 최소화하거나 주어진 자원을 이용하여 추구하는 목표를 최대한 달성하기 위한 활동이다.

Answer ⌐→ 5.② 6.② 7.②

┃8~9┃ 다음은 '갑'사의 내부 결재 규정에 대한 설명이다. 다음 글을 읽고 이어지는 물음에 답하시오.

제○○조(결재)

① 기안한 문서는 결재권자의 결재를 받아야 효력이 발생한다.

② 결재권자는 업무의 내용에 따라 이를 위임하여 전결하게 할 수 있으며, 이에 대한 세부사항은 따로 규정으로 정한다. 결재권자가 출장, 휴가, 기타의 사유로 상당한 기간 동안 부재중일 때에는 그 직무를 대행하는 자가 대결할 수 있되, 내용이 중요한 문서는 결재권자에게 사후에 보고하여야 한다.

③ 결재에는 완결, 전결, 대결이 있으며 용어에 대한 정의와 결재방법은 다음과 같다.

  1. 완결은 기안자로부터 최종 결재권자에 이르기까지 관계자가 결재하는 것을 말한다.

  2. 전결은 사장이 업무내용에 따라 각 부서장에게 결재권을 위임하여 결재하는 것을 말하며, 전결하는 경우에는 전결하는 자의 서명 란에 '전결'표시를 하고 맨 오른쪽 서명 란에 서명하여야 한다.

  3. 대결은 결재권자가 부재중일 때 그 직무를 대행하는 자가 하는 결재를 말하며, 대결하는 경우에는 대결하는 자의 서명 란에 '대결'표시를 하고 맨 오른쪽 서명 란에 서명하여야 한다.

제○○조(문서의 등록)

① 문서는 당해 마지막 문서에 대한 결재가 끝난 즉시 결재일자순에 따라서 번호를 부여하고 처리과별로 문서등록대장에 등록하여야 한다. 동일한 날짜에 결재된 문서는 조직내부 원칙에 의해 우선순위 번호를 부여한다. 다만, 비치문서는 특별한 규정이 있을 경우를 제외하고는 그 종류별로 사장이 정하는 바에 따라 따로 등록할 수 있다.

② 문서등록번호는 일자별 일련번호로 하고, 내부결재문서인 때에는 문서등록대장의 수신처란에 '내부결재' 표시를 하여야 한다.

③ 처리과는 당해 부서에서 기안한 모든 문서, 기안형식 외의 방법으로 작성하여 결재권자의 결재를 받은 문서, 기타 처리과의 장이 중요하다고 인정하는 문서를 제1항의 규정에 의한 문서등록대장에 등록하여야 한다.

④ 기안용지에 의하여 작성하지 아니한 보고서 등의 문서는 그 문서의 표지 왼쪽 위의 여백에 부서기호, 보존기간, 결재일자 등의 문서등록 표시를 한 후 모든 내용을 문서등록대장에 등록하여야 한다.

---

8 다음 중 '갑'사의 결재 및 문서의 등록 규정을 올바르게 이해하지 못한 것은 어느 것인가?

① '대결'은 결재권자가 부재중일 경우 직무대행자가 행하는 결재 방식이다.

② 최종 결재권자는 여건에 따라 상황에 맞는 전결권자를 지정할 수 있다.

③ '전결'과 '대결'은 문서 양식상의 결재방식이 동일하다.

④ 문서등록대장은 매년 1회 과별로 새롭게 정리된다.

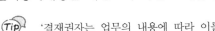 '결재권자는 업무의 내용에 따라 이를 위임하여 전결하게 할 수 있다'고 규정되어 있으나, 동시에 '이에 대한 세부사항은 따로 규정으로 정한다.'고 명시되어 있다. 따라서 여건에 따라 상황에 맞는 전결권자를 지정한다는 것은 규정에 부합하는 행위로 볼 수 없다.

③ 전결과 대결은 모두 실제 최종 결재를 하는 자의 원 결재란에 전결 또는 대결 표시를 하고 맨 오른쪽 결재란에 서명을 한다는 점에서 문서 양식상의 결재방식이 동일하다.

9 '갑'사에 근무하는 직원의 다음과 같은 결재 문서 관리 및 조치 내용 중 규정에 의거한 적절한 것은 어느 것인가?

① A 대리는 같은 날짜에 결재된 문서 2건을 같은 문서번호로 분류하여 등록하였다.

② B 대리는 중요한 내부 문서에는 '내부결재'를 표시하였고, 그 밖의 문서에는 '일반문서'를 표시하였다.

③ C 과장은 부하 직원에게 문서등록대장에 등록된 문서 중 결재 문서가 아닌 것도 포함될 수 있다고 알려주었다.

④ D 사원은 문서의 보존기간은 보고서에 필요한 사항이며 기안 문서에는 기재할 필요가 없다고 판단하였다.

 결재 문서가 아니라도 처리과의 장이 중요하다고 인정하는 문서는 문서등록대장에 등록되어야 한다고 규정하고 있으므로 신 과장의 지침은 적절하다고 할 수 있다.
   ① 같은 날짜에 결재된 문서인 경우 조직 내부 원칙에 의해 문서별 우선순위 번호를 부여해야 한다.
   ② 중요성 여부와 관계없이 내부 결재 문서에는 모두 '내부결재' 표시를 하도록 규정하고 있다.
   ④ 보고서에는 별도의 보존기간 기재란이 없으므로 문서의 표지 왼쪽 위의 여백에 기재란을 마련하라고 규정되어 있으나, 기안 문서에는 문서 양식 자체에 보존기간을 기재하는 것이 일반적이므로 조 사원의 판단은 옳지 않다.

10 다음 중 위의 전결규정과 부합하는 설명이 아닌 것은?

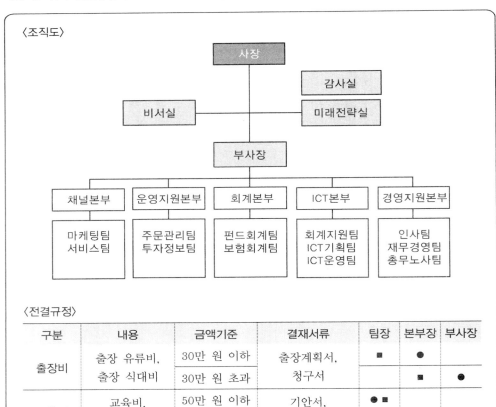

〈조직도〉

〈전결규정〉

구분	내용	금액기준	결재서류	팀장	본부장	부사장
출장비	출장 유류비, 출장 식대비	30만 원 이하	출장계획서, 청구서	■	●	
		30만 원 초과			■	●
교육비	교육비, 외부교육비 포함	50만 원 이하	기안서, 법인카드신청서	● ■		
		50만 원 초과			● ■	
접대비	영업처 식대비, 문화접대비	40만 원 이하	접대비지출품의서, 지출결의서	■	●	
		40만 원 초과		■		●
경조사비	직원 경조사비	20만 원 이하	기안서, 경조사비 지출품의서		● ■	
		20만 원 초과			■	●

● : 지출결의서, 법인카드신청서, 각종 신청서 및 청구서
■ : 기안서, 출장계획서, 접대비지출품의서, 경조사비지출품의서

① 인사팀 강 사원은 출장계획서를 경영지원본부장님께 최종 전결을 받아 지방출장으로 유류비 10만 원과 식대비 30만 원을 지불하였다.

② 서비스팀장은 시간당 20만 원을 지불해야하는 강사를 초청하여 3시간 교육을 받을 예정이며 기안서를 작성해 채널본부장님께 최종 결재를 받았다.

③ 보험회계팀 윤 대리는 35만 원을 사용한 접대비지출품의서를 팀장님께 결재를 받았다.

④ 주문관리팀 이 사원의 부친상으로 법인카드신청서와 지출결의서를 본부장님께 최종 전결 받았다.

> 주문관리팀 이 사원의 부친상으로 인한 지출은 직원 경조사비로 결재서류는 기안서, 경조사비지출품의서이다.

11 다음 중 조직문화의 구성요소가 아닌 것은?

① 자유로운 사상   ② 리더십 스타일
③ 구성원   ④ 제도

> Tip 조직문화 구성요소(7S)
> • 공유가치(Shared Value)
> • 리더십 스타일(Style)
> • 구성원(Staff)
> • 제도 · 절차(System)
> • 구조(Structure)
> • 전략(Strategy)
> • 스킬(Skill)

Answer ⤷ 10.④ 11.①

12 21세기의 많은 기업 조직들은 불투명한 경영환경을 이겨내기 위해 많은 방법들을 활용하곤 한다. 이 중 브레인스토밍은 일정한 테마에 관하여 회의형식을 채택하고, 구성원의 자유발언을 통한 아이디어의 제시를 요구해 발상의 전환을 이루고 해법을 찾아내려는 방법인데 아래의 글을 참고하여 브레인스토밍에 관련한 것으로 보기 가장 어려운 것을 고르면?

> 전라남도는 지역 중소·벤처기업, 소상공인들이 튼튼한 지역경제의 버팀목으로 성장하도록 지원하는 정책 아이디어를 발굴하기 위해 27일 전문가 브레인스토밍 회의를 개최했다. 이날 회의는 정부의 경제성장 패러다임이 대기업 중심에서 중소·벤처기업 중심으로 전환됨에 따라 지역 차원에서 기업 지원 관련 기관, 교수, 상공인연합회, 중소기업 대표 등 관련 전문가들을 초청해 이뤄졌다. 회의에서는 중소·벤처기업, 소상공인 육성·지원과 청년창업 활성화를 위한 70여 건의 다양한 제안이 쏟아졌으며, 제안된 내용에 대해 구체적 실행 방안도 토론했다. 회의에 참석한 전문가들은 "중소·벤처기업이 변화를 주도하고, 혁신적 아이디어로 창업해 튼튼한 기업으로 성장하도록 정부와 지자체가 충분한 환경을 구축해주는 시스템의 변화가 필요하다"고 입을 모았다.

① 쉽게 실행할 수 있고, 다양한 주제를 가지고 실행할 수 있다.

② 이러한 기법의 경우 아이디어의 양보다 질에 초점을 맞춘 것으로 볼 수 있다.

③ 집단의 작은 의사결정부터 큰 의사결정까지 복잡하지 않은 절차를 통해 팀의 구성원들과 아이디어를 공유가 가능하다.

④ 비판 및 비난을 자제하는 것을 원칙으로 하고 있으므로 집단의 구성원들이 비교적 부담 없이 의견을 표출할 수 있다는 이점이 있다.

 브레인스토밍 기법은 아이디어의 질보다 양에 초점을 맞춘 것으로서 집단 구성원들은 즉각적으로 생각나는 아이디어를 제시할 수 있으며, 그로 인해 브레인스토밍은 다량의 아이디어를 도출해낼 수 있다. 또한, 구성원들은 자신이 가지고 있던 기존 아이디어를 개선해 더욱 더 발전된 형태의 아이디어를 창출할 수 있는데, 이는 다른 사람의 의견을 참고해서 창의적으로 조합할 수 있기 때문이다.

13 다음에서 설명하고 있는 업무수행 시트는?

> 아래와 같은 차트는 미리 정의된 기호와 그것들을 서로 연결하는 선을 사용하여 그린 도표를 말한다. 프로그램 논리의 흐름이나 어떤 목적을 달성하기 위한 처리 과정을 표현하는 데 사용할 수 있다. 특히 짧은 프로그램 모듈의 처리 과정을 자세히 설명할 수 있어서, 프로그램 작성 시에 거의 필수적인 전 단계로 받아들여지고 있다. 그러나 전체적인 시스템의 구성을 설명해 줄 수 없으며, 구조적 프로그램을 짜는 것을 방해하고, 프로그램 작성자로 하여금 전체적인 구성보다 지엽적인 문제에 집착하도록 하는 경향이 있다.

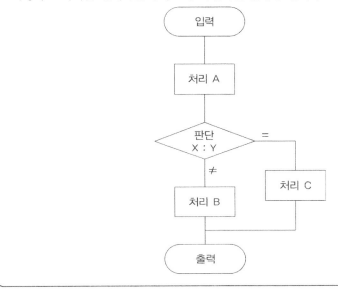

① 워크 플로 차트　　　　　　　　　　② 간트 차트
③ 체크리스트　　　　　　　　　　　　④ 퍼트 차트

 업무수행 시트 작성
　• 간트 차트 : 단계별로 업무의 시작과 끝 시간을 바 형식으로 표현
　• 워크 플로 시트 : 일의 흐름을 동적으로 보여줌
　• 체크리스트 : 수행수준 달성을 자가 점검

Answer⤷ 12.② 13.①

14 다음 글에서 나타나는 조직목표의 기능은 무엇인가?

> 조직이라면 그것에는 반드시 공동의 목표가 있기 마련이다. 목표가 없는 조직은 조직
> 이라고 볼 수 없다. 조직이라는 것은 사람들의 공동의 목표를 달성하기 위해 모인 집단
> 이기 때문이다. 목표에는 조직 구성원 개개인이 추구하는 목표도 있을 수 있다. 그러나
> 행정학에서 연구 대상으로 삼고 있는 목표란 인적 집합체로서의 조직이 추구하는 목표
> 이다. 조직의 목표는 미래에 지향된 영상이지만 그 영향은 미래의 상태에만 미치는 것이
> 아니라 현재의 조직 행동에도 크게 작용한다.

① 수행평가 기준 제시
② 조직이 존재하는 정당성 제시
③ 조직이 나아갈 방향 제시
④ 조직설계의 기준 제시

 조직목표의 기능
- 조직이 존재하는 정당성과 합법성 제공
- 조직이 나아갈 방향 제시
- 조직구성원 의사결정의 기준
- 조직구성원 행동수행의 동기유발
- 수행평가 기준
- 조직설계의 기준

15 다음은 A기업의 조직도이다. 각 부서의 업무로 옳지 않은 것은?

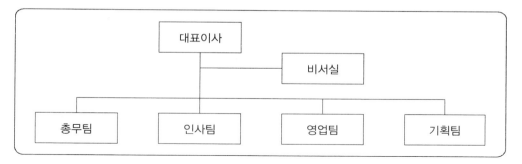

① 총무팀 : 소모품의 구입과 관리, 사무실 임차 및 관리, 차량 및 통신시설의 운영
② 인사팀 : 회계제도의 유지 및 관리, 재무상태 및 경영실적 보고, 결산 관련 업무
③ 영업팀 : 판매 계획, 시장조사, 광고, 선전, 계약, 재고 조절
④ 기획팀 : 경영계획 및 전략 수립, 전사기획업무 종합 및 조정

> **Tip**
> ② 인사팀 : 인력수급계획 및 관리, 직무 및 정원의 조정 종합, 노사관리, 상벌관리 등
> ① 총무팀 : 소모품의 구입과 관리, 사무실 임차 및 관리, 차량 및 통신시설의 운영 등
> ③ 영업팀 : 판매 계획, 시장조사, 광고, 선전, 계약, 재고 조절 등
> ④ 기획팀 : 경영계획 및 전략 수립, 전사기획업무 종합 및 조정 등

16 다음 중 조직의 유형으로 옳지 않은 것은?

① 비영리조직은 대표적으로 병원이나 대학이 있다.
② 영리조직은 대표적으로 친목회가 있다.
③ 소규모 조직은 대표적으로 가족 소유의 상점이 있다.
④ 대규모 조직은 대표적으로 대기업이 있다.

> **Tip**
> ② 영리조직은 대표적으로 사기업을 말한다.

Answer → 14.③ 15.② 16.②

17 조직 내에서 다음과 같은 순기능과 역기능을 동시에 가지고 조직의 태도와 행동에 영향을 주는 공유된 가치와 규범을 일컫는 말은 어느 것인가?

〈순기능〉
– 다른 조직과 구별되는 정체성을 제공한다.
– 집단적 몰입을 통해 시너지를 만든다.
– 구성원에게 행동지침을 제공하여 조직체계의 안정성을 높인다.
– 집단구성원을 사회화시키고 학습의 도구가 된다.

〈역기능〉
– 지나칠 경우, 환경변화에 신속한 대응을 저해하고 변화에 대한 저항을 낳을 수 있다.
– 외부 집단에 필요 이상의 배타성을 보일 수 있다.
– 새로 진입한 구성원의 적응에 장애물이 될 수 있다.
– 구성원의 창의적 사고를 막고 다양성의 장애요인이 될 수 있다.

① 조직전략　　　　　　　　　② 조직규범
③ 조직문화　　　　　　　　　④ 조직행동

 '조직문화'는 조직구성원들의 공유된 생활양식이나 가치이다. 즉, 조직문화는 한 조직체의 구성원들이 모두 공유하고 있는 가치관과 신념, 이데올로기와 관습, 규범과 전통 및 지식과 기술 등을 모두 포함한 종합적인 개념으로 조직전체와 구성원들의 행동에 영향을 미친다. 조직의 구성원들은 조직문화 속에서 활동하고 있지만 이를 의식하지 못하는 경우가 많다. 조직문화에 자연스럽게 융화되어 생활하는 경우도 있지만, 새로운 직장으로 옮겼을 때와 같이 조직문화의 특징을 알지 못하여 조직적응에 문제를 일으키는 경우도 있다.

18 다음에서 설명하고 있는 경영참가제도는?

> 기업이 자사 종업원에게 특별한 조건과 방법으로 자사 주식을 분양·소유하게 하는 제도이다. 제1차 세계대전 후 산업민주화의 풍조 속에서 생긴 제도로, 종업원 주식매입제도·우리사주제라고도 한다. 특별한 조건과 방법으로는 저가격·배당우선·공로주·의결권 제한·양도 제한 등이 있다. 이 제도의 목적은 종업원에 대한 근검저축의 장려, 공로에 대한 보수, 자사에의 귀속의식(歸屬意識) 고취, 자사에의 일체감 조성, 자본조달의 새로운 원천(源泉)개발 등에 있다. 그러나 자본조달의 원천개발은 부차적인 목적이고, 주목적은 소유참여(所有參與)나 성과참여로서 근로의욕을 높이고, 노사관계의 안정을 꾀하는 데 있다.

① 종업원지주제도
② 스톡옵션제도
③ 노사협의제도
④ 노사공동결정제도

 ② 기업이 임직원에게 일정 기간이 지난 후에도 일정수량의 주식을 일정한 가격으로 살 수 있는 권한을 인정해 영업이익 확대나 상장 등으로 주식값이 오르면 그 차익을 볼 수 있게 하는 보상제도
③ 단체교섭과는 다른 방법으로 사업 또는 사업장 차원에서 근로자대표와 사용자가 경영상의 모든 문제에 관한 협의와 공동결정, 단체협약상의 이견조정, 기타 복지증진에 관한 사항 등을 협의하는 제도
④ 노동자, 근로자 혹은 노동조합의 대표가 기업의 최고 결정기관에 직접 참가해서 기업경영의 여러 문제를 노사 공동으로 결정하는 제도

Answer → 17.③ 18.①

다음은 각 부서에 발행한 업무지시문이다. 업무지시문을 보고 물음에 답하시오.

업무지시문(업무협조전 사용에 대한 지시)

수신 : 전 부서장님들께

제목 : 업무협조전 사용에 대한 지시문

업무 수행에 노고가 많으십니다.
부서 간의 원활한 업무진행을 위하여 다음과 같이 업무협조전을 사용하도록 결정하였습니다.
업무효율화를 도모하고자 업무협조전을 사용하도록 권장하는 것이니 본사의 지시에 따라주시기 바랍니다. 궁금하신 점은 ___㉠___ 담당자(내선 : 012)에게 문의해주시기 바랍니다.

-다음-

1. 목적
   (1) 업무협조전 이용의 미비로 인한 부서 간 업무 차질 해소
   (2) 발신부서와 수신부서 간의 명확한 책임소재 규명
   (3) 부서 간의 원활한 의견교환을 통한 업무 효율화 추구
   (4) 부서 간의 업무 절차와 내용에 대한 근거확보
2. 부서 내의 적극적인 사용권장을 통해 업무협조전이 사내에 정착될 수 있도록 부탁드립니다.
3. 첨부된 업무협조전 양식을 사용하시기 바랍니다.
4. 기타 : 문서관리규정을 회사사규에 등재할 예정이오니 업무에 참고하시기 바랍니다.

2015년 12월 10일

S통상

___㉠___ 장 ○○○ 배상

19 다음 중 빈칸 ㉠에 들어갈 부서로 가장 적절한 것은?

① 총무부   ② 기획부

③ 인사부   ④ 영업부

 조직기구의 업무분장 및 조절 등에 관한 사항은 인사부에서 관리한다.
※ 인사부의 업무
   ㉠ 조직기구의 개편 및 조정
   ㉡ 업무분장 및 조정
   ㉢ 인력수급계획 및 관리
   ㉣ 직무 및 정원의 조정 종합
   ㉤ 노사관리, 평가관리, 상벌관리
   ㉥ 인사발령
   ㉦ 교육체계 수립 및 관리
   ㉧ 임금·복리후생제도 및 지원업무
   ㉨ 퇴직관리 등

20 업무협조전에 대한 설명으로 옳지 않은 것은?

① 업무협조전 사용 시 부서 간의 책임소재가 분명해진다.

② 업무 협업 시 높아진 효율성을 기대할 수 있다.

③ 업무 절차와 내용에 대한 근거를 확보할 수 있다.

④ 부서별로 자유로운 양식의 업무협조전을 사용할 수 있다.

④ 업무지시문에 첨부된 업무협조전 양식을 사용하여야 한다.

Answer 19.③ 20.④

〈2016년 사내 복지 제도〉

주택 지원
주택구입자금 대출
전보자 및 독신자를 위한 합숙소 운영

자녀학자금 지원
중고생 전액지원, 대학생 무이자융자

경조사 지원
사내근로복지기금을 운영하여 각종 경조금 지원

기타
사내 동호회 활동비 지원
상병 휴가, 휴직, 4대보험 지원
생일 축하금(상품권 지급)

〈2016년 1/4분기 지원 내역〉

이름	부서	직위	내역	금액(만원)
엄영식	총무팀	차장	주택구입자금 대출	−
이수연	전산팀	사원	본인 결혼	10
임효진	인사팀	대리	독신자 합숙소 지원	−
김영태	영업팀	과장	휴직(병가)	−
김원식	편집팀	부장	대학생 학자금 무이자융자	−
심민지	홍보팀	대리	부친상	10
이영호	행정팀	대리	사내 동호회 활동비 지원	10
류민호	자원팀	사원	생일(상품권 지급)	5
백성미	디자인팀	과장	중학생 학자금 전액지원	100
채준민	재무팀	인턴	사내 동호회 활동비 지원	10

21 인사팀에 근무하고 있는 사원 B씨는 2016년 1분기에 지원을 받은 사원들을 정리했다. 다음 중 분류가 잘못된 사원은?

구분	이름
주택 지원	엄영식, 임효진
자녀학자금 지원	김원식, 백성미
경조사 지원	이수연, 심민지, 김영태
기타	이영호, 류민호, 채준민

① 엄영식
② 김원식
③ 심민지
④ 김영태

 ④ 김영태는 병가로 인한 휴직이므로 '기타'에 속해야 한다.

22 사원 B씨는 위의 복지제도와 지원 내역을 바탕으로 2분기에도 사원들을 지원하려고 한다. 지원한 내용으로 옳지 않은 것은?

① 엄영식 차장이 장모상을 당하셔서 경조금 10만 원을 지원하였다.
② 심민지 대리가 동호회에 참여하게 되어서 활동비 10만 원을 지원하였다.
③ 이수연 사원의 생일이라서 현금 5만 원을 지원하였다.
④ 류민호 사원이 결혼을 해서 10만 원을 지원하였다.

 ③ 생일인 경우에는 상품권 5만 원을 지원한다.

Answer↪ 21.④ 22.③

|23~24 | 다음은 어느 회사의 전화 사용 요령이다. 다음을 읽고 물음에 답하시오.

---

1. 일반 전화 걸기
회사 외부에 전화를 걸어야 하는 경우
→수화기를 들고 9번을 누른 후 (지역번호)＋전화번호를 누른다.

2. 전화 당겨 받기
다른 직원에게 전화가 왔으나, 사정상 내가 받아야 하는 경우
→수화기를 들고 *(별표)를 두 번 누른다.
※ 다른 팀에게 걸려온 전화도 당겨 받을 수 있다.

3. 회사 내 직원과 전화하기
→수화기를 들고 내선번호를 누르면 통화가 가능하다.

4. 전화 넘겨주기
외부 전화를 받았는데 내가 담당자가 아니라서 다른 담당자에게 넘겨 줄 경우
→통화 중 상대방에게 양해를 구한 뒤 통화 종료 버튼을 짧게 누른 뒤 내선번호를 누른다. 다른 직원
 이 내선 전화를 받으면 어떤 용건인지 간략하게 얘기 한 뒤 수화기를 내려놓으면 자동적으로 전화
 가 넘겨진다.

5. 회사 전화를 내 핸드폰으로 받기
외근 나가 있는 상황에서 중요한 전화가 올 예정인 경우
→내 핸드폰으로 착신을 돌리기 위해서는 사무실 수화기를 들고 *(별표)를 누르고 88번을 누른다. 그
 리고 내 핸드폰 번호를 입력한다.
→착신을 풀기 위해서는 #(샵)을 누르고 88번을 누른 다음 *(별)을 누르면 된다.
※ 회사 전화를 내 핸드폰으로 받는 기능은 팀장급 이상의 자리에 있는 대표 전화기로만 가능하며, 그 이하
 의 직급 자리에 있는 일반 전화기로는 이 기능을 사용할 수 없다.

---

23 인사팀에 근무하고 있는 사원S는 신입사원들을 위해 전화기 사용 요령에 대해 교육을 진행하려고
한다. 다음 중 신입사원들에게 교육하지 않아도 되는 항목은?

① 일반 전화 걸기 　　　　　　　　② 전화 당겨 받기
③ 전화 넘겨 주기 　　　　　　　　④ 회사 전화를 내 핸드폰으로 받기

 회사 전화를 내 핸드폰으로 받는 기능은 팀장급 이상의 자리에 있는 대표 전화기로만 가능
하기 때문에 신입사원에게 교육하지 않아도 되는 항목이다.

24 사원S는 전화 관련 정보들을 신입사원이 이해하기 쉽도록 표로 정리하였다. 정리한 내용으로 옳지 않은 내용이 포함된 항목은?

상황	항목	눌러야 하는 번호
회사 외부로 전화 걸 때	일반 전화 걸기	9+(지역번호)+(전화번호)
다른 직원에게 걸려온 전화를 내가 받아야 할 때	전화 당겨 받기	*(별표) 한번
회사 내 다른 직원과 전화 할 때	회사 내 직원과 전화하기	내선번호
내가 먼저 전화를 받은 경우 다른 직원에게 넘겨 줄 때	전화 넘겨주기	종료버튼(짧게)+내선번호

① 일반 전화 걸기
② 전화 당겨 받기
③ 전화 넘겨 주기
④ 회사 내 직원과 전화하기

 전화를 당겨 받는 경우에는 *(별표)를 두 번 누른다.

25 다음에서 설명하고 있는 개념의 특징으로 보기 어려운 것은?

> 조직이 당면한 문제에 대한 해결방안을 개인이 아닌 집단에 의하여 이루어지는 의사결정. 집단의사결정에 의하면 개인적 의사결정에 비하여 문제 분석을 보다 광범위한 관점에서 할 수 있고, 보다 많은 지식·사실·대안을 활용할 수 있다. 또 집단구성원 사이의 의사전달을 용이하게 하며, 참여를 통해 구성원의 만족과 결정에 대한 지지를 확보할 수 있다.

① 제한된 견해를 가지고 접근할 수 있다.
② 의사소통의 기회가 향상될 수 있다.
③ 특정 구성원에 의해 의사결정이 독점될 가능성이 있다.
④ 지식과 정보가 더 많아 효과적인 결정을 할 수 있다.

 제시된 내용은 집단의사결정에 대한 설명이다.
※ 집단의사결정의 특징
• 지식과 정보가 더 많아 효과적인 결정을 할 수 있다.
• 다양한 견해를 가지고 접근할 수 있다.
• 결정된 사항에 대하여 의사결정에 참여한 사람들이 해결책을 수월하게 수용하고, 의사소통의 기회도 향상된다.
• 의견이 불일치하는 경우 의사결정을 내리는데 시간이 많이 소요된다.
• 특정 구성원에 의해 의사결정이 독점될 가능성이 있다.

Answer 23.④ 24.② 25.①

26 다음 중 아래 조직도를 보고 잘못 이해한 사람은?

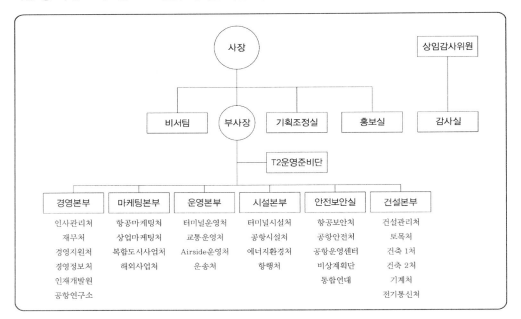

① 정순 : 감사실은 사장 직속이 아니라 상임감사위원 직속으로 되어 있네.

② 진현 : 부사장은 6개의 본부와 1개의 단을 이끌고 있어.

③ 진수 : 인재개발원과 공항연구소는 경영본부에서 관리하는군.

④ 미나 : 마케팅본부와 시설본부에 소속되어 있는 처의 개수는 같네.

> (Tip) ② 부사장은 5개의 본부와 1개의 실, 1개의 단을 이끌고 있다.

27 공식조직과 비공식조직의 특징으로 보기 어려운 것은?

① 공식조직은 인위적으로 형성된 단위이나 비공식집단은 자연발생적으로 형성된 단위이다.

② 공식조직은 제도상 명문화된 단위인데 비하여 비공식집단은 불문화된 단위이다.

③ 공식조직은 감정의 논리에 따라 구성되나 비공식집단은 능률의 논리에 따라 구성된다.

④ 공식조직은 그 조직의 모든 구성원들을 포함하나 비공식집단은 일부분의 구성원들만으로 이루어진다.

 ③ 공식조직은 능률의 논리에 따라 구성되나 비공식집단은 감정의 논리에 따라 구성된다.
※ 공식조직과 비공식조직의 특징
    ㉠ 공식조직은 인위적으로 형성된 단위이나 비공식조직은 자연발생적으로 형성된 단위이다.
    ㉡ 공식조직은 밖에서 볼 수 있는 외면적·가시적 단위인데 비하여 비공식 집단은 속에 들어있어 보기 힘든 내면적·불가시적 단위이다.
    ㉢ 공식조직은 제도상 명문화된 단위인데 비하여 비공식집단은 정서적 요소가 강한 불문화된 단위이다.
    ㉣ 공식조직은 그 조직의 모든 구성원들을 포함하나 비공식집단은 일부분의 구성원들만으로 이루어지며 소집단의 성격을 띤다.
    ㉤ 공식조직은 능률의 논리에 따라 구성되나 비공식집단은 감정의 논리에 따라 구성된다.

28 경영의 구성요소 중 변화하는 환경에 적응하기 위한 경영활동의 체계를 만드는 것은?

① 경영목적   ② 인적자원
③ 자금   ④ 경영전략

 경영의 구성요소
    ㉠ 경영목적 : 조직의 목적을 달성하기 위한 방법이나 과정
    ㉡ 인적자원 : 조직의 구성원·인적자원의 배치와 활용
    ㉢ 자금 : 경영활동에 요구되는 돈·경영의 방향과 범위 한정
    ㉣ 경영전략 : 변화하는 환경에 적응하기 위한 경영활동 체계화

❙ 29~31 ❙ 다음 결재규정을 보고 주어진 상황에 맞게 작성된 양식을 고르시오.

〈결재규정〉
• 결재를 받으려는 업무에 대해서는 대표이사를 포함한 이하 직책자의 결재를 받아야 한다.
• '전결'은 회사의 경영·관리 활동에 있어서 대표이사의 결재를 생략하고, 자신의 책임 하에 최종적으로 결정하는 행위를 말한다.
• 전결사항에 대해서도 위임 받은 자를 포함한 이하 직책자의 결재를 받아야 한다.
• 표시내용 : 결재를 올리는 자는 대표이사로부터 전결 사항을 위임 받은 자가 있는 경우 결재란에 전결이라고 표시하고 최종결재란에 위임받은 자를 표시한다. 다만, 결재가 불필요한 직책자의 결재란은 상향대각선으로 표시한다.
• 대표이사의 결재사항 및 대표이사로부터 위임된 전결사항은 아래의 표에 따른다.

구분	내용	금액기준	결재서류	팀장	부장	대표이사
접대비	거래처 식대, 경조사비 등	20만 원 이하	접대비지출품의서 지출결의서	● ■		
		30만 원 이하			● ■	
		30만 원 초과				● ■
교통비	국내 출장비	30만 원 이하	출장계획서 출장비신청서	● ■		
		50만 원 이하		●	■	
		50만 원 초과		●		■
	해외 출장비			●		■
소모품비	사무용품		지출결의서	■		
	문서, 전산소모품					■
	잡비	10만 원 이하		■		
		30만 원 이하			■	
		30만 원 초과				■
교육비	사내·외 교육		기안서 지출결의서	●		■
법인카드	법인카드 사용	50만 원 이하	법인카드 신청서	■		
		100만 원 이하			■	
		100만 원 초과				■

※ ● : 기안서, 출장계획서, 접대비지출품의서
※ ■ : 지출결의서, 각종신청서

29 영업부 사원 甲씨는 부산출장으로 450,000원을 지출했다. 甲씨가 작성한 결재 양식으로 옳은 것은?

①

결재	출장계획서			
	담당	팀장	부장	최종결재
	甲	/	/	팀장

②

결재	출장계획서			
	담당	팀장	부장	최종결재
	甲		전결	부장

③

결재	출장비신청서			
	담당	팀장	부장	최종결재
	甲		/	팀장

④

결재	출장비신청서			
	담당	팀장	부장	최종결재
	甲		전결	부장

(Tip) 국내 출장비 50만 원 이하인 경우 출장계획서는 팀장 전결, 출장비신청서는 부장 전결이므로 사원 甲씨가 작성해야 하는 결재 양식은 다음과 같다.

결재	출장계획서			
	담당	팀장	부장	최종결재
	甲	전결	/	팀장

결재	출장비신청서			
	담당	팀장	부장	최종결재
	甲		전결	부장

30 기획팀 사원 乙씨는 같은 팀 사원 丙씨의 부친상 부의금 500,000원을 회사 명의로 지급하기로 했다. 乙씨가 작성한 결재 양식으로 옳은 것은?

①

결재	접대비지출품의서			
	담당	팀장	부장	최종결재
	乙		전결	부장

②

결재	접대비지출품의서			
	담당	팀장	부장	최종결재
	乙			대표이사

③

결재	지출결의서			
	담당	팀장	부장	최종결재
	乙	전결	/	팀장

④

결재	지출결의서			
	담당	팀장	부장	최종결재
	乙		전결	부장

(Tip) 부의금은 접대비에 해당하는 경조사비이다. 30만 원이 초과되는 접대비는 접대비지출품의서, 지출결의서 모두 대표이사 결재사항이다. 따라서 사원 乙씨가 작성해야 하는 결재 양식은 다음과 같다.

결재	접대비지출품의서			
	담당	팀장	부장	최종결재
	乙			대표이사

결재	지출결의서			
	담당	팀장	부장	최종결재
	乙			대표이사

Answer 29.④ 30.②

31 민원실 사원 丁씨는 외부 교육업체로부터 1회에 5만 원씩 총 10회에 걸쳐 진행되는 「전화상담 역량교육」을 담당하게 되었다. 丁씨가 작성한 결재 양식으로 옳은 것은?

①
기안서				
결재	담당	팀장	부장	최종결재
	丁	전결	/	팀장

②
기안서				
결재	담당	팀장	부장	최종결재
	丁			대표이사

③
지출결의서				
결재	담당	팀장	부장	최종결재
	丁	전결	/	팀장

④
지출결의서				
결재	담당	팀장	부장	최종결재
	丁		전결	대표이사

 교육비의 결재서류는 금액에 상관없이 기안서는 팀장 전결, 지출결의서는 대표이사 결재사항이므로 丁씨가 작성해야 하는 결재 양식은 다음과 같다.

기안서				
결재	담당	팀장	부장	최종결재
	丁	전결	/	팀장

지출결의서				
결재	담당	팀장	부장	최종결재
	丁			대표이사

32 경영의 구성요소가 아닌 것은?

① 경영목적　　　　　　　　② 인적자원

③ 자금　　　　　　　　　　④ 최고책임자

 경영의 4요소 … 경영목적, 인적자원, 자금, 경영전략

33 외부환경을 모니터링하고 변화를 전달하는 경영자의 역할은?

① 대인적 역할　　　　　　　② 정보적 역할

③ 의사결정적 역할　　　　　④ 상징적 역할

 경영자의 역할(민츠버그)
　㉠ 대인적 역할 : 조직의 대표자 및 리더
　㉡ 정보적 역할 : 외부환경을 모니터링하고 변화전달, 정보전달자
　㉢ 의사결정적 역할 : 분쟁조정자, 자원배분자

34 조직변화에 대한 설명이다. 옳지 않은 것은?

① 조직의 변화는 환경의 변화를 인지하는 데에서 시작된다.

② 기존의 조직구조나 경영방식 하에서 환경변화에 따라 제품이나 기술을 변화시키는 것이다.

③ 조직의 목적과 일치시키기 위해 문화를 변화시키기도 한다.

④ 조직변화는 제품과 서비스, 전략, 구조, 기술 문화 등에서 이루어질 수 있다.

 ② 조직변화 중 전략이나 구조의 변화는 조직의 조직구조나 경영방식을 개선하기도 한다.

35 다음 중 기계적 조직의 특징으로 바르지 않은 것은?

① 급변하는 환경에 적합

② 구성원들의 업무가 분명히 규정

③ 다수의 규칙과 규정이 존재

④ 엄격한 상하 간 위계질서

 유기적 조직 ··· 기계적 조직과 대비되는 조직의 구조로 개인과 개성이 존중되고 이들의 기능이 횡적인 유대로써 기업 전체의 목적에 부합되도록 유도되는 구조이다. 기업의 시장 환경이나 기술 환경이 불확실한 상황에서는 매우 유효한 조직이다.

36 다음의 국제 매너와 관련된 내용 중 바르지 않은 것은?

① 미국에서는 악수할 때 손끝만 잡는 것은 예의에 어긋나는 행동이다.

② 명함은 아랫사람이나 손님이 먼저 꺼내 오른손으로 상대방에게 준다.

③ 이름이나 호칭은 어떻게 부를지 먼저 물어보는 것이 예의이다.

④ 받은 명함을 탁자위에 놓고 대화하는 것은 예의에 어긋나는 행동이다.

 ④ 받은 명함은 한번 보고나서 탁자위에 보이게 놓은 채로 대화하거나 명함지갑에 넣는다. 명함을 계속 구기거나 만지는 것은 예의에 어긋나는 일이다.

Answer 31.① 32.④ 33.② 34.② 35.① 36.④

37 다음 중 경영전략의 추진과정을 순서대로 나열한 것은?

① 경영전략 도출 → 전략목표 설정 → 환경분석 → 경영전략 실행 → 평가 및 피드백
② 전략목표 설정 → 경영전략 도출 → 경영전략 실행 → 평가 및 피드백 → 환경분석
③ 전략목표 설정 → 환경분석 → 경영전략 도출 → 경영전략 실행 → 평가 및 피드백
④ 환경분석 → 전략목표 설정 → 경영전략 도출 → 경영전략 실행 → 평가 및 피드백

 경영전략의 추진과정
　　　㉠ 전략목표 설정 : 비전 및 미션 설정
　　　㉡ 환경분석 : 내부·외부 환경 분석(SWOT)
　　　㉢ 경영전략 도출 : 조직·사업·부문 전략
　　　㉣ 경영전략 실행 : 경영 목적 달성
　　　㉤ 평가 및 피드백 : 경영전략 결과평가, 전략목표 및 경영전략 재조정

38 다음은 경영의 과정을 나타낸 것이다. B에 들어갈 내용으로 적절한 것은?

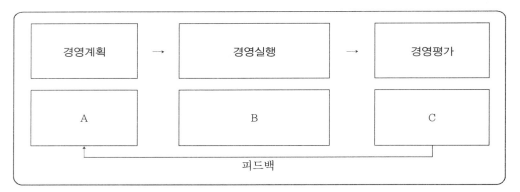

① 미래상 설정　　　　　　　　　② 대안분석
③ 조직목적 달성　　　　　　　　④ 수행결과 감독

 ①② 경영계획 단계
　　　④ 경영평가 단계

39 마이클 포터의 본원적 경쟁전략 중 70년대 우리나라의 섬유업체나 신발업체 등이 미국시장에 진출할 때 취한 전략은?

① 차별화 전략

② 원가우위 전략

③ 집중화 전략

④ 분산화 전략

 본원적 경쟁전략(마이클 포터)
ⓐ 원가우위 전략 : 대량생산, 새로운 생산기술 개발
ⓑ 차별화 전략 : 생산품이나 서비스 차별화
ⓒ 집중화 전략 : 산업의 특정부문 대상

40 다음 중 조직목표의 특징으로 볼 수 없는 것은?

① 공식적 목표와 실제적 목표가 일치한다.

② 다수의 조직목표 추구가 가능하다.

③ 조직목표 간에 위계적 관계가 있다.

④ 조직의 구성요소와 상호관계를 가진다.

 ① 조직목표는 공식적 목표와 실제적 목표가 다를 수 있다.

PART

III

면접

01 면접의 기본

1 면접준비

(1) 면접의 기본 원칙

① **면접의 의미** … 면접이란 다양한 면접기법을 활용하여 지원한 직무에 필요한 능력을 지원자가 보유하고 있는지를 확인하는 절차라고 할 수 있다. 즉, 지원자의 입장에서는 채용 직무 수행에 필요한 요건들과 관련하여 자신의 환경, 경험, 관심사, 성취 등에 대해 기업에 직접 어필할 수 있는 기회를 제공받는 것이며, 기업의 입장에서는 서류전형만으로 알 수 없는 지원자에 대한 정보를 직접적으로 수집하고 평가하는 것이다.

② **면접의 특징** … 면접은 기업의 입장에서 서류전형이나 필기전형에서 드러나지 않는 지원자의 능력이나 성향을 볼 수 있는 기회로, 면대면으로 이루어지며 즉흥적인 질문들이 포함될 수 있기 때문에 지원자가 완벽하게 준비하기 어려운 부분이 있다. 하지만 지원자 입장에서도 서류전형이나 필기전형에서 모두 보여주지 못한 자신의 능력 등을 기업의 인사담당자에게 어필할 수 있는 추가적인 기회가 될 수도 있다.

[서류 · 필기전형과 차별화되는 면접의 특징]

- 직무수행과 관련된 다양한 지원자 행동에 대한 관찰이 가능하다.
- 면접관이 알고자 하는 정보를 심층적으로 파악할 수 있다.
- 서류상의 미비한 사항과 의심스러운 부분을 확인할 수 있다.
- 커뮤니케이션 능력, 대인관계 능력 등 행동 · 언어적 정보도 얻을 수 있다.

③ **면접의 유형**
　㉠ **구조화 면접** : 구조화 면접은 사전에 계획을 세워 질문의 내용과 방법, 지원자의 답변 유형에 따른 추가 질문과 그에 대한 평가 역량이 정해져 있는 면접 방식으로 표준화 면접이라고도 한다.
　　 • 표준화된 질문이나 평가요소가 면접 전 확정되며, 지원자는 편성된 조나 면접관에 영향을 받지 않고 동일한 질문과 시간을 부여받을 수 있다.

- 조직 또는 직무별로 주요하게 도출된 역량을 기반으로 평가요소가 구성되어, 조직 또는 직무에서 필요한 역량을 가진 지원자를 선발할 수 있다.
- 표준화된 형식을 사용하는 특성 때문에 비구조화 면접에 비해 신뢰성과 타당성, 객관성이 높다.

ⓒ 비구조화 면접 : 비구조화 면접은 면접 계획을 세울 때 면접 목적만을 명시하고 내용이나 방법은 면접관에게 전적으로 일임하는 방식으로 비표준화 면접이라고도 한다.

- 표준화된 질문이나 평가요소 없이 면접이 진행되며, 편성된 조나 면접관에 따라 지원자에게 주어지는 질문이나 시간이 다르다.
- 면접관의 주관적인 판단에 따라 평가가 이루어져 평가 오류가 빈번히 일어난다.
- 상황 대처나 언변이 뛰어난 지원자에게 유리한 면접이 될 수 있다.

④ 경쟁력 있는 면접 요령

ⓐ 면접 전에 준비하고 유념할 사항

- 예상 질문과 답변을 미리 작성한다.
- 작성한 내용을 문장으로 외우지 않고 키워드로 기억한다.
- 지원한 회사의 최근 기사를 검색하여 기억한다.
- 지원한 회사가 속한 산업군의 최근 기사를 검색하여 기억한다.
- 면접 전 1주일간 이슈가 되는 뉴스를 기억하고 자신의 생각을 반영하여 정리한다.
- 찬반토론에 대비한 주제를 목록으로 정리하여 자신의 논리를 내세운 예상답변을 작성한다.

ⓑ 면접장에서 유념할 사항

- 질문의 의도 파악 : 답변을 할 때에는 질문 의도를 파악하고 그에 충실한 답변이 될 수 있도록 질문사항을 유념해야 한다. 많은 지원자가 하는 실수 중 하나로 답변을 하는 도중 자기 말에 심취되어 질문의 의도와 다른 답변을 하거나 자신이 알고 있는 지식만을 나열하는 경우가 있는데, 이럴 경우 의사소통능력이 부족한 사람으로 인식될 수 있으므로 주의하도록 한다.
- 답변은 두괄식 : 답변을 할 때에는 두괄식으로 결론을 먼저 말하고 그 이유를 설명하는 것이 좋다. 미괄식으로 답변을 할 경우 용두사미의 답변이 될 가능성이 높으며, 결론을 이끌어 내는 과정에서 논리성이 결여될 우려가 있다. 또한 면접관이 결론을 듣기 전에 말을 끊고 다른 질문을 추가하는 예상치 못한 상황이 발생될 수 있으므로 답변은 자신이 전달하고자 하는 바를 먼저 밝히고 그에 대한 설명을 하는 것이 좋다.

- 지원한 회사의 기업정신과 인재상을 기억 : 답변을 할 때에는 회사가 원하는 인재라는 인상을 심어주기 위해 지원한 회사의 기업정신과 인재상 등을 염두에 두고 답변을 하는 것이 좋다. 모든 회사에 해당되는 두루뭉술한 답변보다는 지원한 회사에 맞는 맞춤형 답변을 하는 것이 좋다.
- 나보다는 회사와 사회적 관점에서 답변 : 답변을 할 때에는 자기중심적인 관점을 피하고 좀 더 넓은 시각으로 회사와 국가, 사회적 입장까지 고려하는 인재임을 어필하는 것이 좋다. 자기중심적 시각을 바탕으로 자신의 출세만을 위해 회사에 입사하려는 인상을 심어줄 경우 면접에서 불이익을 받을 가능성이 높다.
- 난처한 질문은 정직한 답변 : 난처한 질문에 답변을 해야 할 때에는 피하기보다는 정면돌파로 정직하고 솔직하게 답변하는 것이 좋다. 난처한 부분을 감추고 드러내지 않으려 회피하려는 지원자의 모습은 인사담당자에게 입사 후에도 비슷한 상황에 처했을 때 회피할 수도 있다는 우려를 심어줄 수 있다. 따라서 직장생활에 있어 중요한 덕목 중 하나인 정직을 바탕으로 솔직하게 답변을 하도록 한다.

(2) 면접의 종류 및 준비 전략

① 인성면접

ⓐ 면접 방식 및 판단기준
- 면접 방식 : 인성면접은 면접관이 가지고 있는 개인적 면접 노하우나 관심사에 의해 질문을 실시한다. 주로 입사지원서나 자기소개서의 내용을 토대로 지원동기, 과거의 경험, 미래 포부 등을 이야기하도록 하는 방식이다.
- 판단기준 : 면접관의 개인적 가치관과 경험, 해당 역량의 수준, 경험의 구체성 · 진실성 등

ⓑ 특징 : 인성면접은 그 방식으로 인해 역량과 무관한 질문들이 많고 지원자에게 주어지는 면접질문, 시간 등이 다를 수 있다. 또한 입사지원서나 자기소개서의 내용을 토대로 하기 때문에 지원자별 질문이 달라질 수 있다.

ⓒ 예시 문항 및 준비전략

• 예시 문항

> • 3분 동안 자기소개를 해 보십시오.
> • 자신의 장점과 단점을 말해 보십시오.
> • 학점이 좋지 않은데 그 이유가 무엇입니까?
> • 최근에 인상 깊게 읽은 책은 무엇입니까?
> • 회사를 선택할 때 중요시하는 것은 무엇입니까?
> • 일과 개인생활 중 어느 쪽을 중시합니까?
> • 10년 후 자신은 어떤 모습일 것이라고 생각합니까?
> • 휴학 기간 동안에는 무엇을 했습니까?

• 준비전략 : 인성면접은 입사지원서나 자기소개서의 내용을 바탕으로 하는 경우가 많으므로 자신이 작성한 입사지원서와 자기소개서의 내용을 충분히 숙지하도록 한다. 또한 최근 사회적으로 이슈가 되고 있는 뉴스에 대한 견해를 묻거나 시사상식 등에 대한 질문을 받을 수 있으므로 이에 대한 대비도 필요하다. 자칫 부담스러워 보이지 않는 질문으로 가볍게 대답하지 않도록 주의하고 모든 질문에 입사 의지를 담아 성실하게 답변하는 것이 중요하다.

② 발표면접

㉠ 면접 방식 및 판단기준

• 면접 방식 : 지원자가 특정 주제와 관련된 자료를 검토하고 그에 대한 자신의 생각을 면접관 앞에서 주어진 시간 동안 발표하고 추가 질의를 받는 방식으로 진행된다.
• 판단기준 : 지원자의 사고력, 논리력, 문제해결력 등

㉡ 특징 : 발표면접은 지원자에게 과제를 부여한 후, 과제를 수행하는 과정과 결과를 관찰·평가한다. 따라서 과제수행 결과뿐 아니라 수행과정에서의 행동을 모두 평가할 수 있다.

ⓒ 예시 문항 및 준비전략

• 예시 문항

[신입사원 조기 이직 문제]
※ 지원자는 아래에 제시된 자료를 검토한 뒤, 신입사원 조기 이직의 원인을 크게 3가지로 정리하고 이에 대한 구체적인 개선안을 도출하여 발표해 주시기 바랍니다.
※ 본 과제에 정해진 정답은 없으나 논리적 근거를 들어 개선안을 작성해 주십시오.

• A기업은 동종업계 유사기업들과 비교해 볼 때, 비교적 높은 재무안정성을 유지하고 있으며 업무강도가 그리 높지 않은 것으로 외부에 알려져 있음.
• 최근 조사결과, 동종업계 유사기업들과 연봉을 비교해 보았을 때 연봉 수준도 그리 나쁘지 않은 편이라는 것이 확인되었음.
• 그러나 지난 3년간 1~2년차 직원들의 이직률이 계속해서 증가하고 있는 추세이며, 경영진 회의에서 최우선 해결과제 중 하나로 거론되었음.
• 이에 따라 인사팀에서 현재 1~2년차 사원들을 대상으로 개선되어야 하는 A기업의 조직문화에 대한 설문조사를 실시한 결과, '상명하복식의 의사소통'이 36.7%로 1위를 차지했음.
• 이러한 설문조사와 함께, 신입사원 조기 이직에 대한 원인을 분석한 결과 파랑새 증후군, 셀프홀릭 증후군, 피터팬 증후군 등 3가지로 분류할 수 있었음.

〈동종업계 유사기업들과의 연봉 비교〉　〈우리 회사 조직문화 중 개선되었으면 하는 것〉

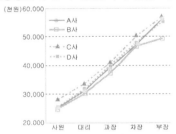

〈신입사원 조기 이직의 원인〉
• 파랑새 증후군
-현재의 직장보다 더 좋은 직장이 있을 것이라는 막연한 기대감으로 끊임없이 새로운 직장을 탐색함.
-학력 수준과 맞지 않는 '하향지원', 전공과 적성을 고려하지 않고 일단 취업하고 보자는 '묻지마 지원'이 파랑새 증후군을 초래함.
• 셀프홀릭 증후군
-본인의 역량에 비해 가치가 낮은 일을 주로 하면서 갈등을 느낌.
• 피터팬 증후군
-기성세대의 문화를 무조건 수용하기보다는 자유로움과 변화를 추구함.
-상명하복, 엄격한 규율 등 기성세대가 당연시하는 관행에 거부감을 가지며 직장에 답답함을 느낌.

- 준비전략 : 발표면접의 시작은 과제 안내문과 과제 상황, 과제 자료 등을 정확하게 이해하는 것에서 출발한다. 과제 안내문을 침착하게 읽고 제시된 주제 및 문제와 관련된 상황의 맥락을 파악한 후 과제를 검토한다. 제시된 기사나 그래프 등을 충분히 활용하여 주어진 문제를 해결할 수 있는 해결책이나 대안을 제시하며, 발표를 할 때에는 명확하고 자신 있는 태도로 전달할 수 있도록 한다.

③ 토론면접

㉠ 면접 방식 및 판단기준

- 면접 방식 : 상호갈등적 요소를 가진 과제 또는 공통의 과제를 해결하는 내용의 토론 과제를 제시하고, 그 과정에서 개인 간의 상호작용 행동을 관찰하는 방식으로 면접이 진행된다.
- 판단기준 : 팀워크, 적극성, 갈등 조정, 의사소통능력, 문제해결능력 등

㉡ 특징 : 토론을 통해 도출해 낸 최종안의 타당성도 중요하지만, 결론을 도출해 내는 과정에서의 의사소통능력이나 갈등상황에서 의견을 조정하는 능력 등이 중요하게 평가되는 특징이 있다.

㉢ 예시 문항 및 준비전략

- 예시 문항

> - 군 가산점제 부활에 대한 찬반토론
> - 담뱃값 인상에 대한 찬반토론
> - 비정규직 철폐에 대한 찬반토론
> - 대학의 영어 강의 확대 찬반토론
> - 워크숍 장소 선정을 위한 토론

- 준비전략 : 토론면접은 무엇보다 팀워크와 적극성이 강조된다. 따라서 토론과정에 적극적으로 참여하며 자신의 의사를 분명하게 전달하며, 갈등상황에서 자신의 의견만 내세울 것이 아니라 다른 지원자의 의견을 경청하고 배려하는 모습도 중요하다. 갈등상황을 일목요연하게 정리하여 조정하는 등의 의사소통능력을 발휘하는 것도 좋은 전략이 될 수 있다.

④ 상황면접

㉠ 면접 방식 및 판단기준

- 면접 방식 : 상황면접은 직무 수행 시 접할 수 있는 상황들을 제시하고, 그러한 상황에서 어떻게 행동할 것인지를 이야기하는 방식으로 진행된다.
- 판단기준 : 해당 상황에 적절한 역량의 구현과 구체적 행동지표

ⓛ 특징 : 실제 직무 수행 시 접할 수 있는 상황들을 제시하므로 입사 이후 지원자의 업무 수행능력을 평가하는 데 적절한 면접 방식이다. 또한 지원자의 가치관, 태도, 사고방식 등의 요소를 통합적으로 평가하는 데 용이하다.

ⓒ 예시 문항 및 준비전략

• 예시 문항

> 당신은 생산관리팀의 팀원으로, 생산팀이 기한에 맞춰 효율적으로 제품을 생산할 수 있도록 관리하는 역할을 맡고 있습니다. 3개월 뒤에 제품A를 정상적으로 출시하기 위해 생산팀의 생산 계획을 수립한 상황입니다. 그러나 원가가 곧 실적으로 이어지는 구매팀에서는 최대한 원가를 줄여 전반적 단가를 낮추려고 원가절감을 위한 제안을 하였으나, 연구개발팀에서는 구매팀이 제안한 방식으로 제품을 생산할 경우 대부분이 구매팀의 실적으로 산정될 것이므로 제대로 확인도 해보지 않은 채 적합하지 않은 방식이라고 판단하고 있습니다. 당신은 어떻게 하겠습니까?

• 준비전략 : 상황면접은 먼저 주어진 상황에서 핵심이 되는 문제가 무엇인지를 파악하는 것에서 시작한다. 주질문과 세부질문을 통하여 질문의 의도를 파악하였다면, 그에 대한 구체적인 행동이나 생각 등에 대해 응답할수록 높은 점수를 얻을 수 있다.

⑤ 역할면접

㉠ 면접 방식 및 판단기준

• 면접 방식 : 역할면접 또는 역할연기 면접은 기업 내 발생 가능한 상황에서 부딪히게 되는 문제와 역할을 가상적으로 설정하여 특정 역할을 맡은 사람과 상호작용하고 문제를 해결해 나가도록 하는 방식으로 진행된다. 역할연기 면접에서는 면접관이 직접 역할연기를 하면서 지원자를 관찰하기도 하지만, 역할연기 수행만 전문적으로 하는 사람을 투입할 수도 있다.

• 판단기준 : 대처능력, 대인관계능력, 의사소통능력 등

㉡ 특징 : 역할면접은 실제 상황과 유사한 가상 상황에서의 행동을 관찰함으로서 지원자의 성격이나 대처 행동 등을 관찰할 수 있다.

㉢ 예시 문항 및 준비전략

• 예시 문항

> [금융권 역할면접의 예]
> 당신은 ○○은행의 신입 텔러이다. 사람이 많은 월말 오전 한 할아버지(면접관 또는 역할담당자)께서 ○○은행을 사칭한 보이스피싱으로 500만 원을 피해 보았다며 소란을 일으키고 있다. 실제 업무상황이라고 생각하고 상황에 대처해 보시오.

• 준비전략 : 역할연기 면접에서 측정하는 역량은 주로 갈등의 원인이 되는 문제를 해결하고 제시된 해결방안을 상대방에게 설득하는 것이다. 따라서 갈등해결, 문제해결, 조정·통합, 설득력과 같은 역량이 중요시된다. 또한 갈등을 해결하기 위해서 상대방에 대한 이해도 필수적인 요소이므로 고객 지향을 염두에 두고 상황에 맞게 대처해야 한다.
역할면접에서는 변별력을 높이기 위해 면접관이 압박적인 분위기를 조성하는 경우가 많기 때문에 스트레스 상황에서 불안해하지 않고 유연하게 대처할 수 있도록 시간과 노력을 들여 충분히 연습하는 것이 좋다.

2 면접 이미지 메이킹

(1) 성공적인 이미지 메이킹 포인트

① 복장 및 스타일
  ㉠ 남성

> • 양복 : 양복은 단색으로 하며 넥타이나 셔츠로 포인트를 주는 것이 효과적이다. 짙은 회색이나 감청색이 가장 단정하고 품위 있는 인상을 준다.
> • 셔츠 : 흰색이 가장 선호되나 자신의 피부색에 맞추는 것이 좋다. 푸른색이나 베이지색은 산뜻한 느낌을 줄 수 있다. 양복과의 배색도 고려하도록 한다.
> • 넥타이 : 의상에 포인트를 줄 수 있는 아이템이지만 너무 화려한 것은 피한다. 지원자의 피부색은 물론, 정장과 셔츠의 색을 고려하며, 체격에 따라 넥타이 폭을 조절하는 것이 좋다.
> • 구두 & 양말 : 구두는 검정색이나 짙은 갈색이 어느 양복에나 무난하게 어울리며 깔끔하게 닦아 준비한다. 양말은 정장과 동일한 색상이나 검정색을 착용한다.
> • 헤어스타일 : 머리스타일은 단정한 느낌을 주는 짧은 헤어스타일이 좋으며 앞머리가 있다면 이마나 눈썹을 가리지 않는 선에서 정리하는 것이 좋다.

ⓛ 여성

- 의상 : 단정한 스커트 투피스 정장이나 슬랙스 슈트가 무난하다. 블랙이나 그레이, 네이비, 브라운 등 차분해 보이는 색상을 선택하는 것이 좋다.
- 소품 : 구두, 핸드백 등은 같은 계열로 코디하는 것이 좋으며 구두는 너무 화려한 디자인이나 굽이 높은 것을 피한다. 스타킹은 의상과 구두에 맞춰 단정한 것으로 선택한다.
- 액세서리 : 액세서리는 너무 크거나 화려한 것은 좋지 않으며 과하게 많이 하는 것도 좋은 인상을 주지 못한다. 착용하지 않거나 작고 깔끔한 디자인으로 포인트를 주는 정도가 적당하다.
- 메이크업 : 화장은 자연스럽고 밝은 이미지를 표현하는 것이 좋으며 진한 색조는 인상이 강해 보일 수 있으므로 피한다.
- 헤어스타일 : 커트나 단발처럼 짧은 머리는 활동적이면서도 단정한 이미지를 줄 수 있도록 정리한다. 긴 머리의 경우 하나로 묶거나 단정한 머리망으로 정리하는 것이 좋으며, 짙은 염색이나 화려한 웨이브는 피한다.

② 인사

　ㄱ 인사의 의미 : 인사는 예의범절의 기본이며 상대방의 마음을 여는 기본적인 행동이라고 할 수 있다. 인사는 처음 만나는 면접관에게 호감을 살 수 있는 가장 쉬운 방법이 될 수 있기도 하지만 제대로 예의를 지키지 않으면 지원자의 인성 전반에 대한 평가로 이어질 수 있으므로 각별히 주의해야 한다.

　ㄴ 인사의 핵심 포인트

- 인사말 : 인사말을 할 때에는 밝고 친근감 있는 목소리로 하며, 자신의 이름과 수험번호 등을 간략하게 소개한다.
- 시선 : 인사는 상대방의 눈을 보며 하는 것이 중요하며 너무 빤히 쳐다본다는 느낌이 들지 않도록 주의한다.
- 표정 : 인사는 마음에서 우러나오는 존경이나 반가움을 표현하고 예의를 차리는 것이므로 살짝 미소를 지으며 하는 것이 좋다.
- 자세 : 인사를 할 때에는 가볍게 목만 숙인다거나 흐트러진 상태에서 인사를 하지 않도록 주의하며 절도 있고 확실하게 하는 것이 좋다.

③ 시선처리와 표정, 목소리

    ㉠ 시선처리와 표정 : 표정은 면접에서 지원자의 첫인상을 결정하는 중요한 요소이다. 얼굴 표정은 사람의 감정을 가장 잘 표현할 수 있는 의사소통 도구로 표정 하나로 상대방에게 호감을 주거나, 비호감을 사기도 한다. 호감이 가는 인상의 특징은 부드러운 눈썹, 자연스러운 미간, 적당히 볼록한 광대, 올라간 입 꼬리 등으로 가볍게 미소를 지을 때의 표정과 일치한다. 따라서 면접 중에는 밝은 표정으로 미소를 지어 호감을 형성할 수 있도록 한다. 시선은 면접관과 고르게 맞추되 생기 있는 눈빛을 띄도록 하며, 너무 빤히 쳐다본다는 인상을 주지 않도록 한다.

    ㉡ 목소리 : 면접은 주로 면접관과 지원자의 대화로 이루어지므로 목소리가 미치는 영향이 상당하다. 답변을 할 때에는 부드러우면서도 활기차고 생동감 있는 목소리로 하는 것이 면접관에게 호감을 줄 수 있으며 적당한 제스처가 더해진다면 상승효과를 얻을 수 있다. 그러나 적절한 답변을 하였음에도 불구하고 콧소리나 날카로운 목소리, 자신감 없는 작은 목소리는 답변의 신뢰성을 떨어뜨릴 수 있으므로 주의하도록 한다.

④ 자세

    ㉠ 걷는 자세
- 면접장에 입실할 때에는 상체를 곧게 유지하고 발끝은 평행이 되게 하며 무릎을 스치듯 11자로 걷는다.
- 시선은 정면을 향하고 턱은 가볍게 당기며 어깨나 엉덩이가 흔들리지 않도록 주의한다.
- 발바닥 전체가 닿는 느낌으로 안정감 있게 걸으며 발소리가 나지 않도록 주의한다.
- 보폭은 어깨넓이만큼이 적당하지만, 스커트를 착용했을 경우 보폭을 줄인다.
- 걸을 때도 미소를 유지한다.

    ㉡ 서있는 자세
- 몸 전체를 곧게 펴고 가슴을 자연스럽게 내민 후 등과 어깨에 힘을 주지 않는다.
- 정면을 바라본 상태에서 턱을 약간 당기고 아랫배에 힘을 주어 당기며 바르게 선다.
- 양 무릎과 발뒤꿈치는 붙이고 발끝은 11자 또는 V형을 취한다.
- 남성의 경우 팔을 자연스럽게 내리고 양손을 가볍게 쥐어 바지 옆선에 붙이고, 여성의 경우 공수자세를 유지한다.

ⓒ 앉은 자세

• 남성

> • 의자 깊숙이 앉고 등받이와 등 사이에 주먹 1개 정도의 간격을 두며 기대듯 앉지 않도록 주의한다. (남녀 공통 사항)
> • 무릎 사이에 주먹 2개 정도의 간격을 유지하고 발끝은 11자를 취한다.
> • 시선은 정면을 바라보며 턱은 가볍게 당기고 미소를 짓는다. (남녀 공통 사항)
> • 양손은 가볍게 주먹을 쥐고 무릎 위에 올려놓는다.
> • 앉고 일어날 때에는 자세가 흐트러지지 않도록 주의한다. (남녀 공통 사항)

• 여성

> • 스커트를 입었을 경우 왼손으로 뒤쪽 스커트 자락을 누르고 오른손으로 앞쪽 자락을 누르며 의자에 앉는다.
> • 무릎은 붙이고 발끝을 가지런히 하며, 다리를 왼쪽으로 비스듬히 기울이면 여성스러워 보이는 효과가 있다.
> • 양손을 모아 무릎 위에 모아 놓으며 스커트를 입었을 경우 스커트 위를 가볍게 누르듯이 올려놓는다.

(2) 면접 예절

① 행동 관련 예절

ⓒ **지각은 절대금물** : 시간을 지키는 것은 예절의 기본이다. 지각을 할 경우 면접에 응시할 수 없거나, 면접 기회가 주어지더라도 불이익을 받을 가능성이 높아진다. 따라서 면접 장소가 결정되면 교통편과 소요시간을 확인하고 가능하다면 사전에 미리 방문해 보는 것도 좋다. 면접 당일에는 서둘러 출발하여 면접 시간 20~30분 전에 도착하여 회사를 둘러보고 환경에 익숙해지는 것도 성공적인 면접을 위한 요령이 될 수 있다.

ⓒ **면접 대기 시간** : 지원자들은 대부분 면접장에서의 행동과 답변 등으로만 평가를 받는다고 생각하지만 그렇지 않다. 면접관이 아닌 면접진행자 역시 대부분 인사실무자이며 면접관이 면접 후 지원자에 대한 평가에 있어 확신을 위해 면접진행자의 의견을 구한다면 면접진행자의 의견이 당락에 영향을 줄 수 있다. 따라서 면접 대기 시간에도 행동과 말을 조심해야 하며, 면접을 마치고 돌아가는 순간까지도 긴장을 늦춰서는 안 된다. 면접 중 압박적인 질문에 답변을 잘 했지만, 면접장을 나와 흐트러진 모습을 보이거나 욕설을 한다면 면접 탈락의 요인이 될 수 있으므로 주의해야 한다.

ⓒ 입실 후 태도 : 본인의 차례가 되어 호명되면 또렷하게 대답하고 들어간다. 만약 면접장 문이 닫혀 있다면 상대에게 소리가 들릴 수 있을 정도로 노크를 두세 번 한 후 대답을 듣고 나서 들어가야 한다. 문을 여닫을 때에는 소리가 나지 않게 조용히 하며 공손한 자세로 인사한 후 성명과 수험번호를 말하고 면접관의 지시에 따라 자리에 앉는다. 이 경우 착석하라는 말이 없는데 먼저 의자에 앉으면 무례한 사람으로 보일 수 있으므로 주의한다. 의자에 앉을 때에는 끝에 앉지 말고 무릎 위에 양손을 가지런히 얹는 것이 예절이라고 할 수 있다.

ⓒ 옷매무새를 자주 고치지 마라. : 일부 지원자의 경우 옷매무새 또는 헤어스타일을 자주 고치거나 확인하기도 하는데 이러한 모습은 과도하게 긴장한 것 같아 보이거나 면접에 집중하지 못하는 것으로 보일 수 있다. 남성 지원자의 경우 넥타이를 자꾸 고쳐 맨다거나 정장 상의 끝을 너무 자주 만지작거리지 않는다. 여성 지원자는 머리를 계속 쓸어 올리지 않고, 특히 짧은 치마를 입고서 신경이 쓰여 치마를 끌어 내리는 행동은 좋지 않다.

ⓒ 다리를 떨거나 산만한 시선은 면접 탈락의 지름길 : 자신도 모르게 다리를 떨거나 손가락을 만지는 등의 행동을 하는 지원자가 있는데, 이는 면접관의 주의를 끌 뿐만 아니라 불안하고 산만한 사람이라는 느낌을 주게 된다. 따라서 가능한 한 바른 자세로 앉아 있는 것이 좋다. 또한 면접관과 시선을 맞추지 못하고 여기저기 둘러보는 듯한 산만한 시선은 지원자가 거짓말을 하고 있다고 여겨지거나 신뢰할 수 없는 사람이라고 생각될 수 있다.

② 답변 관련 예절

ⓒ 면접관이나 다른 지원자와 가치 논쟁을 하지 않는다. : 질문을 받고 답변하는 과정에서 면접관 또는 다른 지원자의 의견과 다른 의견이 있을 수 있다. 특히 평소 지원자가 관심이 많은 문제이거나 잘 알고 있는 문제인 경우 자신과 다른 의견에 대해 이의가 있을 수 있다. 하지만 주의할 것은 면접에서 면접관이나 다른 지원자와 가치 논쟁을 할 필요는 없다는 것이며 오히려 불이익을 당할 수도 있다. 정답이 정해져 있지 않은 경우에는 가치관이나 성장배경에 따라 문제를 받아들이는 태도에서 답변까지 충분히 차이가 있을 수 있으므로 굳이 면접관이나 다른 지원자의 가치관을 지적하고 고치려 드는 것은 좋지 않다.

ⓛ **답변은 항상 정직해야 한다.** : 면접이라는 것이 아무리 지원자의 장점을 부각시키고 단점을 축소시키는 것이라고 해도 절대로 거짓말을 해서는 안 된다. 거짓말을 하게 되면 지원자는 불안하거나 꺼림칙한 마음이 들게 되어 면접에 집중을 하지 못하게 되고 수많은 지원자를 상대하는 면접관은 그것을 놓치지 않는다. 거짓말은 그 지원자에 대한 신뢰성을 떨어뜨리며 이로 인해 다른 스펙이 아무리 훌륭하다고 해도 채용에서 탈락하게 될 수 있음을 명심하도록 한다.

ⓒ **경력직을 경우 전 직장에 대해 험담하지 않는다.** : 지원자가 전 직장에서 무슨 업무를 담당했고 어떤 성과를 올렸는지는 면접관이 관심을 둘 사항일 수 있지만, 이전 직장의 기업문화나 상사들이 어땠는지는 그다지 궁금해 하는 사항이 아니다. 전 직장에 대해 험담을 늘어놓는다든가, 동료와 상사에 대한 악담을 하게 된다면 오히려 지원자에 대한 부정적인 이미지만 심어줄 수 있다. 만약 전 직장에 대한 말을 해야 할 경우가 생긴다면 가능한 한 객관적으로 이야기하는 것이 좋다.

ⓔ **자기 자신이나 배경에 대해 자랑하지 않는다.** : 자신의 성취나 부모 형제 등 집안사람들이 사회·경제적으로 어떠한 위치에 있는지에 대한 자랑은 면접관으로 하여금 지원자에 대해 오만한 사람이거나 배경에 의존하려는 나약한 사람이라는 이미지를 갖게 할 수 있다. 따라서 자기 자신이나 배경에 대해 자랑하지 않도록 하고, 자신이 한 일에 대해서 너무 자세하게 얘기하지 않도록 주의해야 한다.

3 면접 질문 및 답변 포인트

(1) 가족 및 대인관계에 관한 질문

① **당신의 가정은 어떤 가정입니까?**
면접관들은 지원자의 가정환경과 성장과정을 통해 지원자의 성향을 알고 싶어 이와 같은 질문을 한다. 비록 가정 일과 사회의 일이 완전히 일치하는 것은 아니지만 '가화만사성'이라는 말이 있듯이 가정이 화목해야 사회에서도 화목하게 지낼 수 있기 때문이다. 그러므로 답변 시에는 가족사항을 정확하게 설명하고 집안의 분위기와 특징에 대해 이야기하는 것이 좋다.

② 아버지의 직업은 무엇입니까?

아주 기본적인 질문이지만 지원자는 아버지의 직업과 내가 무슨 관련성이 있을까 생각하기 쉬워 포괄적인 답변을 하는 경우가 많다. 그러나 이는 바람직하지 않은 것으로 단답형으로 답변하면 세부적인 직종 및 근무연한 등을 물을 수 있으므로 모든 걸 한 번에 대답하는 것이 좋다.

③ 친구 관계에 대해 말해 보십시오.

지원자의 인간성을 판단하는 질문으로 교우관계를 통해 답변자의 성격과 대인관계능력을 파악할 수 있다. 새로운 환경에 적응을 잘하여 새로운 친구들이 많은 것도 좋지만, 깊고 오래 지속되어온 인간관계를 말하는 것이 더욱 바람직하다.

(2) 성격 및 가치관에 관한 질문

① 당신의 PR포인트를 말해 주십시오.

PR포인트를 말할 때에는 지나치게 겸손한 태도는 좋지 않으며 적극적으로 자기를 주장하는 것이 좋다. 앞으로 입사 후 하게 될 업무와 관련된 자기의 특성을 구체적인 일화를 더하여 이야기하도록 한다.

② 당신의 장·단점을 말해 보십시오.

지원자의 구체적인 장·단점을 알고자 하기 보다는 지원자가 자기 자신에 대해 얼마나 알고 있으며 어느 정도의 객관적인 분석을 하고 있나, 그리고 개선의 노력 등을 시도하는지를 파악하고자 하는 것이다. 따라서 장점을 말할 때는 업무와 관련된 장점을 뒷받침할 수 있는 근거와 함께 제시하며, 단점을 이야기할 때에는 극복을 위한 노력을 반드시 포함해야 한다.

③ 가장 존경하는 사람은 누구입니까?

존경하는 사람을 말하기 위해서는 우선 그 인물에 대해 알아야 한다. 잘 모르는 인물에 대해 존경한다고 말하는 것은 면접관에게 바로 지적당할 수 있으므로, 추상적이라도 좋으니 평소에 존경스럽다고 생각했던 사람에 대해 그 사람의 어떤 점이 좋고 존경스러운지 대답하도록 한다. 또한 자신에게 어떤 영향을 미쳤는지도 언급하면 좋다.

(3) 학교생활에 관한 질문

① 지금까지의 학교생활 중 가장 기억에 남는 일은 무엇입니까?

가급적 직장생활에 도움이 되는 경험을 이야기하는 것이 좋다. 또한 경험만을 간단하게 말하지 말고 그 경험을 통해서 얻을 수 있었던 교훈 등을 예시와 함께 이야기하는 것이 좋으나 너무 상투적인 답변이 되지 않도록 주의해야 한다.

② 성적은 좋은 편이었습니까?

면접관은 이미 서류심사를 통해 지원자의 성적을 알고 있다. 그럼에도 불구하고 이 질문을 하는 것은 지원자가 성적에 대해서 어떻게 인식하느냐를 알고자 하는 것이다. 성적이 나빴던 이유에 대해서 변명하려 하지 말고 담백하게 받아드리고 그것에 대한 개선노력을 했음을 밝히는 것이 적절하다.

③ 학창시절에 시위나 집회 등에 참여한 경험이 있습니까?

기업에서는 노사분규를 기업의 사활이 걸린 중대한 문제로 인식하고 거시적인 차원에서 접근한다. 이러한 기업문화를 제대로 인식하지 못하여 학창시절의 시위나 집회 참여 경험을 자랑스럽게 답변할 경우 감점요인이 되거나 심지어는 탈락할 수 있다는 사실에 주의한다. 시위나 집회에 참가한 경험을 말할 때에는 타당성과 정도에 유의하여 답변해야 한다.

(4) 지원동기 및 직업의식에 관한 질문

① 왜 우리 회사를 지원했습니까?

이 질문은 어느 회사나 가장 먼저 물어보고 싶은 것으로 지원자들은 기업의 이념, 대표의 경영능력, 재무구조, 복리후생 등 외적인 부분을 설명하는 경우가 많다. 이러한 답변도 적절하지만 지원 회사의 주력 상품에 관한 소비자의 인지도, 경쟁사 제품과의 시장점유율을 비교하면서 입사동기를 설명한다면 상당히 주목 받을 수 있을 것이다.

② 만약 이번 채용에 불합격하면 어떻게 하겠습니까?

불합격할 것을 가정하고 회사에 응시하는 지원자는 거의 없을 것이다. 이는 지원자를 궁지로 몰아넣고 어떻게 대응하는지를 살펴보며 입사 의지를 알아보려고 하는 것이다. 이 질문은 너무 깊이 들어가지 말고 침착하게 답변하는 것이 좋다.

③ 당신이 생각하는 바람직한 사원상은 무엇입니까?

직장인으로서 또는 조직의 일원으로서의 자세를 묻는 질문으로 지원하는 회사에서 어떤 인재상을 요구하는 가를 알아두는 것이 좋으며, 평소에 자신의 생각을 미리 정리해 두어 당황하지 않도록 한다.

④ 직무상의 적성과 보수의 많음 중 어느 것을 택하겠습니까?

이런 질문에서 회사 측에서 원하는 답변은 당연히 직무상의 적성에 비중을 둔다는 것이다. 그러나 적성만을 너무 강조하다 보면 오히려 솔직하지 못하다는 인상을 줄 수 있으므로 어느 한 쪽을 너무 강조하거나 경시하는 태도는 바람직하지 못하다.

⑤ 상사와 의견이 다를 때 어떻게 하겠습니까?

과거와 다르게 최근에는 상사의 명령에 무조건 따르겠다는 수동적인 자세는 바람직하지 않다. 회사에서는 때에 따라 자신이 판단하고 행동할 수 있는 직원을 원하기 때문이다. 그러나 지나치게 자신의 의견만을 고집한다면 이는 팀원 간의 불화를 야기할 수 있으며 팀 체제에 악영향을 미칠 수 있으므로 선호하지 않는다는 것에 유념하여 답해야 한다.

⑥ 근무지가 지방인데 근무가 가능합니까?

근무지가 지방 중에서도 특정 지역은 되고 다른 지역은 안 된다는 답변은 바람직하지 않다. 직장에서는 순환 근무라는 것이 있으므로 처음에 지방에서 근무를 시작했다고 해서 계속 지방에만 있는 것은 아님을 유의하고 답변하도록 한다.

(5) 여가 활용에 관한 질문

① 취미가 무엇입니까?

기초적인 질문이지만 특별한 취미가 없는 지원자의 경우 대답이 애매할 수밖에 없다. 그래서 가장 많이 대답하게 되는 것이 독서, 영화감상, 혹은 음악감상 등과 같은 흔한 취미를 말하게 되는데 이런 취미는 면접관의 주의를 끌기 어려우며 설사 정말 위와 같은 취미를 가지고 있다하더라도 제대로 답변하기는 힘든 것이 사실이다. 가능하면 독특한 취미를 말하는 것이 좋으며 이제 막 시작한 것이라도 열의를 가지고 있음을 설명할 수 있으면 그것을 취미로 답변하는 것도 좋다.

② 술자리를 좋아합니까?

이 질문은 정말로 술자리를 좋아하는 정도를 묻는 것이 아니다. 우리나라에서는 대부분 술자리가 친교의 자리로 인식되기 때문에 그것에 얼마나 적극적으로 참여할 수 있는 가를 우회적으로 묻는 것이다. 술자리를 싫어한다고 대답하게 되면 원만한 대인관계에 문제가 있을 수 있다고 평가될 수 있으므로 술을 잘 마시지 못하더라도 술자리의 분위기는 즐긴다고 답변하는 것이 좋으며 주량에 대해서는 정확하게 말하는 것이 좋다.

(6) 여성 지원자들을 겨냥한 질문

① 결혼은 언제 할 생각입니까?

지원자가 결혼예정자일 경우 기업은 채용을 꺼리게 되는 경향이 있다. 업무를 어느 정도 인식하고 수행할 정도가 되면 퇴사하는 일이 흔하기 때문이다. 가능하면 향후 몇 년간은 결혼 계획이 없다고 답변하는 것이 현실적인 대처 요령이며, 덧붙여 결혼 후에도 일하고자 하는 의지를 강하게 내보인다면 더욱 도움이 된다.

② 만약 결혼 후 남편이나 시댁에서 직장생활을 그만두라고 강요한다면 어떻게 하겠습니까?

결혼적령기의 여성 지원자들에게 빈번하게 묻는 질문으로 의견 대립이 생겼을 때 상대방을 설득하고 타협하는 능력을 알아보고자 하는 것이다. 따라서 남편이나 시댁과 충분한 대화를 통해 설득하고 계속 근무하겠다는 의지를 밝히는 것이 좋다.

③ 여성의 취업을 어떻게 생각합니까?

여성 지원자들의 일에 대한 열의와 포부를 알고자 하는 질문이다. 많은 기업들이 여성들의 섬세하고 꼼꼼한 업무능력과 감각을 높이 평가하고 있으며, 사회 전반적인 분위기 역시 맞벌이를 이해하고 있으므로 자신의 의지를 당당하고 자신감 있게 밝히는 것이 좋다.

④ 커피나 복사 같은 잔심부름이 주어진다면 어떻게 하겠습니까?

여성 지원자들에게 가장 난감하고 자존심상하는 질문일 수 있다. 이 질문은 여성 지원자에게 잔심부름을 시키겠다는 요구가 아니라 직장생활 중에서의 협동심이나 봉사정신, 직업관을 알아보고자 하는 것이다. 또한 이 과정에서 압박기법을 사용해 비꼬는 투로 말하는 수 있는데 이는 자존심이 상하거나 불쾌해질 때의 행동을 알아보려는 것이다. 이럴 경우 흥분하여 과격하게 답변하면 탈락하게 되며, 무조건 열심히 하겠다는 대답도 신뢰성이 없는 답변이다. 직장생활을 위해 필요한 일이면 할 수 있다는 정도의 긍정적인 답변을 하되, 한 사람의 사원으로서 당당함을 유지하는 것이 좋다.

(7) 지원자를 당황하게 하는 질문

① 성적이 좋지 않은데 이 정도의 성적으로 우리 회사에 입사할 수 있다고 생각합니까?

비록 자신의 성적이 좋지 않더라도 이미 서류심사에 통과하여 면접에 참여하였다면 기업에서는 지원자의 성적보다 성적 이외의 요소, 즉 성격·열정 등을 높이 평가했다는 것이라고할 수 있다. 그러나 이런 질문을 받게 되면 지원자는 당황할 수 있으나 주눅 들지 말고 침착하게 대처하는 면모를 보인다면 더 좋은 인상을 남길 수 있다.

② 우리 회사 회장님 함자를 알고 있습니까?

회장이나 사장의 이름을 조사하는 것은 면접일을 통고받았을 때 이미 사전 조사되었어야하는 사항이다. 단답형으로 이름만 말하기보다는 그 기업에 입사를 희망하는 지원자의 입장에서 답변하는 것이 좋다.

③ 당신은 이 회사에 적합하지 않은 것 같군요.

이 질문은 지원자의 입장에서 상당히 곤혹스러울 수밖에 없다. 질문을 듣는 순간 그렇다면면접은 왜 참가시킨 것인가 하는 생각이 들 수도 있다. 하지만 당황하거나 흥분하지 말고침착하게 자신의 어떤 면이 회사에 적당하지 않은지 겸손하게 물어보고 지적당한 부분에대해서 고치겠다는 의지를 보인다면 오히려 자신의 능력을 어필할 수 있는 기회로 사용할수도 있다.

④ 다시 공부할 계획이 있습니까?

이 질문은 지원자가 합격하여 직장을 다니다가 공부를 더 하기 위해 회사를 그만 두거나학습에 더 관심을 두어 일에 대한 능률이 저하될 것을 우려하여 묻는 것이다. 이때에는 당연히 학습보다는 일을 강조해야 하며, 업무 수행에 필요한 학습이라면 업무에 지장이 없는범위에서 야간학교를 다니거나 회사에서 제공하는 연수 프로그램 등을 활용하겠다고 답변하는 것이 적당하다.

⑤ 지원한 분야가 전공한 분야와 다른데 여기 일을 할 수 있겠습니까?

수험생의 입장에서 본다면 지원한 분야와 전공이 다르지만 서류전형과 필기전형에 합격하여 면접을 보게 된 경우라고 할 수 있다. 이는 결국 해당 회사의 채용 방침상 전공에 크게영향을 받지 않는다는 것이므로 무엇보다 자신이 전공하지는 않았지만 어떤 업무도 적극적으로 임할 수 있다는 자신감과 능동적인 자세를 보여주도록 노력하는 것이 좋다.

02 면접기출

1 한국시설안전공단 면접 평가방법 및 평정요소

① 인성·직무역량구술 및 발표 면접

구분	유형	평가방법	평정요소
일반4·5급	임원진	발표면접 (경력역량 및 직무수행계획 PPT발표, 발표자료 사전제출)	의사소통능력 문제해결능력 대인관계능력 직업윤리 기술능력
	실무진	인성·직무역량구술면접	
채용형 청년인턴 일반9급	임원진	인성·직무역량구술면접	
	실무진	인성·직무역량구술면접	
기능직	실무진	인성·직무역량구술면접	

※ 면접당일 임원진면접·실무진면접 모두 진행

• 제출서류 검증 : 입사지원서와 제출증빙서류 진위여부 확인

② 합격자 선정

• 제출서류 검증결과 결격사유(오기입, 허위기재 등)가 없고, 면접전형 평가점수(가감점 포함)가 고득점인 순

① 안전진단의 종류에는 무엇이 있는가?

② 업무를 수행하면서 어려움을 겪을 만한 것들을 구체적으로 말해보시오.

③ 다른 사람들이 보는 자신의 모습은 어떠한가?

④ 팀프로젝트 경험에 대해 말해보시오.

⑤ 내부고발자 제도에 대해 어떻게 생각하는가?

⑥ 효율적으로 일하는 것과 효과적으로 일하는 것 중 무엇이 중요하다고 생각하는가?

⑦ 입사하게 되면 어떤 일을 하고 싶은가?

⑧ 자신의 특기를 설명해 보시오

⑨ 당사가 나아가야 할 방향을 말해보시오

⑩ 리더로써 갖추어야 할 자질은 무엇인가?

⑪ 직장인으로서 갖추어야 할 윤리는 무엇인가?

⑫ 당사의 설립목적을 말해보시오

⑬ 안전불감증을 해결할 수 있는 방안이 있다면?

⑭ 이직 또는 퇴직사유가 있다면 무엇 때문인지 말해보시오

⑮ 살면서 힘들었던 경험을 말해보시오

⑯ 지원자의 전공을 설명해 보시오

⑰ 최근에 들어 당사 또는 당사 업종의 이슈는 무엇인지 말해보시오

⑱ 주도적으로 일을 추진했던 경험을 소개해 보시오

⑲ 당사의 지원 동기는 무엇인지 말해보시오

⑳ 상사가 부당하거나 또는 불법한 지시를 내릴 경우 지원자는 어떻게 행동하겠습니까?

㉑ 자기소개를 해 보시오

㉒ 오늘 뉴스에 나온 이슈는 무엇인지 말해보시오

㉓ 마지막으로 하고 싶은 말은?

MEMO

MEMO

봉투모의고사 **찐!5회** 횟수로 플렉스해 버렸지 뭐야 ~

국민건강보험공단 봉투모의고사(행정직/기술직)

국민건강보험공단 봉투모의고사(요양직)

합격을 위한 준비
서원각 온라인강의

요점만 담은
알짜이론

믿고보는
교수진

www.sojungedu.co.kr